한국문화와 콘텐츠

한국문화와 콘텐츠

홍순석, 여지선, 하성란, 오정미, 김호연,
김기덕, 장성욱, 신명숙, 서동수, 신동흔

한국문화사

| 머리말 |

    시대의 흐름은 인간이 일구어내지만, 온전히 인간만의 힘으로 이끌어내지는 못하는 것 같다. 그 이유는 인간이 첫 발을 디뎌도 그 발자국들끼리 상호 소통하여 새로운 길을 내놓기 때문이다. 그 대표적인 사례가 바로 콘텐츠이다. 오늘날 대중문화와 콘텐츠의 발전은 뉴미디어의 등장과 한 짝을 이루고 있다. 새로운 미디어가 매일매일 새롭게 태어나고, 업그레이드되어 우리의 일상을 감싸안고 있다. 문제는 뉴미디어들을 어떠한 내용으로 담아 우리의 삶 속으로 이끌 것인가이다. 그런 측면에서 미디어에 담아낼 콘텐츠의 중요성은 아무리 강조해도 지나침이 없다.

    이러한 고민 속에서 출발한 것이 『한국문화와 콘텐츠』이다. 이 책의 집필 의도는 우리의 한국문화가 오늘날의 한 흐름인 콘텐츠와 어떻게 조우하고 어떠한 형상을 낳는지 알아보고, 이를 학생들과 다시 소통하길 원하는 데 있다. 이러한 의도를 위해 그동안 정형화된 콘텐츠의 장르를 소개하는 데 그치지 않고 더욱 새로운 각도와 영역에서 접근하고자 했다.

    본 저서의 구성은 1부는 문화콘텐츠의 이론, 2부는 문화콘텐츠의 실제로 나누었다. 그런즉 1부는 문화콘텐츠에 대한 전반적인 개념과 이해를 돕기 위한 사례 중심으로 다루었다. 문화콘텐츠, 디지털 콘텐츠, 스토리텔링에 대해 알기 쉽게 정리하였으며, 다시 각 영역을 대중문화와 문화콘텐츠, 전통문화와 문화콘텐츠, 그리고 디지털콘텐츠로 나누어 구체적으로 살펴보았다. 2부인 문화콘텐츠의 실제에서는 '아동/교육콘텐츠', '한류/역사콘텐츠', '문학콘텐츠', '디지털콘텐츠', '문화콘텐츠의 반성과 전망'으로 나누어 살펴보았다.

　'아동/교육콘텐츠'에서는 우리의 민요와 동시가 인문콘텐츠로 발전할 수 있는 가능성을 짚어보았으며, 또 동화를 콘텐츠화 하여 다문화 문제들에 대한 방안들을 살펴보았다. '한류/역사콘텐츠'에서는 대중영상매체에 나타난 한국의 음식문화가 수용·소비·생산의 구조 속에서 어떻게 문화콘텐츠로 나아가는지 살펴보았으며, 또 터키의 역사콘텐츠 사례를 통해 역사의 중요성과 역사콘텐츠 기획안을 고찰해보았다. '문학콘텐츠'에서는 작가의 그림과 작품 간의 이질성을 통해 헤르만 헤세, 르끌레지오, 특히 생텍쥐페리의 『어린왕자』를 매우 새로운 관점에서 재해석하였다. 또 스토리텔링과 디지털기술 등을 결합해 고전문학에 새로운 생명력을 불어넣을 방안도 제시해 보았다. '디지털콘텐츠'에서는 요즘 부각되고 있는 증강현실(AR)의 소개와 동화책과 결합한 AR북의 사례를 살펴보았다. 마지막으로 '문화콘텐츠의 반성과 전망'에서는 소비지향적인 문화콘텐츠에 대한 반성과 함께 문학철학이 깃든 콘텐츠, 삶의 철학이 깃든 문화의 길에 대한 성찰을 해보았다.

　본 저서는 여러 선생님들과의 협력 속에서 이루어졌다. 여러 선생님들께서 각 전공분야와 콘텐츠와 연계한 글들을 주셨으며, 한국문화사에서 이를 모아 출판해주셨다. 본 장을 빌려 함께 글을 써주신 여러 선생님들과 한국문화사 김진수 사장님께 감사의 말씀을 드리고자 한다.

홍 순 석

차례

■ 머리말 _ v

I. 문화콘텐츠 이론

1. 문화콘텐츠와 디지털 콘텐츠의 개념 ·········· 3
2. 스토리텔링과 콘텐츠 기획 ·········· 5
3. 콘텐츠의 양상 ·········· 12
   1) 대중문화와 문화콘텐츠 ·········· 12
      (1) 만화 ·········· 12
      (2) 애니메이션 ·········· 17
      (3) 출판 ·········· 22
      (4) 음악과 미술 ·········· 24
      (5) 영화 ·········· 29
   2) 전통문화와 문화콘텐츠 ·········· 32
      (1) 박물관 ·········· 32
      (2) 축제 ·········· 34
      (3) 문화원형 ·········· 36
   3) 디지털 콘텐츠 ·········· 43
      (1) 모바일 콘텐츠 ·········· 43
      (2) 게임콘텐츠 ·········· 45
      (3) 캐릭터 ·········· 48
      (4) e-Book, e-learning ·········· 51

- 홍순석, 여지선, 하성란

II. 문화콘텐츠 실제

1. 아동/교육콘텐츠
   1) 민요와 현대동시와의 소통과 인문콘텐츠의 향방 / 여지선 ············ 59
   2) 건강한 다문화사회를 위한 동화 <인어공주>의
      스토리텔링의 방향 / 오정미 ·· 86

2. 한류/역사콘텐츠
   1) 대중영상매체를 통해 바라본 한국 음식문화의 재인식 / 김호연 ···· 108
   2) 역사콘텐츠의 중요성과 역사콘텐츠 기획
      — 형제국의 나라 터키(Turkey)콘텐츠를 중심으로— / 김기덕 ······ 131

3. 문학콘텐츠
   1) 문인의 그림 콘텐츠 / 장성욱 ·· 152
   2) 고전문학 콘텐츠화 현황과 방안 / 신명숙 ···································· 174

4. 디지털콘텐츠
   증강현실(AR)과 어린이디지털콘텐츠 / 서동수 ································ 204

5. 문화콘텐츠의 반성과 전망
   21세기 사회문화적 상황과 고전문학 연구의 과제
   — 자본과 욕망의 시대, 존재와 가치의 근원으로— / 신동흔 ············ 230

■ 저자 소개 _ 260

I

문화콘텐츠 이론

1. 문화콘텐츠와 디지털 콘텐츠의 개념

오늘날은 콘텐츠, 문화콘텐츠, 디지털 콘텐츠 등등의 명명에 익숙해졌다. 그런데 이 익숙한 명명의 역사는 그리 길지 않다. 1970년대의 주된 사회적 이슈가 기계나 가전 등 하드웨어(hardware) 산업이었다면, 1980년대는 소프트웨어(software) 산업, 1990년대는 정보통신산업이 중심을 이루다가 2000년대에 와서 콘텐츠가 중요 성장 산업이 되었다.

특히 "문화콘텐츠"라는 용어가 국내에서 구체적으로 사용되기 시작한 것은 1990년대 후반이다. 이는 한국 대중문화 활성화와 깊은 관련이 있다. 이 시기에 우리의 영상물과 가요 등이 "한류"라는 명명으로 해외진출을 본격화하게 되었고, 이로 인해 한국문화콘텐츠라는 용어가 널리 인식되기 시작하였다. 그리고 정부차원에서 2002년 한국문화콘텐츠진흥원(KOCCA)이 설립되면서 '문화'와 '콘텐츠'의 합성어인 '문화콘텐츠'라는 신조어가 자연스럽게 드라마, 대중가요, 영화, 게임, 애니메이션, 뮤지컬 같은 서로 다른 이질적 장르로 구성된 한류 중심 소재 영역들을 통칭하는 말로 쓰이게 되었다. 이와 함께 한국문화콘텐츠진흥원에서 2002년 1월에 제1차 문화원형 관련 디지털콘텐츠개발 공모사업 설명회를 가지기까지 하였다. 이처럼 콘텐츠 관련 용어는 1990년대 후반부터 사용되기 시작하여 오늘날까지 주된 이슈가 되고 있다. 이에 발맞춰 전국 여러 대학교에서 문화콘텐츠학과가 설립되었고, 현재에도 지속적으로 설립되고 있다.

그렇다면 문화콘텐츠가 무엇이길래 이토록 급성장할 수 있었던 것일까? 김기덕과 신광철에 의하면 콘텐츠라는 용어는 한국과 일본 등에서 새로 만들어진 개념으로서 외국 사이트에서는 나오지 않는다고 한다. 한국에서는 'content', 일본에서는 'contents'로 사용하고 있는데, 이 같은 콘텐츠란

"각종 미디어에 담을 내용물"을 포괄하는 것이라고 한다. 이와 같은 의미로 콘텐츠가 일반화되어 사용된 것은 1990년대 중반 유럽에서 '멀티미디어 콘텐츠(multimedia content)'라는 용어가 사용되면서부터이고, 1999년 E-비즈니스 열기가 고조된 이후 이른바 3C(Commerce, Community, Content) 범주를 통해 콘텐츠라는 용어가 보통명사가 되었다고 한다. 또한 콘텐츠는 디지털 기술에서 구현되는 내용물이므로 디지털콘텐츠라는 표현이 더 자연스러울 수 있으나 우리나라에서는 흔히 문화콘텐츠라고 부른다. 왜냐하면 정부차원에서 문화콘텐츠를 총괄하는 한국문화콘텐츠진흥원(Korea Culture & Content Agency)의 표기가 문화와 콘텐츠를 연결시켰을 뿐만 아니라 21세기 문화의 시대를 맞이하여 문화의 중요성과 활용을 주목하면서 만들어진 합성어이기 때문이다.[1]

그런즉 김기덕과 신광철은 디지털 기술에 담기는 내용물을 표현함에 있어서 형식에 치중하면 디지털 콘텐츠, 내용을 위주로 하면 문화콘텐츠, 내용창출과 방향성을 염두에 두면 인문콘텐츠라고 할 수 있고, 이러한 문화적 내용물을 담고 있는 기술을 CT라고 하였으며[2], 최혜실은 문화콘텐츠를 텍스트 콘텐츠(출판, 신문, 잡지, 출판문화), 디지털 이전의 텍스트 콘텐츠(공예품, 미술품, 공연), 시청각 콘텐츠(방송, 영상, 광고, 영화, 비디오, 음반), 디지털 콘텐츠(애니메이션, 게임, 디지털, 모바일)로 나눌 수 있는데, 이들 장르의 원활한 소통과 교섭의 부가가치 창출이 핵심이라 하였다.[3]

이와 같은 문화콘텐츠, 디지털콘텐츠, 인문콘텐츠 등등의 개념을 살펴

---

[1] 김기덕·신광철, 「문화·콘텐츠·인문학」, 『문화콘텐츠 입문』, 북코리아, 2006, 14~17쪽.
[2] 위의 책, 17쪽.
[3] 최혜실 외, 『문화산업과 스토리텔링』, 다홀미디어, 2007, 17쪽.

보았을 때, 이들의 공통점은 바로 디지털 기술과 콘텐츠의 향유자와의 소통이다. 그동안은 지식이나 정보가 전공위주의 책자로 구성되어 독자들에게 부여되었다면, 오늘날은 소비자가 사이버 커뮤니티 활동을 통해서 찾아낸 내용을 향유하고, 전이하고, 소통하고, 재창조하는 시기이다. 즉 문화콘텐츠, 디지털콘텐츠 모두다 디지털 시대를 맞아 향유자들의 요청에 의해 생성된 문화향방이라 할 수 있다. 따라서 더더욱 문화 향유자들이 바른 문화를 향유할 수 있도록 문화콘텐츠와 디지털콘텐츠 기획자들은 인문적 교양과 오늘날 필요로 하는 것들을 예측하여 문화콘텐츠를 창조해야한다. 그래서 그동안은 각각의 전공에 따라 '독립적'으로 연구하고 집필했지만, 오늘날은 '각 전공과의 연계', '각 분과별 연계'를 통해 문화콘텐츠가 형성되고 있다는 점을 주목해야만 한다. 이는 과학기술과 인문학, 문학, 예술과의 만남뿐만 아니라 문학과 미술과의 만남, 문학과 음악과의 만남, 문학과 영상과의 만남과 같은 '각 분야별 소통'도 주목된다는 것이다. 이의 구체적인 면모는 콘텐츠의 양상에서 살펴보도록 하겠다.

2. 스토리텔링과 콘텐츠 기획

스토리텔링(storytelling)은 그야말로 'story+telling' 즉 '이야기하다'이다. 이 용어는 'story', 'tell', 'ing'의 세 요소로 구성되었다는 데에 주목해야 한다. 즉 스토리텔링은 'ing' 즉 상황의 공유, 그에 따른 상호작용의 의미를 내포한다. 다시 말해서 스토리텔링은 이야기성, 현장성, 상호작용성을 포함한 '이야기하기'를 의미한다는 것이다.[4]

오늘날 스토리텔링은 문학관련 분야뿐만 아니라 사회 여러 분야에서 활성화되고 있다. 사업 분야에서는 스토리텔링 마케팅, 스토리텔링 프레젠테이션, 브랜드 스토리텔링 등이 있고, 교육 분야에서는 스토리텔링 수학, 스토리텔링 영어 등이 있으며, 문화 관광차원에서는 문화재 스토리텔링, 지역 스토리텔링 등이 있으며, 더 나아가 인간관계에 있어서는 연애 스토리텔링, 스토리텔링 자기소개 등등이 있다. 이처럼 여러 분야에서 지속적으로 스토리텔링이 요구되고 있으며, 활용되고 있다.

요즘 초등학교 참고자료를 통해 스토리텔링이 얼마나 우리 가까이에 있는지 살펴볼 수 있다. 그동안의 선입견으로 보면 스토리와 가장 멀게 느껴지는 과목은 수학이다. 그런데 수학과목에서 스토리텔링을 가장 강력하게 요구하고 있다. "스토리텔링 수학"이라는 명명으로 만들어진 수학문제집을 보면, 그동안의 수학 문제집과 달리 수학 원리를 하나의 스토리로 형성하여, 학생들이 스토리텔링을 통해 수학 원리를 이해하고 수학문제를 풀어가게 한다. 따라서 문제의 양보다 스토리의 양이 상대적으로 더 많은 비중을 차지한다. 그런데 여기에서 주목할 점은 어린 학생들이 그 스토리를 읽어가면서 자연스럽게 수학 원리에 맞춰 수학문제를 풀어가고 있다는 것이다. 다시 말해서 어린 학생들이 책에 쓰인 스토리를 따라 읽기 위해서 수학문제를 적극적으로 풀어간다는 것이다. 뿐만 아니라 예전에는 초등학생이 만화책을 보면 비난적인 시각이 앞섰는데, 이제는 학교 교과관련 문제집이 스토리텔링 구조 속에서 만화형식을 띠기 때문에 학부모들의 만화에 대한 선입견도 달라지고 있다. 이처럼 스토리텔링은 교육 분야를 비롯해 다양한 분야를 통해 사회 전반에서 환영받고 있다.

그렇다면 이와 같은 스토리텔링은 인간에게 어떤 위상을 지닌 것일까? 그것은 바로 인간이, 사람이 이야기를 통해 자신의 속마음을 드러내

---

[4] 위의 책, 10~13쪽.

고, 타인의 속마음을 받아들인다는 전제 속에서 정해질 것이다. 동서고금을 막론하고 이야기는 전제되어왔다. 할머니, 어머니께서 자녀들에게 이야기를 시작할 때마다 하시는 말씀이 있다. 그것은 "옛날 옛적에 호랑이가 담배 피우던 시절에~"이다. 이처럼 고금을 넘어서 예부터 할머니는 자녀에게 혹은 손주에게 옛 이야기를 해주셨다. 어린 아이들은 잠들 때마다, 심심할 때마다, 가정의 행사가 있을 때마다 옛 이야기를 들었으며, 할머니께서는 그때마다 해주시곤 하셨다. 다시 말해서 '이야기하기'를 통해 할머니와 손주가, 부모와 자녀가 의사소통을 하고, 정서적 공감을 불러일으키고, 결국 문화가 소통되고 유지되었던 것이다. 이같이 스토리텔링은 인간의 역사 속에서 중대한 역할을 해왔으며, 오늘날 다시금 그 중요성과 함께 새로운 영역을 개척해가고 있다.

이처럼 예부터 이야기를 통해 조부모와 부모와 손주가 만나왔었다. 그런데 오늘날에는 가족의 담화뿐만 아니라 전 영역에서 이야기를 통해 만남이 이루어지고 있다. 다만 그 이야기가 단순한 한 사람의 목소리가 아니라 게임이나 영상물 등이 함께 한다는 차이만 있을 뿐이다. 크리스티앙 살몽(Christian Salmon)은 이에 대한 구체적인 사례를 잘 보여주고 있다.[5]

크리스티앙 살몽이 제시한 첫 번째 이야기 사례는 미육군 장관 루이스 칼데라(Louis Caldera)가 "장차 군의 훈련방식을 혁신하겠다."고 발표한 이후의 일이다.

> 전쟁으로 황폐해진 도시의 거리, 축구장 인근에 모인 한 무리의 아이들이 주변에 지뢰가 있다고 알려준다. 한 여인은 자신의 남편을 살해한 당

---

[5] 크리스티앙 살몽 저, 류은영 옮김, 『스토리텔링』, 현실문화, 2010, 18~21쪽.

신을 고발한다, 당나귀 수레를 타고 가는 남자가 바로 당신의 사령관이 찾는 폭약밀수범이 아닐까 의심이 간다, 건물 벽면 아랍어 낙서의 기이한 알파벳이 신경을 거스른다, 이에 당신은 어떻게 반응할 것인가! 당신에게 주어진 시간은 5분이다, 이와 같은 상황 속에 당신은 미션을 떠올린다, "만사를, 만인을 경계하시오. 아무것도, 아무도 믿지 마시오. 대신 당신이 그곳에 있으며 경계하고 있다는 사실을 알게 하시오."

우리는 이와 같은 글을 읽게 되면 '전쟁영화의 시나리오인가'라고 생각할 수 있다. 그러나 이는 전쟁영화의 시나리오가 아니라 1999년 미국 국방부가 서던캘리포니아대학에 설립한 연구센터인 창조기술연구소(ICT: Institute for Creative Technologies)가 고안한 이라크 주둔 미국 병사들의 훈련용 비디오게임이다. 군의 훈련방식이 군인들이 무기를 들고 나가서 연습하는 것이 아니라 게임 속 이야기를 통해 훈련하는 것으로 바뀐 것이다.

두 번째 이야기 사례는 기업컨설턴트인 다이애나 하틀리(Diana Hartley)의 이야기이다. 세계 최고의 한 반도체 기업 연수 현장에서 최소한 중역급 이상의 사람들을 대상으로 연수를 하는데, 이때 사용한 방법이 동화책을 읽어주는 것이었다고 한다. 이 때 기업 조직도상 다섯 번째 서열에 드는 한 사람이 말하기를 "이야기는 어린이들을 위한 것"이라는 발언까지 했다고 한다. 그럼에도 불구하고 다이애나 하틀리는 자신 있게 연수생들에게 놓인 의자에 같이 앉아 『해럴드와 자주색 크레파스』라는 책을 삽화와 함께 노래를 부르는 듯한 어조로 단어를 하나하나 끊어 읽으며 이야기해주었다고 한다. 그런데 놀랍게도 처음에 불편함을 드러냈던 연수생들이 이야기가 진행되고 시간이 흐르자 자세를 바꾸기 시작했다는 것이다. 회의적이었던 경영자마저도 조용해지면서 얼굴에 화색이 돌고, 얼굴에 순진무구한 미소와 시선이 비쳤다는 것이다.

크리스티앙 살몽이 제시한 두 사례는 이야기, 스토리텔링의 위력을 보여주는 것이다. 소위 이야기, 스토리텔링에 대한 막연한 선입견으로 생각해 보았을 때, 스토리텔링과 가장 멀게 느껴지는 분야 중의 하나가 군인들의 군사훈련과 전문가들의 기업교육연수일 것이다. 이라크에 파병된 현재 미국 군인들과 다국적기업 경영자들에게 중요한 훈련을 하는데, 그 방법이 스토리텔링을 토대로 하고 있다는 것은 주목할 일이다. 이는 스토리텔링이 단순히 문학뿐만 아니라 정치, 군사, 경영, 게임 등의 다양한 방면으로 활용될 수 있음을 보여주는 것이다.

오늘날 현대 사회에서 스토리텔링의 소재로 과거부터 미래로 이어지는 이야기이자 인간 역사의 한 흐름인 신화, 민담, 전설, 설화 등이 채택되고 있다. 대중은 늘 신화, 민담, 전설, 설화에 관심을 갖게 마련이다. 왜냐하면 그 속에는 인간의 욕망과 인간의 삶이 함께 하기 때문에 독자와의 동질성을 유발시킬 수 있기 때문이다. 다만 전달하는 방식과 내용 구성에서 과거의 이야기처럼 선한 사람은 복 받고 악한 사람은 벌 받는다는 단순한 내용과 방식으로 전개된다면 긍정적인 호응을 기대할 수 없다. 때문에 이른바 쉬클로프스키(Vicktor Sklovskij)의 '낯설게 하기'를 통해 전달하는 내용과 그 전달 방식을 새롭게 변형시켜야 한다.

뿐만 아니라 등장인물 즉 캐릭터와 공간을 잘 형성해내야 한다. 과거에는 주인공의 이름을 통해 캐릭터를 설정했다. 즉 <햄릿왕>에서 '사색가 햄릿형', <돈케호테>에서 '행동가 돈키호테형', <심청전>에서 '효녀 심청형', <춘향전>에서 '열녀 춘향형' 등으로 설정했다. 그러나 스토리텔링에서는 단순한 구도 속의 전형적인 캐릭터가 아니라 롤랑바르트가 제기한 바, 징후들이 모여서 하나의 성격 특성으로 일반화되는 즉 여러 특성들이 결합되어 하나의 캐릭터를 형성하기를 원한다. 그래서 스토리텔링에서는 캐릭터의 습관, 행위, 출신, 학벌, 계급, 직업 등의 사회적 및 개인적인 특성과 외모, 의복, 헤어스타일, 장신구 등과 함께 캐릭터를 둘러싼 물리적 환경까지 모두 결합하여 드러나는 캐릭터를 요구한다. 다시 말해서 스토리텔링에서는 기존의 소설이나 극본에서 요구되어지는 등장인물의 성격이 아니라 외양묘사를 통해 설정되는 아이템과 나이, 지능, 성별, 성적 경향, 언행의 스타일, 의상, 교육정도, 개성, 가치관 등 물질적, 정신적으로 구체적인 것들을 아이템으로 중요하게 인식한다는 것이다. 또한 공간도 '어느 우물이 있는 마을' 등으로 막연히 설정되던 옛 이야기가 아니라 구체적인 공간이 드러나고, 새로운 공간을 개척해 나간다는 점에서 변별성이 있다.

예를 들면 <포켓몬>, <디지몬>, <원피스>, <봉신연의>, <환상게임>, <드래곤 볼> 등의 캐릭터는 여행 중에 여러 가지 사건을 만나서 이를 구체적으로 해결하는 캐릭터들이다. 또한 <테니스 왕자>, <고스트 바둑왕>, <슬램덩크>, <미스터 초밥왕> 등은 여러 가지 시험을 통해 성장하는 캐릭터들이다. 그런데 이 캐릭터들은 그들만의 외모적 특징을 가지고 있다. 가령 <포켓몬>을 본다면, 포켓몬은 '주머니 속의 괴물'이란 뜻의 포켓몬스터의 약칭인데, 이는 어느 생태계에서도 찾아볼 수 없는 수수께끼 생명체이다. 스스로 빠른 속도로 진화하며, 초인적인 힘을 발휘하는 생명체이다. 150개의 포켓몬을 모아야하는 게임이기 때문에 <포켓몬>에 등장하는 포켓몬은 150여개이다. 그런데 이 150여개의 포켓몬은 각각 다른 모양을 지니고 있다. 그래서 일명 '포켓몬 도감'을 완성해나간다고 할 정도이다. 초등학생들을 상대로 한 이 게임의 포켓몬은 150형의 외모를 지니고 있다는 점에 주목해야할 것이다. 즉 기존의 이야기와는 달리 각각의 외형의 차이가 중요하다는 것이다. 이 같은 '차이'의 주목은 초등학생이 있는 가정에서는 흔하게 볼 수 있는 광경이다. 어른들의 눈에는 자녀가 만든 레고의 모양이 비슷한데, 초등학생의 입장에서는 칼의 방향뿐만 아니라 선 하나의 차이에도 전체를 구별한다. 이는 초등학생들이 성인들보다 더 섬세하다는 것이 아니라 그와 같은 문화차이가 있다는 것이다.

또한 게임 <리니지>는 한국에서 한국인에 의해 만들어진 세계적인 게임인데, <리니지>에서도 과거의 이야기와 다른 면모가 있다. <리니지>는 1997년에 중학시절부터 애플컴퓨터를 접하고 서울대 컴퓨터공학과를 졸업한 송재경이 신일숙 장편만화 <리니지>로 만든 게임이다. <리니지>의 주된 내용은 유럽 중세시대에 아버지의 원수를 갚고 왕권을 되찾겠다는 것이다. 이 게임을 원하는 자는 기사, 요정, 마법사, 군주 등의 캐릭터 중 하나를 분신으로 삼고, 괴물이나 이 게임을 이용하는 다른 자와 싸우게 된다. 이 때 싸움에서 이기면 전리품으로 칼과 갑옷 등을 얻게 된다. 여기에서 중요한 것은 이 게임이 컴퓨터 화면으로 진행되기 때문에 등장인물들, 배경 공간, 칼과 갑옷 등의 전리품들의 외형이 구체적이고 사실적이고 변별적이어야만 한다는 것이다. 여러 유사한 칼 중의 하나가 아니라 여러 '다양한 칼' 중의 '오직 하나의 칼', 비슷한 갑옷 중의 하나가 아니라 '이 전리품만의 특징이 있는 갑옷'이어야만 한다는 것이다. 이러한 구체적 사물이 300여종에 달할 정도로 시각적인 것에 치중한 게임이다. 뿐만 아니라 <리니지>는 공간의 실증성도 중요하다. <리니지>는 중세를 배경으로 하고 있기 때문에 중세 건물과 시대사를 전제해야 한다. 더 나아가 레벨에 따라 캐릭터들의 복장과 무기의 차이, 통행할 수 있는 출입구와 지역도 다르다. 각 레벨의 차이만큼 공간을 달리 형성해야하기 때문에 상당한 역사, 문화 등등의 배경지식을 필요로 한다.

이처럼 스토리텔링은 과거 옛 선인부터 오늘날까지 좋아하는 '이야기하기'이다. 다만 오늘날의 이야기하기는 과거의 민담, 설화, 전설, 신화 등의 공통적인 특징인 "옛날 옛적에", "김 아무개", "마을 입구 우물" 등등의 막연한 지칭이 아니라 "구체적인 인명과 배경과 사건"이 전제되어 실감나는 이야기, 진행되고 있는 이야기, 상호소통으로 제작자와 향유자가 같이 만들어내는 이야기라는 것이다. 오늘날 스토리텔링은 이러한 측면에서 주목받고 있다.

3. 콘텐츠의 양상

1) 대중문화와 문화콘텐츠

(1) 만화

한국, 일본, 중국에서 사용하는 공통어인 만화의 한자 '漫畵'를 풀어보면, 漫자는 '생각나는 대로, 함부로, 멋대로'라는 의미를 가지고 있고, 畵는 '그리다'라는 의미를 가진다. 이 두 개의 글자를 합쳐보면, 생각나는 대로 그린 그림, 함부로 그린 그림, 멋대로 그린그림이라고 해석할 수 있고 좀 더 확대해보면, '맘대로 자유롭게 그린 그림'이라고 할 수 있다.[6]

이러한 만화에 대한 명명은 세계적으로 조금씩 차이가 있다. 유럽에서는 캐리커처(caricature), 영어권에서는 카툰(cartoon), 코믹스(comics), 코믹 스트립스(comic strips) 등을 사용하고 있다. 카툰은 한 컷이나 네 컷 이하의 짧은 그림을 말하며, 코믹스는 주로 단행본이나 월간잡지에 연재되는 스토리를 갖춘 만화를 말한다. 그리고 코믹 스트립스는 여러 장면

---

[6] 권경민, 『만화학개론』, 선학사, 2013.

을 연결시킨 유머를 전제한 만화를 일컫는 표현이다. 이 같은 유럽과 영미권의 용어는 이탈리아어인 'aricare(과장한다)'에서 유래된 것이라고 한다. 이에 국제무대에서 우리의 만화는 'Manhwa'라는 로마자 표기를 사용하거나 'K-Toon'이라고도 표기하곤 한다.

우리나라에서는 1970~80년대만 해도 만화 보는 것을 부정적으로 생각해왔지만, 오늘날은 만화에 대한 인식이 크게 달라지고 있다. 예를 들면 만화로 읽는 역사, 만화로 읽는 과학지식 등으로 만화의 활용도가 다양하게 펼쳐지고 있다. 이와 같은 만화의 정체성을 재인식하기 위해 먼저 우리나라 내 만화사(漫畫史)를 살펴보도록 하자.[7]

우리나라에서의 만화의 시작은 1909년부터라고 알려져 있다. 우리나라의 최초의 신문인 『한성순보(漢城旬報)』와 『독립신문(獨立新聞)』의 광고란을 통해 만화풍의 그림이 실렸지만, 실제적인 만화는 1909년 『대한민보(大韓民報)』에 '삽화(挿畫)'라는 명명아래 실리기 시작했다. 그 후 1920년대의 『조선일보』의 '철필사진(鐵筆寫眞)', 『동아일보』의 '그림이야기'로 실리다가 1923년 이후부터 '만화'라는 용어로 일반화되었다.

초창기 항일운동단체인 대한협회(大韓協會)의 기관지 성격을 지닌 『대한민보』에서는 시사만화를 중심으로 실었는데, 당시 일본통감부가 언론을 압박하기 위해 『대한민보』의 만화와 기사를 수시로 먹칠하도록 강요하였다. 일제강점기에는 신문을 판매하기 전에 일본통감부의 사전 검열을 받았기 때문에, 이때 통과되지 못한 글들은 먹칠하여 재판을 찍어냈다.[8] 그런데 이런 일들이 빈번하여 사람들이 '흑판신문' 또는 '벽돌신문'이라고 비판하기도 하였다. 특히 『개벽』 잡지는 항일의 글들을 많

---

[7] 한국학중앙연구원, "만화", 『한국민족문화대백과』 참고.
[8] 여기에서 '먹칠'이라 함은 그림 및 글을 인식하지 못하게 검게 칠한다는 것이다.

이 실었기 때문에 먹칠 당한 경우가 더욱 많았다. 반면에 『경성일보(京城日報)』는 일본통감부 기관지였기 때문에 시사만화보다는 유머만화, 풍속만화, 아동만화 등을 주로 실었다. 또한 미국 등의 교포신문에도 시사만화가 활발히 게재되었는데, 이 대표적인 신문은 『신한민보(新韓民報)』[9]이다. 『신한민보』는 1913년 8월 29일자 신문에 "한일협약도(韓日脅約圖)"라는 만화로 강제조약을 체결하는 대신들을 묘사하였다. 이처럼 각종 신문들은 만화를 통해 당대 사회적 입장을 드러내곤 하였다.

한국전쟁 이후 만화전문 주간지가 발간되었는데, 그 대표적인 주간지는 『만화뉴스』, 『만화신보』, 『만화신문』, 『만화주보』 등이다. 그리고 오늘날까지 알려져 있는 『동아일보』의 '고바우 영감'과 『경향신문』의 '두꺼비'의 연재는 1955년 이후부터이다. 이후 '고바우 영감'은 1980년에 『조선일보』로 옮겨 지속적으로 연재되었다가 1997년부터는 『문화일보』로 옮겨 연재되고 있다.

1970년대 이후, 만화는 신문의 연재라는 의존적 존재로서가 아니라 만화가들의 작품으로서 활성화되었다. 이재학의 『무협극화』, 허영만의 『각시탈』, 이현세의 『까치』시리즈, 김종래의 『엄마찾아 삼만리』, 황미나의 『굿바이 미스터 블랙』, 박수동의 『고인돌』 등이 대세를 이끌었다. 이와 같이 우리나라의 만화사는 지속적으로 양적, 질적으로 발달해왔다.

그렇다면 오늘날의 만화의 대세는 어떠한가? 오늘날 만화는 다양한 방면으로 연계되고 있는데, 만화와 교육과의 만남, 만화와 영화와의 만남, 만화와 음악과의 만남, 만화와 캐릭터 산업과의 만남 등등으로 분주하다.

---

[9] 『신한민보』: 재미 한인단체가 발행하는 신문. 1909년 2월 10일 미국 샌프란시스코의 교민단체인 국민회의 기관지로 창간되어 1945년 광복 이후에도 꾸준히 발행되어 오다가 1974년 9월 김운하가 인수하여 월간으로 발간하고 있다. (한국학중앙연구원, "신한민보", 『한국민족문화대백과』)

먼저 만화와 교육과의 만남을 살펴보면, 1980년대 초까지만 해도 만화에 대한 부정적인 선입견으로 만화방에서 만화를 보는 행위는 부모님께 혼나는 것으로 인식되었었다. 그러나 오늘날 유치원생뿐만 아니라 초등학교, 중학교, 고등학교 등의 교육관련 책이 만화로 출판되는 경우가 허다하다. 뿐만 아니라 만화로 접목되는 분야도 다양하다. 문학, 심리학, 역사, 신학, 자연과학, 미래과학, 음악, 미술, 요리 등 만화로 엮어내는 내용의 다양성이 무궁무진하다. 그 대표적인 저술들을 제시하면 『만화 토지 세트』, 『만화로 읽는 수능 고전시가』, 『만화로 읽는 아들러 심리학』, 『만화로 읽는 중국사』, 『만화로 읽는 삼국지』, 『만화로 읽는 하나님의 구원의 이야기』, 『Why?시리즈』, 『How?시리즈』 등이다. 이처럼 다양한 방면의 교육교재의 구성방법으로 만화가 사용되고 있다.

만화와 영화와의 만남은 1967년 신동헌의 『홍길동』부터이다. 이후 대표적인 작품은 1983년에 만화잡지인 『보물섬』에 연재되어오다 TV용 애니메이션용 만화로 만들어진 김수정의 『아기공룡 둘리』이다. 2008년 12월부터 2009년 7월까지 방영된 김수정의 『아기공룡 둘리』는 1996년 영화 『얼음별 대모험』으로 발표되었는데, 1996년 대한민국 만화문화 대상(영상부문), 공연윤리위원회 우수 영상물, 영화평론가상 등을 수상했고, 1998년 제8회 카이로 국제 어린이 필름 페스티벌(Cairo Insternational Festival for Children Films)의 경쟁부문에 초청되었으며, 1999년에는 독일로 수출되어 상영되었다. 이처럼 만화와 영화의 만남은 이후 음악, 장난감, 조형물 등의 연계발전을 가져왔다.

만화와 음악과의 관계는 만화와 영화와의 만남과 함께한다. 흥행한 만화 영화의 주제음악과 캐릭터가 상품화되는 경우가 상당하다. <플랜더스의 개>, <꼬마자동차 붕붕>, <빨강머리 앤>, <개구리 왕눈이>, <미래소년 코난>, <독수리 5형제> 등 오늘날 40대의 머릿속에 맴돌고 있는 만화주제곡이 그 대표적인 예이다. 이러한 만화의 주제곡은 자녀들에게 들려주거나 불러주는 경우가 허다할 정도로 입에 익어있다. 유명한 사운드 트랙, 통상적으로 'OST'라고 지칭하는 'Original Sound Track'은 디즈니 만화영화에서 쉽게 찾아볼 수 있다. 예를 들면 <인어공주(The Little Mermaid)>의 "Part of your Word", "Under the Sea", <뮬란(Mulan)>의 "Reftection", <미녀와 야수(Beauty and the Beast)>의 "Beauty And The Beast", <라이온 킹(The Lion King)>의 "The Lion sleeps Tonight", "I just can't wait to be king", "Hakuna matata", <타잔(Tarzan)>의 "Son of man", <헤라클래스(The Legend of Hercules)>의 "shooting star", <알라딘(Aladdin)>의 "A whole new word", <피노키오(Pinocchio)>의 "Lisa Kelly" 등으로 상당하다.

만화와 캐릭터 산업과의 연계는 2010년에 문화체육관광부에서 "Korea Content" 서비스 전용공간을 마련하고 디지털융합시대의 애니메이션, 만화, 캐릭터산업에 대한 육성전략을 발표하면서 활기차게 진행되었다. 또한 "2013 CAN(Cartoon + Animation) 혁신"을 전개하겠다고 발표하였는데, 이는 새로운 시장과 적극적인 연계를 통해 변화된 산업유통구조에 맞는 콘텐츠의 글로벌화 정책방향을 시행하겠다는 것이다. 그리고 2015년에 한국콘텐츠진흥원 만화애니캐릭터산업팀에서 만화, 애니, 캐릭터 제작 사업을 시행한다고 공고하였다. 이 중 캐릭터 제작 사업을 살펴보면 '국산캐릭터 창작 발굴 지원', '우수 국산캐릭터 상품개발 지원', '캐릭터 연계 콘텐츠 제작 지원'으로 구성되어 있다. 이처럼 오늘날은 만화와 관련된 캐릭터 산업도 주목받고 있다.

이와 같은 만화인식에 대한 변화도 앞서 언급한 바, 콘텐츠에 관련된 시대의 변화와 관련 있다. 한동안 만화는 초·중·고 학생들의 부모입장에서 교육적으로 불편한 대상이었지만, 오늘날에는 교육 만화로 재탄생되어 환영받고 있다. 또한 과거에는 특별히 갈 곳 없는 학생들과 성인들의 안식처였던 만화방이 이젠 비즈니스 차원에서 당당하게 찾아가는 만화방으로 변모했다. 즉 오늘날 만화는 불편한 대상이 아니라 적극 활용할 수 있는 문화콘텐츠의 대상이 된 것이다.

(2) 애니메이션

애니메이션은 '생명의 숨결'을 뜻하는 라틴어 '아니마(anima)'에서 나온 말로써 우리나라에서는 만화영화(漫畵映畵), 동화(動畵), 그림영화로 불린 바 있다. 이 같은 애니메이션은 국제애니메이션영화협회(L'Association Internationale du Film d'Animation, ASIFA)가 창립될 때 밝혔던 선언문에 의하면 기본적으로 화상의 1콤마(comma)씩의 수단에 의해 창조된 모든 것을 말한다. 또한 이것은 조작된 동작을 창조하기 위한 모든 종류의 테크닉에 관련되는 것으로 애니메이션 예술은 실사 영상 방식과는 다른 다양한 기술 조작에 의해 움직이는 이미지를 창조하는 작업이다.[10]

애니메이션이 최초로 제작된 것은 1914년에 윈저 매케이(Winsor McCay)에 의한 <공룡 거티(Gertie the Dinosaur)>이다. 이후 1920~1930년대 애니메이션의 선구자인 월트 디즈니(Walt Disney)에 의해 미키 마우스(Mickey Mouse), 도널드 덕(Donald Duck) 등의 캐릭터가 개발되어 애니메이션의 입지가 다져졌다. 월트 디즈니의 미키 마우스, 도널드 덕은 오늘날 중년들이 유년기에 '꼭' 보았던 캐릭터이자 현재의 어린이들에게도 인기가 높다. 이 같은 캐릭터를 만들어낸 디즈니가 최초의 장편 애니메이션 <백설공주와 일곱 난쟁이(Snow White and the Seven Dwarfs)>(1937)를 제작하였다.

---

[10] 한국학중앙연구원, "애니메이션", 『한국민족문화대백과』 참고.
애니메이션 개념과 역사는 이 자료를 많이 참고 하였음을 밝힌다.

우리나라에서의 애니메이션 최초 상영 기록은 1918년에 닛캇츠(日活)에서 제작된 <원숭이와 게의 전쟁(猿蟹合戰)>이다. 이 애니메이션은 부산 '상생관'에서 상영되었다. 그리고 최초의 한국 애니메이션은 1956년에 HLKZ의 미술담당이던 문달부가 전 과정을 혼자 맡아 제작하여 HLKZ·TV에 방영한 'OB시날코 광고'이다. 이후 1961년에 국립영화제작소의 한성학, 박영일, 정도빈이 35mm 칼라애니메이션 <개미와 베짱이>를 제작하였다.

우리나라 최초의 극장용 애니메이션은 1967년 1월 7일에 개봉된 신동헌의 <홍길동>이다. 이후 본격적인 극장용 애니메이션이 등장하기 시작하였다. 그리고 김청기가 1976년에 <로보트 태권브이>를 극장에서 개봉하자 인기 절정을 이루었다. <로보트 태권브이>가 흥행에 성공하면서 1980년대 초반까지 로봇애니메이션을 중심으로 한 극장용 애니메이션이 큰 인기를 얻었다. 또한 1990년대 초반 디즈니 애니메이션의 성공으로 극장용 애니메이션에 대한 우리들의 관심이 커져 우리나라에서도 1990년대 중반 김경우 각본, 오중일 감독, 최민수와 김혜수가 목소리를 맡은 첫 성인용 애니메이션 <블루시걸>(1994)과 이현세 원작 및 감독의 <아마게돈>(1996)과 김수정(金水正)의 <아기공룡 둘리·얼음별 대모험>(1996) 등이 제작되었다.

TV 애니메이션으로는 <떠돌이 까치>(1987), <달려라 호돌이>(1987)를 시작으로, <아기공룡 둘리>(1987), <달려라 하니>(1988), <2020년 우주의 원더키디>(1989), <머털도사>(1989), <옛날옛적에>(1990), <날아라 슈퍼보드>(1990), <영심이>(1990), <영혼기병 라젠카>(1997), <TV동화 행복한 세상>(2001), <뽀롱뽀롱 뽀로로>(2003), <빼꼼>(2006), <치로와 친구들>(2007) 등이 만들어져 방영되었는데, 호응이 좋았다.

이 중 <뽀롱뽀롱 뽀로로>는 2002년 남북한이 합작한 두 번째 3D 애니메이션이라는 점에서 주목된다. 2002년에 제작된 <뽀롱뽀롱 뽀로로>는 편당 5분짜리 애니메이션인데, 총 52편으로 이루어져있다. 이 중 남북이 합작한 것은 22편이다. 남북 합작 <뽀롱뽀롱 뽀로로>는 분단 상태와 민주주의와 공산주의라는 이념의 상이함에도 불구하고 어린이 애니메이션을 공동으로 제작할 수 있다는 점에서 의의가 큰 작품이다. 호기심 많은 펭귄 뽀로로와 그의 친구들인 공룡 크롱, 사막 여우 에디, 비버 루피, 여자 펭귄 패티, 철새 해리, 백곰 포비, 로버트 로디 등이 펼치는 모험 이야기이다. 이 작품은 어린이들에게 매우 인기가 있다는 측면에서, 우리의 남북한이 같이 만든 작품이라는 측면에서, 2004년 프랑스 국영 TV FT1을 통해 프랑스 전역에 방영될 정도로 인기가 절정에 다다랐다는 측면에서 의의가 깊은 작품이다. 10여년이 훌쩍 지난 오늘날에도 유아원이나 유치원에 다니는 유아 및 어린이들에게는 여전히 우상적인 존재이다. 현재 약 250여 편이 제작되었으며, EBS를 통해 2003년 11월 27일 방송된 이후 오늘날까지 방송되고 있다. 더 나아가 2013년에는 10주년 기념으로 30분짜리 특별영상 <뽀롱뽀롱 구출작전>이 제작되기도 했다. 또한 세계 130여 개 나라에 수출되어 전 세계 어린이들에게 인기를 얻었으며, 아이들의 대통령이라는 의미로 '뽀통령'이라는 별칭까지 얻었다. 그래서 각종 어린이 음악과 물품, 가령 밥상, 책상, 연필, 공책, 장난감, 놀이매트 등에 헬멧과 고글을 쓴 뽀로로 캐릭터가 그려져 있다. 이에 2003년 디지털콘텐츠대상에서 국무총리상, 2003년 대한민국 만화 애니메이션 캐릭터 대상에서 문화관광부장관상을 수상했다.

이처럼 우리나라의 애니메이션 역량이 상당함에도 불구하고 여전히 애니메이션의 강국은 일본과 미국이라는 선입견에 잡혀 있다. 그리고 1968년 <황금박쥐> 하청작업 이후 오늘날까지 애니메이션 창작보다 선진국의 하청작업에 더 주목하고 있는 것이 아쉬운 현실이다. 이에 우리의 애니메이션의 현황을 잘 인식하고, 긍정적인 방향으로 나아가야 할 것이다.

세계의 애니메이션 영역은 상당하다. 성공한 애니메이션 영화는 일반 영화와 경쟁할지라도 부족함이 없고, 가족이 함께 볼 수 있다는 장점도 지니고 있다. 성공한 애니메이션의 실례를 살펴보면 다음과 같다.

미국의 경우, <백설공주와 일곱 난쟁이(Snow White And The Seven Dwarfs)>(1937)로부터 시작하여 <톰과 제리 - 테니스 대회(Tennis Chumps)>(1949), <1001 아라비안 나이트(1001 Arabian Nights)>(1959), <101마리의 달마시안 개(One Hundred And One Dalmatians)>(1961), <개구쟁이 스머프(The Smurfs)>(1981), <인어 공주(The Little Mermaid)>(1989), <미녀와 야수(Beauty And The Beast)>(1991), <라이온 킹(The Lion King)>(1994), <토이 스토리(Toy Story)>(1995), <노틀담의 꼽추(The Hunchback Of Notre Dame)>(1996), <뮬란(Mulan)>(1998), <개미(Antz)>(1998), <타잔(Tarzan)>(1999), <팅커벨(Tinker Bell)>(2008), <내 친구 티거와 푸 : 숲속의 뮤지컬(Tigger and Pooh and a Musical Too)>(2009), <라푼젤(Tangled)>(2010), <레고 히어로 팩토리(LEGO Hero Factory: Rise of the Rookies)>(2010), <드래곤 길들이기(How To Train Your Dragon)>(2010), <곰돌이 푸(Winnie The Pooh)>(2011), <미키마우스(Mickey Mouse)>(2013), <겨울왕국(Frozen)>(2013), <마다가스카의 펭귄(Penguins of Madagascar)>(2014) 등 이 외에도 상당하다.

일본의 경우, <바람계곡의 나우시카(Nausicaa Of The Valley Of Wind)>(1984), <천공의 성 라퓨타(Laputa: Castle In The Sky)>(1986), <명탐정 코난(Detective Conan)>(1996), <플란다스의 개(The Dog Of Flanders)>(1997), <센과 치히로의 행방불명(The Spiriting Away Of Sen And Chihiro)>(2001), <시간을 달리는 소녀(The Girl Who Leapt Through Time)>(2006), <모노노케(mononoke)>(2007), <고 녀석 맛나겠다(You Are So Yummy)>

(2010), <호두까기 인형(The Nutcracker)>(2014), <도라에몽:스탠바이미(Stand by Me Doraemon)>(2014), <날아라 호빵맨 - 미쟈와 마법의 램프(Let's Go! Anpanman: Mija/Magic Lamp)>(2015) 등이 있다.

미국과 일본의 두 나라의 사례를 중심으로 살펴보았는데, 위 작품들은 가족단위로 볼 수 있는 영화로서 흥행에 성공하여 일반 영화와 쌍벽을 이루는 작품들이다. 그리고 이와 같은 애니메이션을 제작하기 위해서는 일반 영화를 기획하고 제작하는 것처럼 기획과 제작기간, 그리고 제작비 규모도 상당하다. 그럼에도 불구하고 애니메이션 영화가 지속되는 이유는 일반 동화와 소설, 그리고 일반적인 영화에서 담지 못하는 이상과 환상과 꿈을 담을 수 있기 때문이다.

이와 같은 면모 때문에 흥행한 애니메이션은 다양한 연계사업을 흥행시켰는데, 그 대표적인 사업이 캐릭터 사업이다. 우리나라 작품 중 최고로 흥행한 <뽀롱뽀롱 뽀로로>의 경우 책상, 그릇, 식품(뽀로로 짜장, 뽀로로 하루야채, 뽀로로 음료수, 뽀로로 김, 뽀로로 껌 등), 옷, 가방, 학용품, 완구, 놀이매트 등 OSMU(One Source Multi Use)를 잘 보여주고 있다. 이는 단순히 캐릭터가 만들어지는 의의만 있는 것이 아니라 어린이들의 선호도가 상당하여 그의 지지도가 크고, 그 작품에 담긴 교훈성과 의의뿐만 아니라 뽀로로 관련 물건이 없다면 친구들 사이에서 소외를 느낄 정도로 일반화되어 있다는 것이다. 또한 애니메이션의 선호도에 따라 캐릭터의 상품 가치도 달라지고 있는데, 그 실례는 뽀로로가 그려진 가방과 푸우가 그려진 가방의 가격이 다르다는 것이다.

이처럼 오늘날 애니메이션은 실사방식과 다른 영화제작방법으로 그동안 지면으로 접했던 소설, 동화, 전설 등등을 영상화하여 향유 연령층의 확대뿐만 아니라 부모와 자녀간의 공감할 수 있는 문화세계를 만들었다는 데 의의가 있다. 더 나아가 한 민족, 한 국가의 전설, 설화, 민담 등이 그들만의 것이 아니라 전 세계인이 공유할 수 있는 영상물이 되었다는 데 큰 의의가 있다.

(3) 출판

오늘날 기계, 전자의 시대를 넘어 인터넷 시대임을 적나라하게 인식할 수 있는 대표적인 사례는 학생들의 수업태도에서 찾아볼 수 있다. 2000년대 들어 대학원생들이 타블렛을 켜놓고 수업에 임할 뿐만 아니라 토의 내용을 타블렛에 바로 기록하고, 저장까지 하는 것을 보았다. 1980년대만 해도 과제를 컴퓨터로 작성하여 제출하는 것은 어색한 일이었다. 적어도 국어국문학과에서는 그랬었다. 또한 오늘날 대부분의 학생들은 국회도서관이나 국립중앙도서관을 방문하여 직접 논문을 찾아 복사하는 것이 아니라 개인 컴퓨터로 각 도서관에 접속하여 필요한 부분만 저장 및 프린트하는 시대로 변했다. 이젠 더 이상 단행본을 제외하고는 타 학교 도서관이나 국립도서관을 방문할 일들이 줄어들었다. 이 같은 현상이 출판문화에서도 일어나고 있다.

출판 분야에서는 종이책 시대를 넘어서서 전산기를 활용한 출판시대가 도래했다. 1992년 한국전자출판협회가 설립된 후 1990년대 중반에 예인정보와 바로북이 전자책 서비스를 시작하면서 전자책 산업이 시작되었다. 전자출판의 초창기에는 데스크탑과 노트북으로만 확인할 수 있었기 때문에 불편한 점이 있었지만, 오늘날에는 스마트폰, 태블릿PC 등을 통해 쉽게 접할 수 있게 되었다. 이에 더 나아가 전자책 도서관이 활발하게 운영되고 있다.

전자책 도서관의 한 사례로 서울특별시교육청전자도서관을 살펴보자. 서울특별시교육청전자도서관의 전자책 카테고리를 살펴보면 주제별 구성으로, 사전/전집/도감, 컴퓨터/인터넷, 독서/논술, 종교/철학, 경영/처세,

경제/재테크, 취업/창업, 자연과학, 가정/생활, 문화/예술, 어학, 문학, 역사/기행, 자격증/수험서, 어린이, 사회/과학, 소리영어, 인문, 오디오북으로 되어 있으며, 스카트폰 전자책으로는 에피루스전자책, 메키아전자책, 북큐브전자책, yes24전자책, 교보문고전자책, 내일 북 전자책, Y2BOOKS 전자책으로 구성되어 있다.

여기에서 주목되는 것 중의 하나는 그동안 도서관에서 볼 수 없는 창들이 있다는 것이다. 가령 '소리영어', '오디오북' 등은 지면으로 학습하던 세대로서는 낯선 창이다. 더 나아가 이러한 자료들을 무료로 활용할 수 있다는 것이다. 서울특별시교육청전자도서관에서 대출할 수 있는 전자책 중 문학의 양만 확인해 보면, 문학일반은 270권, 한국소설이 2434권, 수필/에세이가 645권, 시 291권, 외국문학이 836권이다. 이는 상당한 편수로서 현재 우리나라 전자책의 위상을 말해준다.

그리고 "이러닝 강좌"가 있는데 이 카테고리를 살펴보면, 어린이, 영어, 일본어, 중국어, 한국어/기타, 취업, 자격증, IT, 문화교양, 자녀교육, 취미/여가, 중고등, 총류, 역사 등등이 제시되어 있다. 이 뿐만 아니라 YBM강좌, 특성화서비스로 공무원/공인중개사자격증, 스마트러닝 지식콘텐츠, IT/자격증서비스, 전자잡지, 오디오 북, 학술정보서비스, 수준맞춤형 독서진단, 다문화교육이 제공되고, 전자잡지 등이 제공되고 있다. 이처럼 오늘날은 지면을 통한 교육뿐만 아니라 전자책과 전자도서관에서 제공되는 각종 서비스를 통해 교육의 장을 마련할 수 있다.

또한 디지털 학술논문의 경우 한국학술정보, 누리미디어, 교보문고, 학술교육원, 학지사 등 전문적으로 서비스를 제공하고 있는데, 이는 여러 학도들과 학자들에게 유용한 논문을 손쉽게 제공해준다는 점에서 의의가 크다. 그래서 국립중앙도서관에서는 종이 학술 논문 수집을 중지하고 디지털 학술논문 비중을 높여나갈 계획이라고 밝히기까지 하였다.

출판문화도 콘텐츠와 연관되어 변화하고 있다. 한국출판문화산업진흥원에서 "우수출판콘텐츠제작지원"이라는 명명 아래 2008년부터 지원 사업을 시행하고 있는데, 이는 아직 발간되지 않은 국내 저자의 우수출판콘텐츠를 발굴하고자하는 취지하에 총 14억 원을 지원하는 사업이다. 인문교양, 사회과학, 과학, 문학, 아동 등 5개 분야를 통해 대한민국 사람 누구나 지원할 수 있는 사업이다. 그리고 출판콘텐츠학과가 신설되었다. 2013년에 경기대학교 대학원 전자출판콘텐츠학과가 신설되었다. 이는 우리나라 최초 출판콘텐츠 관련 학과라는 점에서 의의가 있다. 경기대학교는 한국콘텐츠진흥원의 2013년 산업계 맞춤형 인력양성 사업(채용조건형 계약학과)에 선정되어 2013년 2학기부터 전자출판업계 맞춤형 인재 육성에 나서게 된 것이다. 경기대학교 전자출판콘텐츠학과는 국내 21개 전자출판 기업과 협약을 체결하여 각 전자출판기업에서 교육과정, 강의, 인턴, 채용에 이르기까지 전폭적인 지지를 보내고 있으며, 입학금과 등록금 전액을 국비로 지원하고 있다.

이처럼 오늘날에는 출판문화가 종이책에서 전자책, 더 나아가 출판시장과 출판인 형성에 많은 변화가 일어나고 있다. 이를 잘 알고 출판관련 일들을 잘 헤아려야 할 것이다.

(4) 음악과 미술

음악은 고전적 개념을 넘어서서 인간사와 더불어 형성되었다고 해도 과언이 아니다. 인간에게 언어가 일반화되었을 때부터 음악이 함께 하지 않았을까 할 정도로 음악의 역사는 깊다. 우리나라에서는 고대부터 악(樂), 가(歌), 무(舞)의 총체적인 개념으로 악은 기악음악을, 가는 성악을, 무는 춤을 가리켰다.[11] 서양의 'music'는 그리스, 라틴어에서 유래한 기예(技藝)이다. 이와 같은 음악은 고대부터 오늘날까지 인간들의 중심에 차지하고 있다. 이는 희로애락(喜怒哀樂)이 있는 곳은 어느 곳이든지 음악이 함께 한다는 것으로 확인할 수 있다.

요근래 박준흠(선정위원장, 가슴네트워크 대표)을 중심으로 52명의 선정위원[12]이 "한국 대중음악 100대 음반"을 선정한 바 있다. 이처럼 음악은 그동안 불렀던 음악이나 향유했던 음악을 다시 듣고 싶을 정도로 시간을 초월한다. 뿐만 아니라 음악은 영화와 함께 하면서 더욱 더 일반화되어가고 있다. 악기를 다룰 수 있거나 없거나, 노래를 잘 하거나 못하거나, 음악에 대한 지식이 있거나 없거나, 이와는 무관하게 영화음악과는 함께 할 수 있기 때문이다.

영화와 함께한 대표적인 음악을 선정해보면 다음과 같다. 우리나라 영화음악으로는 이장호 감독의 <별들의 고향>의 "한잔의 추억", 배창호

---

[11] 한국학중앙연구원, "음악", 『한국민족문화대백과』.
[12] 선정위원 52명 - 강일권(웹진 리드머 편집장), 고종진(세진음향 대표), 김경진(서울음반 A&R 팀장), 김봉환(벅스뮤직 대리), 김성수(음악 프로듀서), 김영대(웹진 음악취향Y 필자), 김윤중(도프엔터테인먼트 대표), 김윤하(선정진행, 가슴네트워크), 김학선(선정진행, 가슴네트워크), 김작가(음악 평론가), 김종삼(토마토스튜디오 대표), 김진석(플럭서스 기획마케팅 이사), 김창남(성공회대 신문방송학과 교수), 김현준(재즈 비평가), 나도원(가슴네트워크), 남태정(MBC PD), 류형규(SK텔레콤 CI개인화팀), 문정호(가슴네트워크), 박은석(음악 평론가), 박진건(와이더댄 퍼블리싱사업실 과장), 배순탁(웹진 이즘 필자), 배영수(월간 52Street 기자), 백경석(EBS PD), 서정민(한겨레신문 기자), 서정민갑(대중음악 의견가), 서준호(롤리팝뮤직 대표), 성우진(음악 평론가), 송명하(월간 핫뮤직 수석기자), 신승렬(대중음악 서저자), 염신규(한국민족예술인총연합 정책팀장), 염혜정(EMI Local A&R 담당), 오영묵(AN'T Sound Contents 대표), 우승현(네이버 대중음악팀장), 윤현식(라이브음악문화협회 대표), 이광훈(Radio KISS 편성제작팀장), 이나영(라이브클럽 SSAM 팀장), 이세환(SONYBMG 홍보팀장), 이영미(대중예술 연구자), 이주엽(JNH 대표), 이태훈(향뮤직 온라인사업팀 대리), 임진모(음악평론가), 전훈(소닉코리아 부장), 조동춘(엠넷미디어 음악사업팀 차장), 조상현(몰스튜디오 대표), 조원희(음악평론가), 차우진(매거진 T 기자), 최규성(대중문화 평론가), 최민우(웹진 [weiv] 편집위원), 한상철(음악 애호가), 홍수현(엠넷미디어 제작사업 부장), 황정(음악동호회 나무를 사랑하는 사람들)

감독의 <고래사냥>의 "고래사냥"(금지곡이 되었다가 1990년대에 주목받은 곡), <가문의 영광>의 "나 항상 그대를", <님은 먼 곳에>의 "님은 먼 곳에", <수상한 그녀>의 "하얀나비", <클래식>의 "나에게 넌 너에게 난", <태극기 휘날리며>의 "지난 기억", <엽기적인 그녀>의 "I Believe" 등이 있다.

 서양 영화음악으로는 <사랑과 영혼(Ghost)>의 "Unchained melody", <보디가드(The Bodyguard)>의 "I Will Alway Love You", <비긴어게인(Begin Again)>의 "Adam Levine", <타이타닉(Titanic)>의 "My Heart Will Go on", <하울의 움직이는 성(Howl's Moving Castle)>의 "인생의 회전목마", <말할 수 없는 비밀(Secret)>의 "Secret", <사운드 오브 뮤직(The Sound of Music)>의 "도레미송", <시네마 천국(Cinema Paradiso)>의 "Love theme", <귀여운 여인(Pretty Woman)>의 "Oh, Pretty Woman", <맘마미아(Mamma Mia!)>의 "Honey honey", <라붐(The Party)>의 "Reality", <사랑은 비를 타고(Singin' in the Rain)>의 "Singing in the rain", <유 콜 잇 러브(L'Étudiante)>의 "You Call It Love" 등을 말할 수 있다.

 우리나라 영화 속에 함께한 외국 음악은 <접속>의 "A Lover's Concerto", <쉬리>에 삽입된 "When I Drem", <해가 서쪽에서 뜬다면>의 "Early In The Morning", <미녀는 괴로워>의 "Ave maria", <말죽거리잔혹사>의 "One summer night", <태양은 없다>의 "Love position No.9", <홀리데이>의 "Holiday", <남자의 향기>의 "The saddest thing" 등이 있다.

 또한 드라마와 함께한 음악도 살펴보면 다음과 같다. <별에서 온 그대>의 "오늘 같은 눈물이", <겨울연가>의 "처음부터 지금까지", <다모>의 "비가", <천국보다 낯선>의 "그댈 위한 사랑", <풀 하우스>의 "처음 그 자리에", <파리의 연인>의 "너의 곁으로", <응답하라 1988!!>의 "네게 줄 수 있는 건 오직 사랑뿐" 등등이 있다.

 이처럼 오늘날 음악의 영역은 독자적인 무대뿐만 아니라 영화, 드라마

등과 연결되어 OST로 재생산되고, 수출 또는 수입되어 세계적으로 나아가고 있다. 이는 음악을 통해 영화와 드라마가 홍보되거나 영화와 드라마를 통해 음악이 홍보되는 이른 바 상호작용을 일으킨 것이다. 더 나아가 음악으로써 영화 또는 드라마가 동시대 지역을 넘나드는 것뿐만 아니라 고금을 넘나들며 기억되어 재생산되기도 하였다.

우리나라의 여러 도시들의 음악 관련 성장을 살펴보면 다음과 같다. 경남 통영은 통영국제음악제를 바탕으로 최근 아시아에서 두 번째로 유네스코 음악 창의도시로 지정받았다. 대구는 음악공연을 특화한 문화콘텐츠로 세계적으로 주목받는 문화예술도시로 부상하고 있다. 춘천은 마임인형극고(古)음악 등 다양한 국제 문화축제를 흥행시키며 '축제의 도시'란 명성까지 획득하였다. 앞으로는 도시 뿐만 아니라 여러 현장에서 대규모 국제문화예술 행사도 기획하고 문화 인프라 확충을 위한 세심한 프로젝트가 필요하다.

음악뿐만 아니라 미술에서도 많은 변화가 일어나고 있다. 대학교에서도 일반 미술학과가 아니라 영상미술학과를 비롯하여 미술콘텐츠학과가 삼육대학교와 대구예술대학교에 신설되었다. 뿐만 아니라 전라남도 광주시는 미술을 특화하여 문화콘텐츠를 형성하여 세계적으로 주목받는 문화예술도시로 부상하였다. 이처럼 미술이 여러 분야와 연계하여 그 영역을 확장하고 있다. 그 중 '미술의 숭고성을 살리는 문학과 미술의 만남'과 '미술의 보편성을 살리는 IT와의 만남'을 살펴보고자 한다.

먼저 미술의 숭고성을 살리는 미술과 문학과의 만남을 살펴보면 이가림의 『미술과 문학의 만남』(월간미술, 2000), 고위공의 『문학과 미술의 만남』(미술문화, 2004), 조용훈의 『문학과 그림』(효형출판, 2006), 윤호병의 『문학과 그림의 비교』(이종문화사, 2007), 여지선의 『문학, 그림을 품다』(푸른사상, 2010) 등이 있다. 특히 윤호병은 비교문학의 선두주자로서 깊이와 넓이면에서 상당하다. 때문에 『문학과 그림의 비교』도 저자 역량의 깊이만큼 문학과 그림의 소통이 깊다. 다만 그의 소통은 학술적 소통이기에 대중적 소통이 아쉬울 수 있다. 여지선의 『문학, 그림을 품다』는 문학과 미술의 만남에 있어서 문학작품과 미술 작품의 일부를 보여준 것이 아니라 전체작품을 보여준 데 의의가 있다. 또한 시화집의 경우 정끝별의 『어느 가슴엔들 시가 꽃피지 않으랴』(그림 권신아, 민음사, 2008)도 돋보인다. 이 시집은 시작품에 알맞은 그림을 그려 넣었다는 점에서 주목받는다. 이처럼 오늘날은 보는 그림, 보여지는 그림을 넘어서서 그림으로 소통하는 세계, 그림을 밑바탕으로 한 시작품 등으로 소통되고 있다. 다시 말해서 화가와 시인과의 소통이 전제된 뒤, 이 소통에 독자들이 함께 하는 것이다. 이처럼 화가라는 직업이 저 멀리 있지 않고 시인들과 함께 하고, 더 나아가 독자들과 평자들과 함께 하는 세계가 되었다.

반면 미술의 보편성을 살리는 미술과 IT와의 만남도 주목받은 바 있다. 《서울경제신문》 2006년 10월 26일자 <미술작품이 IT와 만나 "새 문화콘텐츠 됐네">에 의하면, 일반적으로 미술작품은 캔버스가 중심에 놓여야 하는데, 캔버스 대신 첨단 모니터로 미술작품을 보여주었다는 것이다. 이는 <KT, 매가패스를 통해 명화사진展>인데, 이때 HP에서 작품들을 특수출력 서비스로 제공했다는 것이다. 기존의 캔버스 대신 모니터가 동원되어 터치 스크린과 초고속 인터넷망을 활용하여 새로운 예술적 가치를 만들어내고자 한 것이다. 이는 단순한 예술적 차원을 넘어 향후 해외진출, 사업모델로의 가능성 등에 주목했다고 한다.

이러한 미술전시회가 2006년에 처음 열렸을 때, 초고속인터넷기입인 KT은 서울 인사동 <아트사이드>에서 프랑스, 중국, 인도, 일본 등지에 작가들을 보내어, 그 작가들이 전송하는 사진을 실시간으로 전시하였다. 이는 작가들이 자신들의 작품을 고화소 디지털카메라로 찍은 후에 KT

의 매가페스를 이용해 서울 인사동 미술관에 설치된 20여개의 디지털 액자로 실시간 전송한 것이다. 그리고 이 전송받은 작품 파일을 HP에서 프린트하여 감상자들이 소장도 하고 감상도 할 수 있도록 하였다. 당시 전시기획사인 아트오팔의 김영기 기획실장은 "최근 미술 작품이 첨단 IT 기술을 만나면서 '디지털 미술'이라는 새로운 문화콘텐츠로 떠오르기 시작했다"며 특히 "디지털 미술의 경우 국내의 앞선 IT기술을 활용하고 있다는 점에서 앞으로 새로운 비즈니스모델로 발전할 가능성이 크다"고 말했다고 한다.

이와 같은 신문보도뿐만 아니라 실제 미술과 IT기술과의 만남을 주도하는 단체도 있다. 그 중의 하나가 '아우름 플래닛(Aurum Planet)'이다. 그들의 사이트 첫 창에 "우리는 가치 지향적인 반항아입니다"라고 적혀있는데, 이는 2012년, 그들이 대학생 때부터 시작한 단체로서 신인들의 작품을 인터넷으로 등용시키는 작업까지 하였다.

이처럼 오늘날은 음악도 미술도 그 시초를 넘어 다양한 세계로 향하고 있다. 이러한 향방의 진정성과 정당성에 대한 물음은 이 세대와 차세대의 몫일 것이다. 따라서 더더욱 진중한 자세로 음악과 미술이라는 예술의 전형과 콘텐츠의 결합을 주목하고 이끌어내야 할 것이다.

(5) 영화

영화는 더 설명할 필요가 없을 정도로 우리들에게 충분히 인식되어 있다. 남녀노소 불문하고 영화는 이미 우리의 인식 내에 정착되어 있다. 다만 한국영화를 주로 보느냐, 외국 영화를 주로 보느냐의 차이와 영화의 장르 즉 멜로, 코미디, 로맨틱 코미디, 액션, 서부극, 갱스터, 누와르, 스릴러, 미스터리, 모험, 공포, 전쟁, 탐정, 공상 과학, 판타지 등의 선택의 차이만 있을 뿐이다.

이처럼 보편적인 장르인 영화이지만, 그 영화의 시작을 찾아가보면 놀라게 된다. 왜냐하면 영화 탄생의 배경에 우리가 일반적으로 철학자로 알고 있는 아리스토텔레스(Aristoteles, BC 384~BC 322)와 화가로 알고 있는 레오나르도 다빈치(Leonardo da Vinci, 1452~1519)를 만나게 되기 때문이다. 영화의 탄생 배경을 찾아가다보면 기원전에 활동한 아리스토텔레스까지 찾아가게 된다. 아리스토텔레스는 불붙은 나뭇가지를 돌리면 왜 연속된 원을 이루지? 라는 의문을 가졌다고 한다. 그리고 레오나르도 다빈치는 밝은 빛을 본 뒤에는 고개를 돌려도 지속적으로 그 빛을 보는 듯 하다고 했다. 이러한 현상을 '잔상효과(殘像效果, persistence)'라고 하는데, 이는 뇌가 눈으로 본 이미지를 기억하고 있기 때문에 바로 이어서 보는 이미지와 겹쳐져 보인다는 것이다. 이는 특정한 이미지를 빠르게 움직였을 때 하나의 움직임으로 보이는 효과를 가져 온다. 이 같은 효과가 영화에서도 긴요하게 사용되기 때문에 영화의 시작을 말할 때 아리스토텔레스와 레오나르도 다빈치를 언급할 수 있다는 것이다. 이 같은 발견의 시작으로 지금 우리들이 보는 영화, '시네마토그라프(cinematograph)'가 1895년 프랑스의 사진사 루이 뤼미에르(LouisLumiere)와 오귀스트 뤼미에르(AugusteLumiere) 형제에 의해 만들어진 것이다.[13]

움직임의 연결, 잔상효과에 주목했던 영화가 이젠 장르의 연결을 주목하고 있다. 이러한 사례를 살펴보면, 만화가 영화가 된 경우, 소설이 영화가 된 경우를 들 수 있다.

만화가 영화가 된 경우 중 우리나라에서 흥행에 성공한 영화 몇 편만 살펴보면 다음과 같다. 리처드 도너(Richard Donner) 감독의 <슈퍼맨(Superman)>(1978), 팀 버튼(Tim Burton) 감독의 <배트맨(Batman)>(1989), 브라이언 싱어(Bryan Singer) 감독의 <엑스맨(X-Men)>(2000), 샘 레이미

---

[13] 민경원, 『영화의 이해』, 커뮤니케이션북스, 2014.

(Sam Raimi) 감독의 <스파이더맨(Spider-Man)>(2002), 박찬욱 감독의 <올드보이>(2003), 전윤수 감독의 <식객>(2007), 존 파브로(Jon Favreau) 감독의 <아이언맨(Iron Man)>(2008), 류장하 감독의 <순정만화>(2008), 이준익 감독의 <구르믈 버서난 달처럼>(2010), 사토 신스케(佐藤信介) 감독의 <간츠(GANTZ)>(2011), 조근현 감독의 <26년>(2012), 김휘 감독의 <이웃사람>(2012), 장철수 감독의 <은밀하게 위대하게>(2013), 김용화 감독의 <미스터 고>(2013), 강형철의 <타짜-신의 손>(2014), 미키 타카히로(三木孝浩) 감독의 <아오하라이드(Ao Ha Ride)>(2014), 현재 상영중인 우민호 감독의 <내부자들>(2015) 등을 언급할 수 있다.

이뿐만이 아니라 소설이 영화로 재창조된 경우도 상당하다. 이도 간략하게 정리하면 다음과 같다. 이만희 감독의 <삼포가는 길>(1975), 피터 위어(Peter Weir) 감독의 <죽은 시인의 사회(Dead Poets Society)>(1989), 로버트 레드포드(Robert Redford) 감독의 <흐르는 강물처럼(A River Runs Through It)(1992)>, 박종원 감독의 <우리들의 일그러진 영웅>(1992), 임권택 감독의 <서편제>(1993), 임권택 감독의 <태백산맥>(1994), 장현수 감독의 <남자의 향기>(1998), 곽재용 감독의 <엽기적인 그녀>(2001), 스티븐 스필버그(Steven Spielberg) 감독의 <우주 전쟁(War Of The Worlds)>(2005), 송해성 감독의 <우리들의 행복한 시간>(2006), 이창동 감독의 <밀양>(2007), 임상수 감독, <오래된 정원>(2007), 변영주 감독의 <화차(Helpless)>(2012), 정지우 감독의 <은교>, 김덕수 감독의 <아빠를 빌려드립니다>(2013), 김성재 감독의 <소수의견>(2013), 김성호 감독의 <개를 훔치는 완벽한 방법>(2014), 하정우 감독의 <허삼관(2014)>, 문제용 감독의 <내 심장을 쏴라(2014)>, 윤재구 감독의 <은밀한 유혹>(2014), 오기완 감독의 <패션왕>(2014), 이재용 감독의 <두근두근 내 인생>(2014), 임권택 감독의 <화장>(2014), 추창민 감독의 <7년의 밤>(2015), 강우석 감독의

<고산자, 대동여지도>(2015), 고레에다 히로카즈(是枝 裕和) 감독의 <바닷마을 다이어리(Our Little Sister)>(2015) 등이 있다.

이와 같이 오늘날의 영화는 만화와 소설을 영화화하여 흥행하였을 뿐만 아니라 대중들이 영화의 원작인 만화와 소설까지 기억하고 찾아 읽게 하는 성과를 이뤄냈다.

2) 전통문화와 문화콘텐츠

(1) 박물관

박물관이란 여러 사물과 그에 관한 참고가 될 만한 것[博物]과 건물[館]의 합성어로 사전적 의미로는 고고학 자료와 미술품, 역사적 유물, 그 밖의 학술적 자료를 널리 수집·보존·진열하고 일반에 전시하는 시설이다. 국제박물관협의회(International Council of Museums : ICOM)에서는 "연구와 교육, 향수의 목적으로 인간과 인간 환경의 물질적인 증거를 수집, 보존, 연구, 전달, 전시하며 사회와 사회의 발전에 봉사하고 대중에게 공개되는 비영리적이고 항구적인 기관"이라고 정의하고 있으며, 박물관 및 미술관진흥법에는 "문화·예술·학문의 발전과 일반 공중의 문화향수 증진에 이바지하기 위하여 역사·고고·인류·민속·예술·동물·식물·광물·과학·기술·산업 등에 관한 자료를 수집, 관리, 보존, 조사, 연구, 전시하는 시설을 말한다."고 정의하고 있다.

박물관을 의미하는 영어의 Museum, 독일어의 Museum, 프랑스어의 Musee 등은 모두 고대 그리스의 무세이온(Museion)에 어원을 두고 있다. 기원전 3세기경 이집트 수도 알렉산드리아의 궁전에 Museion을 설치했다. 이곳을 문예·미술의 여신 뮤즈에게 바치는 장소로 정하고, 부왕이 쓰던 물건을 비롯해서 철학자와 정치가의 조각상, 진기한 조각과 미술품을 모아놓고 문예 철학에 대한 연구와 교제 장소로 활용했다.

한국 최초의 박물관은 1908년에 창경궁 내에 설치한 이왕가(李王家) 박물관이다. 옛날 유물들과 미술품들을 전시했고, 1909년에 일반인들에게 공개했다. 1915년에는 경복궁 내에 조선총독부 박물관이 건립됐으며, 1930년대부터는 각 지역에 박물관들이 설립되기 시작했다. 1938년에는 이왕가박물관에 있던 것을 덕수궁으로 옮겼다가 1969년에 국립중앙박물관에 통합됐다.

박물관은 여러 종류로 분류할 수 있다. 수장자료의 종류에 따라 종합박물관과 전문박물관으로 나눌 수 있다. ①종합박물관은 모든 분야의 자료를 수장하고 있는 박물관이다. ②전문박물관은 미술·역사·과학 등 특정분야의 자료를 전문적으로 수장하고 있는 박물관이다. 성립 주체에 따라 국립, 공립, 특수, 특수, 대학 박물관으로도 나눌 수 있다. ①국립박물관으로는 국립중앙박물관·국립고궁박물관·경주박물관·부여박물관·공주박물관·진주박물관·전주박물관·철도박물관 등이 있다. ②공립박물관으로는 서울역사박물관·광주광역시립박물관·부산광역시립박물관·제주민속박물관 등이 있다. ③특수박물관으로는 거미박물관·가회민화박물관을 비롯한 사설박물관 등이 있다. ④대학박물관으로는 서울대·연세대·고려대·경희대·한양대·동국대 박물관이 있다.

2013년 기준으로 643관이 활동하고 있으며, 비등록 박물관까지 포함하면 그 수는 훨씬 많다.

구분	국립	공립	사립	대학	계
수량	35	147	345	116	643
비율	5.4	22.9	53.7	18.0	100

출처 : 전국 박물관 설립현황(2013 박물관수첩 기준)

최근에는 디지털 기술이 발달하고 이로 인한 지식·정보 유통방식의 변화하면서 각종 전산화, 정보화 사업과 같은 디지털화가 추진됐고, 디지털 박물관(digital museum)이 출현했다. 디지털 박물관이란 유·무형적 문화유산을 디지털기술에 기반해 자료와 유물을 수집하고, 기존 아날로그 데이터의 디지털화도 포함하여 보존·관리·조사·연구·전시 및 커뮤니케이션 교육 홍보에 이르는 모든 박물관의 역할과 기능 일체를 통합적으로 구축·운영하는 한편 디지털화한 유물(Digital Object)을 체험의 공간(experience space)에 구현하여 관람객과 양방향으로 스토리텔링(interactive storytelling)하는 박물관이다.[14] 전자박물관(electronic museum), 온라인박물관(online museum), 웹박물관(web museum), 하이퍼미디어박물관(hyper media museum), 메타박물관(meta museum), 사이버스페이스박물관(cyber space museum) 등으로 불리기도 한다. 2007년에 안동시에서는 국내 최초로 실제문화유산을 전시하지 않고 최첨단 디지털 콘텐츠만으로 '전통문화콘텐츠박물관'을 건립해 운영하고 있다.

(2) 축제

박물관이 과거가 박제되어 있는 곳이라면, 축제는 과거가 현재와 호흡하면서 살아서 움직이고 변하고 있는 장이다.

축제는 빌거나 기원하다는 의미의 '祝'자와 의식을 행한다는 의미의 '祭'자의 결합으로 이루어졌다. 단어에 제의적 성격이 담겨져 있다. 한국 축제의 원형은 부여의 영고, 고구려의 동맹, 예의 무천 등의 제천의식에서 찾을 수 있다. 제천의식은 음악·시가·무용이 함께 어우러진 원시

---

[14] 박재영, 「디지털박물관 콘텐츠 스토리텔링 연구」, 중앙대학교 예술대학원 문화콘텐츠학과 문화콘텐츠 기획 전공, 2013.

종합예술체(原始綜合藝術體, Ballad dance)였다. 서양의 Festival도 종교적인 의식에 들어간다는 뜻의 라틴어 페스투스(festus) 또는 성일(聖日)이라는 뜻을 지닌 라틴어 페스티발리스(festivalis)에서 유래했다.

동서양에서 축제는 초자연적 존재에게 올리는 기원의 의식이라는 의미를 가지고 있다. 즉 신에게 감사를 올리고, 건강과 풍요와 행복 등을 바라는 인간의 원형적 사고를 의례와 식사와 놀이 등의 방식을 통해 기원한 공동체적 행사였다. 그런데 현대 사회에 들어오면서 제의적 성격은 쇠퇴됐고 유희적 성격이 강화됐다.

한국에서는 1994년에 '한국 방문의 해'를 시작으로 축제에 관한 관심이 증대됐다. 한국관광공사가 전국에서 행해지고 있던 360여 개 지역 축제 가운데 10개를 선정해 한국 문화를 홍보했다. 1996년부터는 당시 문화체육부가 지역의 우수 향토 축제를 선정해 '문화관광축제'라는 이름으로 집중적으로 지원하고 육성했다. 이와 더불어 1995년에 지방자체제가 본격적으로 실시되면서 지역발전에 대한 관심이 고조됐고 지역축제가 급속히 증가했다. 축제가 지역의 장소 마케팅 수단이 됐으며 수익 창출에 기여했기 때문이다. 이중 일부는 그 지역의 전통문화를 발굴하고 개발해 특화시킨 것이다. 전통문화에 기반을 둔 축제는 지역의 정체성을 지킬 수 있으면서도 지역 문화를 계승 발전시킨다는 이미지 제고를 할 수 있고, 관광 비수기 극복과 지역 특화산업 반정 등을 통해 지역 경제 활성화를 도모할 수 있고 주민들의 참여를 통해 응집력을 유도할 수 있다는 장점을 갖고 있다.

가장 대표적이면서도 모범적인 사례로 강릉단오제와 안동국제탈춤페스티벌과 진주남강유등축제를 들 수 있다.

강릉단오제는 강원도 강릉에서 단오(음력 5월 5일) 즈음에 풍년을 빌고 재앙을 쫓기 위해 마을 수호신에게 지내던 동제(洞祭)였다. 1967년에 중요무형문화재 제13호로 등록돼 전통 민속 축제의 원형을 간직한 고유의 가치를 인정받았고, 2005년에는 유네스코에 의해 '인류 구전 및 무형 유산걸작'에 선정되기도 했다. 지금은 강릉지역민들만의 제의식에서 벗어나 한국을 대표하고 외국인들이 찾아오는 축제로 변모하고 있다.[15]

안동국제탈춤페스티벌은 하회탈과 하회별 신굿탈놀이의 본고장인 안동시에서 국내외 전통탈춤을 한 자리에 모아벌이는 탈춤 한마당이다. 하회별신굿탈놀이를 중심으로 '한국탈춤', '외국탈춤', '탈놀이대동난장' 등 총 11개의 대주제를 바탕으로 총 200여 개의 프로그램이 운영된다. 1997년에 시작해 지금까지 매년 10월에 열리고 있으며 100만 명 이상이 축제 현장을 찾는다.

진주남강유등축제는 진주시를 관통하는 남강에 등을 띄우는[流燈] 놀이였다. 유등은 1592년 10월 김시민 장군이 '진주대첩'을 거둘 때, 성 밖의 의병 등 지원군과의 군사신호로 풍등을 올리고, 강을 건너려는 왜군을 저지하고 병사들과 사민(士民)들이 멀리 두고 온 가족에게 안부를 전하기 위해 남강에 횃불과 등불을 띄운 것에서 비롯됐다. 이후 의롭게 순절한 7만 병사와 사민의 얼과 넋을 기리는 행사로 이어져 개천예술제로 행해지다가 2000년 10월에 진주남강유등축제로 자리 잡았다. 최근에는 서울시에서 이 축제를 벤치마킹해 청계천에서 유등 행사를 하고 있다.

(3) 문화원형

문화원형은 '文化原型' 또는 'culture archetype'으로 표기할 수 있으면 문화의 원래 존재 형태를 의미한다. 즉, 선사시대부터 현대에까지 오랜 역사 속에서 국가나 민족의 구성원이 같은 경험을 반복하는 동안 공유하거나 공감하고 있는 물질적, 정신적 원형으로 의식주, 역사, 인물,

---

[15] 홍순석 외, 「전통문화와 소통하기」, 채륜, 2010, 318~319쪽.

풍물, 놀이, 예술, 정치, 경제, 과학, 의약, 천문, 풍수 등 다양한 분야의 텍스트, 이미지, 동영상 등을 의미한다.

예전에는 원천 자료에 쉽게 접근할 수 없었기 때문에 문화원형은 부분적으로 소개되고 활용됐다. 이러한 단점을 보완 극복하기 위해 문화관광부와 한국문화콘텐츠진흥원에서는 전통문화유산을 창조적으로 발현하고 산업적으로 활용하기 위해 2002년부터 순수예술 및 인문학에 바탕을 둔 '문화원형 디지털콘텐츠화 산업'을 추진했다. 디지털로 개발된 문화원형콘텐츠는 의식주·역사·민속·이야기·건축·예술·문학·과학기술 등 총 176개의 테마, 25만 7천 건의 콘텐츠가 개발됐다. 이렇게 개발된 콘텐츠들은 문화콘텐츠닷컴(www.culturecontent.com)과 네이버(www.naver.com)의 '문화원형백과'를 통해 일반인들에게 제공되고 있다.[16]

개발된 콘텐츠의 일부를 소개하면 다음과 같다. 조선시대 궁중의 국상의례·가례 등의 의례와 인물과 도구 등의 요소를 2D와 3D 그래픽으로 재구성한 '조선왕조 궁중 통과의례 원형', 한옥을 3D로 구성해 영상·게임·가상현실 등에 다양하게 활용할 수 있도록 한 '사이버 전통 한옥마을 세트 개발사업', 18세기 우리 선조들이 생활했던 한양의 주요 공간을 디지털로 복원한 '디지털 한양', 치우천왕·삼신 등 전통 신을 캐릭터로 만든 '오방대제(五方大帝)와 한국의 신', 가야·신라의 배와 토기에서부터 근대시대의 황포돛배까지 잊혀 가는 한선(韓船)을 시뮬레이션으로 복원한 '한국의 배', 제주도의 300여 종에 달하는 신화와 전설을 애니메이션·게임·모바일 등에 접목시켜 디지털콘텐츠화한 '신화의 섬, 디지털 제주 21', 용과 용궁 관련 이야기와 인물 등을 2D·3D 및 캐릭터로 제공한 '바다 속 상상세계 용궁' 등 매우 다양한 주제로 개발되고 있다.[17]

---

[16] 위의 책, 318~319쪽.

이들 자료 중 전통복식이나 한국의 배 등은 드라마·영화·애니메이션 등에서 활용할 수 있는 참고자료가 됐으며, 신화와 전설과 민담 등은 사람들의 정서에 맞게 재구성돼 게임·영화·애니메이션 등으로 활용되고 있다. 문화원형 사업의 주요한 사업화 사례는 다음과 같다.

장르	사례	활용과제	활용기관	활용효과
영화	왕의 남자	조선후기 한양도성 조선후기 궁궐	(주)이글픽쳐스	관객 1230만명
드라마	주몽	고대국가의 건국설화 고구려 고분벽화	(주)올리브나인	시청률 30%
	황진이	조선시대 기녀문화의 디지털 콘텐츠 개발 한국의 전통 장신구: 산업적 활용을 위한 라이브러리 개발	(주)올리브나인	시청률 23%
캐릭터	뿌까, 모&가	자수문양 능화문	(주)부즈	해외수출 350만 달러 (상담실적)
디자인	섬유디자인 개발	단청문양 -자수문양 능화문 -궁중문양	대구경북 섬유산업협회	수출92만 달러 계약(600만 달러 예상)
	연하장 제작	자수문양	(주)바른손카드	30만장 판매
게임	온라인게임(RPG)거상	선사에서 조선까지 해상선박 및 해전 등	(주)조이온	400만명 (회원수)

---

17 위의 책, 310쪽.

장르	사례	활용과제	활용기관	활용효과
공공분야	국사교과서	신여성교육 등 26개 자료 활용	국사편찬위원회	연간 60만권 (5년간, 총300만권)
	국사교과서 e-러닝 부교재	해동성국 발해, 한국의 암각화 등 약 1750개 콘텐츠 활용	국사편찬위원회	2007년 1학기 전국 초중고등학교 배포
	영문홈페이지	우루음악의 원형, 한국의 고인돌문화, 사이버 전통 한옥마을 등 총 33개	국회	국회공식 영문 홈페이지 적용
	조계종 템플스테이	사찰건축 등	조계종	홈페이지 활용
	상장표지	한국고서능화문(연당초문)	문화관광부	상장 및 표지
지자체	강릉단오제	강릉단오제 개발	강릉시	지역축제 활용 (캐릭터 등)
	남사당 바우덕이축제	유랑연예인집단 남사당	안성시	지역축제 활용 (플래쉬애니 등)
	경주-앙코르엑스포전시	문화원형 사업 결과물 전반	경주문화엑스포	2006년 11월 경주-앙코르엑스포 활용예정

출처 : 문화관광부, 『2006 문화산업백서』

콘텐츠로 개발할 수 있는 전통문화는 영화 · 드라마 · 교육 · 게임 · 애니메이션 · 관광 등 무궁무진하다.

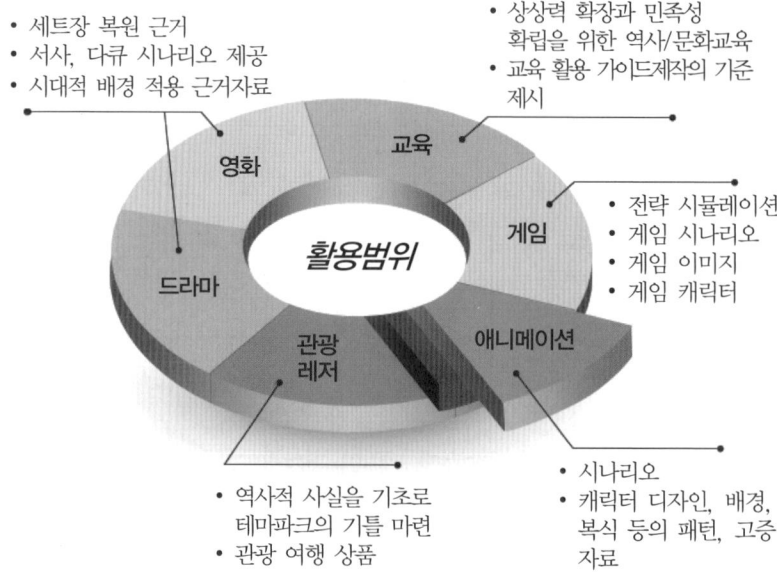

개별 콘텐츠는 개별 단위로 활용되기도 했고, 복합적으로 활용되어 파급력 있는 문화 상품으로 재탄생하기도 했다.

한국의 전통문화를 대표하는 것으로 판소리가 있다. 판소리는 전수자들에 의해 옛것이 지켜지는 한편, 새롭게 변화하고 있다. 옛 전통을 잇는 행사로 대표적인 것은 '대사습놀이'이다. 조선 숙종 이후 전주에서 시작된 것으로 추정되는 마상궁술대회를 대사습(大射習)으로 쓰기도 했다. 그 뒤 영조 무렵 지방 재인청과 가무 대사습청를 설치하면서 전주에 4개 정(군사정, 의방정, 다기정, 진북정)을 두어 전주에서 대사습이 베풀어진 후 매년 연례행사로 실시됐다. 이후 정조와 순조 때까지 전승되다가 중단됐던 것을 1974년에 부활시켰다. 놀이형태는 판소리 명창을 비롯하여 농악 · 기악 · 무용 · 시조 · 민요 · 가야금병창 · 판소리일반 · 궁도의 9개 부문이다. 이외에도 임방울의 업적을 기리고 판소리의 전승을 위해

2003년에 '광주국악대전'(1993)과 '임방울국악제'(1997)를 통합하여 만든 '임방울국악제'가 있다.

판소리가 가장 다양하게 활용된 것은 영상 분야이다. 1923년 일본인에 의해 처음으로 영화로 제작된 <춘향전>은 임권택 감독의 <춘향뎐>까지 무려 17번(만화제외) 영화화됐다. 특히 최초의 발성영화 <춘향전>(1935), 최초의 총천연색 시네마스코프 <춘향전>(1961), 최초의 70미리 영하 <춘향전>(1971), 최초의 2D디지탈제작 <성춘향뎐>(1999) 등 한국영화에 새로운 기술의 도입과 발전단계에는 항상 <춘향전>이 있었다. 최근에는 판소리를 영상으로 옮기는 차원을 넘어 새로운 해석을 한 작품들이 등장하고 있다. 드라마 <쾌걸 춘향>(2005)과 영화 <방자전>(2010) 등이 그것이다. 소리꾼들의 삶을 영상화한 <서편제>(1993)와 <도리화가>(2015)도 있다.

한편, 2001년부터 전주산조축제의 한 프로그램으로 전주 한옥마을에서 열리고 있는 '또랑깡대 콘테스트'에서는 창작판소리꾼들이 참여해 신선한 주제를 담은 새 판소리들을 선보이고 있다. 이후 젊은 소리꾼들이 소규모 단체를 만들어 창작판소리를 만들고 연주하는 활동을 하고 있다. 바닥소리, 소리여세, 판세, 타루 등의 창작판소리 단체들이 거리소리판을 열기도 하고 소규모 공연장에서 공연을 펼치거나 음반제작을 하는 등의 활동을 펼치고 있다. 대표적인 창작판소리로는 게임 스타크래프트(StarCraft)를 소재로 한 박태오의 <스타크래프트>, 브레히트의 <사천의 선인>와 <억척어멈과 그 자식들>에서 영감을 얻어 만든 이자람의 <사천가>와 <억척가>, 평범한 아줌마가 김치냉장고를 타기 위해 씨름대회에 출전한다는 김명자의 <수퍼댁 씨름대회 출전기>, 이덕인의 <아빠의 벌금>, 이규호의 <똥바다 부시버전> 등으로 30여 명의 소리꾼에 의해 100여 편이 공연됐다.

사물놀이는 사물(꽹과리·장구·징·북)을 중심으로 연주하는 풍물에서 취한 가락을 발전시킨 국악이다. 1978년에 김덕수를 중심으로 창단된 '사물놀이'패에서 기존의 풍물놀이를 실내 연주에 적합하도록 재구성해 연주한 것이 사물놀이의 시작이다. 전통적이지만 새롭게 창안된 음악답게 사물놀이는 관현악단과 협연하거나 재즈 밴드와 함께 공연되기도 했다.[18]

사물놀이에 창의력이 더해져서 진화된 것이 <난타>이다. <난타>는 요리사들이 결혼식 피로연에 쓸 음식을 준비하는 상황과 갖가지 에피소드를 엮어서 하나의 이야기를 전개해 나가는 작품이다. 사물놀이와 유사한 우리의 전통 리듬을 냄비·프라이팬·칼·도마 같은 주방용품을 사용해 연주한 것이다. 우리가 뛰어난 전통문화를 가지고 있음에도 불구하고 언어의 장벽으로 인해 세계화에 어려움을 겪는 상황에서 비언어극을 통해 새로운 시장을 개척했다는 의의가 있다.[19]

<난타>에서 한 단계 더 진화하고 확장된 것이 풍물놀이퍼포먼스 <TAO(타오)>이다. 박진감 넘치는 사물놀이 가락과 역동적인 마을 공동체 대동놀이를 현대적으로 퍼포먼스화해 관객과 함께 호흡하는 형태이다. 2001년 풍물을 바탕으로 우리 고유의 마을 축제를 재현하는 종합 예술적 형태의 공연으로 처음 제작된 이래 국내외 다양한 무대를 통해 '참여'와 '전통'과 '에너지'를 모두 포함한 '시대를 뛰어넘는 넌버벌(Nonverbal performance)', '집단 신명 퍼포먼스'라는 독특한 입지를 형성했다.

---

[18] 위의 책, 317쪽.
[19] 위의 책, 317쪽.

3) 디지털 콘텐츠

(1) 모바일 콘텐츠

모바일 콘텐츠(Mobile Contents)는 모바일 기기(휴대전화, 노트북, PDA, MP3 등)등에 서비스 되는 다양한 서비스들을 통칭하는 말이다. 모바일의 사전적 의미는 이동할 수 있는, 움직이기 쉬운, 이동성을 가진, 이동성이 있는 등이다. 공간에서의 이동을 의미하는 모바일과 내용·알맹이를 의미하는 콘텐츠가 합친 합성어이다. 모바일 콘텐츠에는 문자메시지(sms/mms), 채팅 커뮤니티, 사진, 동영상, 캐릭터, 벨소리, 만화, 애니메이션, 게임, LBS(위치 기반 서비스), 은행 업무 등이 있다.

분류	소분류	상세 내용
커뮤니케이션 (Communication)	메시지	SMS, MMS, e-mail
	대화형	채팅&미팅, 화상전화
	커뮤니티	커뮤니티
인포메이션 (Information)	광고	모바일 광고, 모바일 마케팅
	M-커머스	쇼핑&옥션, E-payment, 예약서비스, 주식, 뱅킹
	교육	가상교육, 온라인도서관, e-book, Edutainment
	생활	뉴스(스포츠, 기상, 교통정보 포함), 주소록&일정관리, 의료 및 법률 정보, 쿠폰
	LBS	위치추적, 디지털 물류운반, 텔레메터리
엔터테인먼트 (Entertainment)	멀티미디어	VOD, AOD
	게임	게임
	영상	TV, 영화, 음악, 플래시
	폰꾸미기	아바타, 벨소리&캐릭터 다운로드, 스크린세이버

출처 : 고정민·유승호, 「국내 모바일 콘텐츠 비즈니스의 구조와 발전 방향」

1984년 이동통신 서비스가 도입된 이후 휴대전화의 사용이 급증하면서 관련된 서비스들이 활발히 개발됐고 앞으로 개발 가능성이 높은 분야이다. 초창기에 모노미디어(Mono media)로 시작해 현재 글자·소리·영상의 복합체인 멀티미디어(multi media)로 확대·발전하고 있다. 모바일 콘텐츠의 대표적인 예는 SMS(short message service)이다. 전자우편과 SMS가 등장하면서 사람들은 점차 문자로 자신을 표현하는 데 익숙해졌다. 기존의 문자 서비스는 물론 카카오톡, 라인, facebook messenger, wechat 등의 스마트폰 메신저 서비스를 사용하는 비율이 점차 확대되고 있다.

한편, 2009년에 스마트폰이 등장하면서 초창기 음성 중심의 모노미디어에서 벗어나 멀티미디어로 전환됐다. 특히, 데스크톱 컴퓨터의 웹 브라우저에서 앱(app) 중심으로 전환되고 있다. 다양한 앱이 출시되고 사용되면서 스마트폰은 단순한 통신 수단을 넘어 문화 인터페이스(cultural Interface)로 기능하며 책, 영화, 텔레비전 등 전통 미디어와 마찬가지로 문화를 접하는 새로운 플랫폼이 됐다.

모바일 콘텐츠에는 모바일 음악, 모바일 캐릭터, 모바일 VOD, 모바일 게임 등이 있다.

모바일 음악은 모바일 단말기를 통해 음악문화를 즐기기 위한 것이다. 초기에는 주로 단말기로 인터넷상에 접속하여 돈을 내고 '벨소리'를 다운 받아서 사용하는 것이다. 현재는 음악콘텐츠의 시장 규모가 커지고 있다. 모바일 기기 회사와 음악 콘텐츠를 주로 판매하는 회사 사이에 협력 관계가 주로 이루어지고 있다. 애플사의 MP3기기인 아이팟은 아이튠이라는 소프트 웨어를 이용해 음악 콘텐츠를 즉석에서 다운받을 수 있도록 했고 SK텔레콤은 멜론과 협력해 음악콘텐츠를 내려받을 수 있도록 했다. 최근에는 콘텐츠 플랫폼 사업에 주목해 오던 카카오가 멜론(MelOn) 운영사인 로엔을 인수하면서 카카오의 모바일 플랫폼과 로엔의 음악 콘텐츠가 결합한 새로운 시장이 창출될 것으로 보인다.

무엇보다 모바일의 대표적인 콘텐츠는 캐릭터이다. 휴대폰 바탕화면의 디스플레이용으로 쓰이며, 캐릭터, 애니메이션을 이용한 장식용 그림들이 주류를 이룬다. 스마트폰이 도입되면서 이용자들이 모바일 메신저로 문자 외에 이모티콘을 적극적으로 사용하기 시작했다. 카카오톡과 라인을 중심으로 이모티콘이 활성화돼 이모티콘 캐릭터 이용자층이 두터워졌다. 2012년에 카카오는 카카오프렌즈를 선보이며 본격적으로 이모티콘 캐릭터 사업에 진입했다. 2013년에는 라인프렌즈가 서울 명동 롯데 영프라자에 '라인프렌즈 스토어'를 열었고, 2014년에는 카카오가 서울 신촌 현대백화점에 '플레이 위드 카카오 프렌즈'라는 매장을 설립하면서 모바일 캐릭터의 영역을 확장해 나가고 있다.

모바일 VOD는 동영상에 관련된 콘텐츠를 통틀어서 지칭한다. 바탕화면 디스플레이용으로도 활용이 가능하며, TV 콘텐츠, 광고, 모바일 영화, DMB 등의 서비스가 있다. 모바일 영상 서비스는 스마트폰 이용자의 94%가 이용할 정도로 대중화됐다. 최근 젊은 층에서는 손가락을 움직이는 것으로 소비할 수 있는 콘텐츠로 10분 내외의 짧은 영화나 웹툰과 같은 '스마트 핑거 콘텐츠'를 즐기거나 TV 프로그램을 전통적인 형태의 TV수상기를 통하지 않고 스마트폰, 태블릿 PC 등으로 시청하는 '제로 TV'현상이 대세를 이루고 있다.

모바일 게임은 가장 인기 있는 대표적인 콘텐츠 중의 하나다. 카카오 게임이 내놓은 <애니팡>, <캔디팡>, <모두의 마블>, <프렌즈팝>, <히어로스톤> 등이 대표적이다.

(2) 게임콘텐츠

게임은 21세기형 지식산업으로 각국의 막대한 투자와 관심으로 급속히 발전하고 있다. 세계적인 게임시장 규모는 1,000억 달러 이상으로, 매년

30~40% 이상 급성장하고 있다. 한국 게임시장은 2005년에 8조 6,798억 원이었으나 2006년과 2007년 연이어 마이너스 성장을 보이며 5조 1,436억 원까지 감소했다. 이후 2008년에 전년 대비 9.0%의 성장률로 회복세를 보였고 2013년 국내 게임시장의 전체 매출액은 9조 7,198억 원에 이른다.

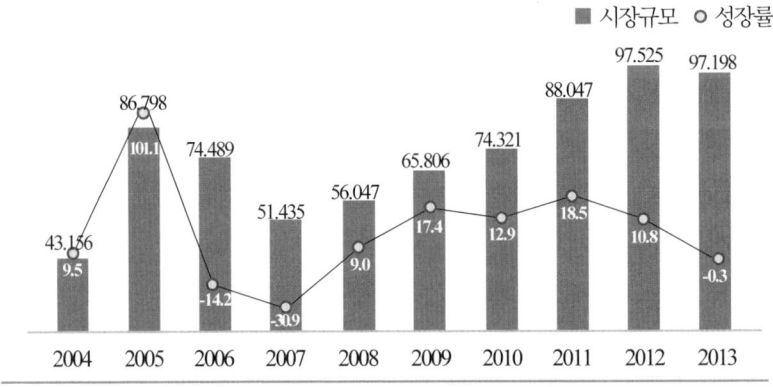

출처 : 2014 대한민국 게임 백서

게임에는 크게 슈팅(Shooting) 게임, 액션(Action) 게임, 어드벤처(Adventure) 게임, 롤 플레잉(Role Playing) 게임, 시뮬레이션(Simulation) 게임, 스포츠 게임, FPS(First Person Shooting) 게임, 교육용 게임, 퍼즐 게임, 퀴즈 게임 등이 있다.

슈팅 게임은 플레이어가 총기를 쏘거나, 탱크나 비행기 등을 조작해 적이나 장애물을 제거하는 게임이다. <스페이스 인베이더(Space Invader)>, <갤러그(Galaga)>, <제비우스(Xevious)>, <1942> 등이 있다. 액션 게임은 캐릭터의 행동을 버튼 등을 통해 직접 조작하는 게임이다. <동키 콩>, <슈퍼마리오>, <버추어 파이터>, <철권> 등이 있다.

어드벤처 게임은 플레이어가 게임 속의 주인공이 되어 주어진 시나리오를 따라 던전(dungeon)을 모험하면서 모험 중에 얻은 아이템과 스킬(skill)을 이용해 사건과 문제를 풀어나가는 게임이다. <페르시아의 왕자>, <툼레이더> 등이 대표적이다. 롤 플레잉 게임은 플레이어가 게임 속의 주인공이 돼서 주어진 역할을 수행하면서 퍼즐을 풀어가는 방식의 게임이다. <파이널 판타지(Final Fantasy)>, <디아블로(Diablo)>, <바람의 나라>, <영웅문>, <리니지(Lineage)> 등이 대표적이다.

시뮬레이션 게임은 현실과 비슷한 환경을 설정해 간접 체험을 누릴 수 있는 게임을 뜻한다. 전쟁, 건설, 경영, 비행, 육성 시뮬레이션 게임 등이 있다. 실시간 시뮬레이션(RTS) 게임으로는 <스타크래프트(StarCraft)>, 육성 시뮬레이션으로는 <프린세스 메이커(Princess Maker)>·<심즈(The Sims)>·<다마고치>, 건설·경영 시뮬레이션으로는 <심시티(Simcity)>·<풋볼 매니저>, 전략 시뮬레이션 게임으로는 <에이지 오브 엠파이어(Age of Empire)> 등이 있다.

세계 게임콘텐츠의 역사는 30년이 조금 넘는다. 1961년 MIT대학 학생이었던 스티브 러셀(Steve Rusell)이 개발한 <스페이스 워(Space War)>가 최초의 게임으로 알려져 있다. 이후 게임 콘텐츠는 오락장 게임을 시작으로 비디오, PC게임, 온라인 게임, 모바일 게임 등으로 발전했다. 한국에는 1970년대에 도입돼 오락실이 탄생했고 <벽돌깨기>(미국), <스페이스 인베이더>(일본), <갤러그>(일본), <제비우스>(일본), <보글보글(Bubble Bobble)>(일본), <테트리스(Tetrtis)>(소련) 등의 외국산 게임콘텐츠가 인기를 끌었다. 1980년대 중반 이후 국산 게임 콘텐츠 개발이 시작했고, 1990년대 후반에는 그래픽 온라인 게임이 개발되고 PC방이 전국적으로 보급·확산되면서 게임콘텐츠가 하나의 산업으로 자리 잡았다. 2012년에는 <디아블로 3>, <블레이드 앤 소울>, <피파 온라인 3> 등이 잇따라 출시되면서 황금기를 맞았다. 2013년에 <아키에이지>와 <열혈강호 2>가

출시됐으나 흥행이 기대에 못 미치지는 못했다. 2014년에 <하스스톤>, <이카루스>, <검은 사막> 등의 작품이 출시됐지만 이전의 수준의 흥행을 이루지는 못했다. 2015년에는 <메이플스토리 2>을 비롯해 <파이널 판타지 14>와 <애스커>, <문명 온라인>, <서든어택 2>, <붉은보석 2>, <블레스>, <월드 오브 워쉽> 등이 서비스를 했거나 할 예정이다.

 2000년대에 휴대폰 단말기의 품질과 성능이 급격히 향상되면서 모바일 게임콘텐츠도 빠르게 성장하고 있다. 특히 카카오 게임은 <애니팡>, <캔디팡>, <모두의 마블>, <프렌즈팝>, <히어로스톤>을 내놓고 '카카오톡'의 데이터베이스를 활용해 게임 사용자를 확보하고 친구 추가, 점수 경쟁 등의 요소를 통해 단기간에 폭발적 인기를 누렸다. 그러나, 점차 '카카오 게임'의 위력은 감소했고, 모바일게임사들은 자체 회사 브랜드로 유저들의 DB를 확보하기 시작했다. 이후 'BAND', '아프리카TV' 등 카카오 플랫폼과 유사한 형태의 플랫폼들이 등장했으나 큰 반향을 일으키지는 못했다. 한편에서는 인기 모바일게임을 보유한 게임사들이 자체 플랫폼을 통해 출시하고 있다.

(3) 캐릭터

 캐릭터(character)는 사전적 정의로 성격, 개성, 특징, 인격, 평판, 신분 등 다양한 의미를 내포하고 있는 개념이며, 콘텐츠 분야로 한정하면 게임, 영화, 드라마, 만화 등에 등장하는 인물을 형상화한 이미지를 말한다. 예로부터 인간의 생활이나 정신적·문화적 상태를 미적 의식으로 구체화함으로 생활의 한 측면을 이뤘다. 초기에는 종교나 주술적인 성격을 띤 부적의 역할을 해왔으나 현대에서는 상업적인 목적 전달을 위한 효과적인 시각요소의 성격이 강하다. 캐릭터 콘텐츠가 이용되는 경우를 보면, 문구와 팬시, 장난감과 인형, 유아용품, 의류, 식음료, 인터넷 콘텐츠 등으로 다양하다.

최근 캐릭터 콘텐츠의 부가가치가 급증하면서 라이센싱(licensing) 산업으로 이익을 창출하고 있으며, 이모티콘과 같은 디지털 캐릭터로 활용되면서 새로운 시장으로 주목받고 있다. 캐릭터 산업의 사업체 수는 2008년 1,521개에서 2012년에는 1,992개로 연평균 7.0% 증가했다. 한국의 캐릭터 시장 규모는 매출액이 2005년 기준으로 4조 2,880억 원이었던 것이 2009년 5조 3,582억 원으로, 2010년 5조 8,968억 원으로, 2011년에는 7조 2,095억 원으로, 2012년에는 7조 5,176억 원으로 꾸준히 증가했다.[20]

캐릭터 산업의 효시는 월트디즈니사(미국)가 제작한 만화영화 <증기선 윌리>(1928)의 주인공인 '미키 마우스'가 폭발적인 인기를 얻으면서부터이다. 한국에서는 그 시점을 정확히 확정할 수는 없지만, 1970년대 어린이들이 좋아할 만한 캐릭터를 학용품과 장난감에 반영하면서부터로 볼 수 있다. 최고의 캐릭터는 '로보트 태권브이'였다. 1980년대에는 <이티(ET)>, <우뢰매> 등의 영화와 <꽃천사 루루>, <요술공주 밍키>, <모래요정 바람돌이> <아기공룡 둘리> 등의 애니메이션이 인기를 끌면서 관련 캐릭터들이 넘쳐났다. 더불어 팬시문구업체인 아트박스, 바른손, 모닝글로리가 잇따라 선풍을 일으키면서 캐릭터에 대한 관심이 증대됐다. 특히, 1987년에 '세계저작권협약'에 가입하면서 캐릭터 및 캐릭터 산업에 대한 인식이 높아졌으며 산업적으로도 크게 성장을 하고 있다.

1990년대 후반 이후 인터넷이 폭발적으로 성장함에 따라 이를 매체로 한 만화, 웹툰(web-toon) 등이 선보였다. 엽기 캐릭터들이 등장했으며, 게임 캐릭터가 사랑을 받았고, 마시마로, 뿌까, 마린블루스 등은 국내 캐릭터 시장의 점유율은 40%에 이르기도 했다. 현재는 스마트폰이 보급

---

[20] 문화콘텐츠진흥원, 『2014 캐릭터 산업 백서』, 문화콘텐츠진흥원, 2015.

되면서 수많은 디지털 캐릭터들이 생겨나고 있다. 트위터, 카카오톡, 라인 등에서 이모티콘과 플래시콘, 스티커 등의 캐릭터 아이템을 내놓았는데, 국민적 사랑을 받으며 오프라인 매장까지 열었으며, 해외 진출도 하고 있다.

<2014 캐릭터 산업 백서>에 의하면 캐릭터 콘텐츠 구매에 대해 2012년 전국 8개 광역시도에 거주하는 만 15~49세의 국민, 각 1,200가구씩 총 4,800명을 대상으로 조사한 결과, 인터넷 콘텐츠 캐릭터 상품군구매자들이 주로 활용하는 구매경로는 '인터넷'(64.6%)이 압도적으로 많았다. '휴대폰'이라는 응답도 15.3%로 비교적 높게 나타났으며, 이 두 가지 경로에 대한 응답 비율은 전체응답의 80%에 이른다. 모바일 콘텐츠 캐릭터를 구매할 때 가장 많이 활용하는 경로는 휴대전화(70.3%)이고 그 다음이 인터넷(21.2%)이었다. 인터넷 콘텐츠 캐릭터를 구매자들이 가장 많이 구매한 캐릭터는 <뽀로로>(7.9%)였으며, <앵그리버드>와 <마비노기>가 4.8%로 그 뒤를 이었다. 모바일 콘텐츠 캐릭터상품군 구매자들이 구매한 캐릭터 중에서는 <뽀로로>가 11.3%로 가장 많았으며, <헬로키티>(10.2%), <앵그리버드>(8.8%)가 그 뒤를 이었다.[21]

캐릭터의 시장이 커지고 캐릭터의 종류가 다양해졌음에도 소수의 또봇, 라바 등과 같이 인지도 높은 일부 캐릭터가 전체시장의 50% 이상을 차지하고 있다. 또봇은 2012년에 단독 매출액 350억 원에 이어, 2013년에는 매출액 500억 원 달성을 바라보고 있다.[22] 또봇 이외에도 로보카폴리와 타요와 카봇 등 다양한 자동차관련 캐릭터들이 인기몰이를 했다.

한편, 방송에 자주 노출되는 캐릭터가 인기를 얻고 있다. KBS의 인기

---

[21] 위의 책, 18~19쪽.
[22] 위의 책, 3쪽.

프로그램인 <개그콘서트>에 등장한 '브라우니'는 전국적으로 인기가 높았으며, 이후 고양이 인형 '자나'가 인기를 이어가는 추세를 보였다. 이외에도 '라바', '윙클베어' 등 다양한 캐릭터 상품이 드라마 등에 제품간접 광고 방식을 통해 소품으로 등장하며 인기를 끌었다.

(4) e-Book, e-learning

e-book은 electronic book의 약자로서 세계적으로 online book, file book, digital book 등 다양한 이름으로 불리고 있다.

현재 e-Book에 대해 표준 업무를 담당하는 국제단체인 IDPF (International Digital Publishing Forum)에 의하면 e-Book은 "CD-ROM, PDA, 각종 전자책 viewer를 통해 디지털화된 포맷으로 전달되는 콘텐츠"라고 정의해 제한적 형태의 디지털콘텐츠를 e-Book으로 정의하고 있으나, OeBF(Open eBook Forum)에서는 e-Book을 "문자저작물이 포함돼 디지털 형태로 출판되고 열람되는 콘텐츠로서 하나 이상의 식별자, 메타데이터, 콘텐츠로 구성되는 것과 이를 읽기 위해 개발된 하드웨어 디바이스 그 자체"로 규정해 콘텐츠와 단말기를 포함하는 포괄적인 개념으로 접근했다. 미국국립표준기술연구소(NTIS)도 "종이책을 보는 것과 유사한 형태로 화면에 디스플레이 되는 디지털콘텐츠 또는 디지털콘텐츠로 표시하는 단말시스템 자체"로 정의하고 있어 OeBF와 마찬가지로 단말기를 포함하는 개념으로 통용하고 있다. 반면, 한국의 전자출판협회(KEPA)는 e-Book을 "도서로 간행되었거나 또는 도서로 간행될 수 있는 저작물의 내용이 디지털데이터로 전자적 기록매체, 저장장치에 수록되고 컴퓨터 또는 휴대단말기를 통해 그 내용을 보고 들을 수 있는 것"이라고 하여 콘텐츠만을 지칭하고 있다. 현재 e-Book을 법적용어로 정의하고 있지는 않지만, 출판문화사업진흥법에 의하면 "전자출판물이란 출판사가 저작물 등의 내용을 전자적 매체에 실어 이용자가 컴퓨터 등 정보처리장치를 이용하여 그 내용을 읽거나 보거나 들을 수 있게 발행한 전자책 등의 간행물"이라고 정의하고 있다.[23]

e-Book을 읽기 위해서는 반드시 단말기(device)가 필요하다. 단말기는 전용단말기와 범용단말기로 구분할 수 있다. 전용단말기는 Amazon의 Kindle, Barnes& Nobley의 NOOK 등이 대표적인 것으로 e-Book 활용에 특화돼 만들어진 기기이다. 최근 기술이 발전하고 있는 e-Paper와 e-Ink를 채용해 만들어진 것을 특징으로 하고 있다. 반면 PC나 스마트폰이나 태블릿PC 등의 스마트기기는 여러 가지 기능을 할 수 있는 기기로서 e-Book 기능이 추가로 포함된 범용단말기에 해당한다.[24]

전자책을 최초로 상용화한 것은 일본 NEC(Nippon Electric Company)의 디지털 북 플레이어 DP-P1이다. 5.6인치의 흑백 디스플레이였으며, 글과 화상을 재생할 수 있고, 페이지를 자동으로 넘기고 검색하고 화면 확대를 할 수 있는 기능이 있었다. 이후 전자책 기능은 빠르게 향상되어 높은 해상도, 다양한 편집기능 등을 갖췄고, 텍스트의 확대와 축소는 물론 메모 기능도 갖추게 됐다. 이외에 인터넷 서점이나 도서관의 문서를 검색하고 내용을 다운로드하는 가능 등이 생겼다.

e-book은 다양하게 화면을 구성할 수 있고, 책 손상의 위험이 적으며, 책 내용의 업데이트가 용이하다. 출판사 입장에서 보면, e-book은 제작비·유통비 절약, 재고 부담 경감, 품절된 책도 손쉽게 구하는 등의 장점이 있다.

한국의 경우 2000년 하반기부터 200~300개의 업체들이 동시에 e-Book 시장에 진출하면서 본격적인 경쟁이 이루어지고 있다. 이들 e-Book 업체

---

[23] 황준석, 「국내 e-book 산업의 구조와 발전 방향」, 『한국인터넷정보학회논문지』 제12권 제3호, 한국인터넷정보학회, 2011, 21쪽.
[24] 위의 글, 21~22쪽.

들은 기존의 책 가격의 40~50% 수준을 제시하고 있어 출판계의 치열한 가격인하 경쟁이 예상된다.

현재 대한민국 e-Book의 가장 큰 문제점은 기본적인 독서 인구가 없다는 것이다. 그러다보니 판매되는 전자책의 양이 매우 적다. 즉 시장이 형성되지 않고 있다고 보는 것이 맞다. 출판사들의 미온적 태도도 e-Book 활성화에 큰 걸림돌이 되고 있다. e-Book의 활성화는 종이책 판매에 부정적 영향을 미친다고 생각하고 있는 곳들이 많다. 그러나 이러한 현상은 시간이 지나면 개선될 것으로 보인다.

e-learning은 전기나 전자를 의미하는 electronic의 e와 학습을 의미하는 learning이 결합된 용어이다. 전자적 환경 즉 인터넷을 기반으로 전자매체를 통해 구현되는 학습을 의미한다. 학습자들은 시간과 공간을 초월해 상호작용 및 자기 주도적 학습활동을 통해 다양한 형태의 학습경험을 수행할 수 있다.

e-learning은 학생들에게 언제 어디에서나 학습할 수 있는 교육환경을 제공해 더 창의적인 학습을 가능하게 하며 교사와 학부모와 학습자 간에 적극적인 의사소통이 이뤄지게 한다. 또한 학습들은 자동적으로 저장되고 관리돼 통합적이고 반복 학습이 가능하다.

한국에서는 EBS 수능강의가 대표적이며 크레듀(credu), 아이빌 소프트(ivillesoft), LG CNS, 아이루트코리아, 메디오피아, 다날 등이 있다.

최근에는 스마트폰, 미디어 태블릿, e-book 단말기 등 모바일 기기를 이용한 학습 콘텐츠와 솔루션을 smart learning으로, 시간과 공간의 제약 없이 지식과 정보에 접근 가능한 유비쿼터스 환경에서의 온라인 학습환경을 u-learning이라 분류하여 부르기도 한다.

참고문헌

김기덕·신광철, 「문화·콘텐츠·인문학」, 『문화콘텐츠 입문』, 북코리아, 2006.
김기형, 「또랑공대의 성격과 현대적 변모」, 『판소리연구』 제18집, 판소리학회, 2004.
김영순 외, 『문화산업과 문화콘텐츠』, 북코리아, 2011.
데이코 D&S, 『한국축제연감』, 진한M&B, 2006.
권경민, 『만화학개론』, 선학사, 2013.
문화관광부, 『2006 문화산업백서』, 문화관광부, 2007.
김평수, 『문화산업의기초이론』, 커뮤니케이션북스, 2014.
문화콘텐츠진흥원, 『2014 게임 산업 백서』, 문화콘텐츠진흥원, 2015.
문화콘텐츠진흥원, 『2014 캐릭터 산업 백서』, 문화콘텐츠진흥원, 2015.
문화콘텐츠진흥원, 『2015 게임 산업 백서』, 문화콘텐츠진흥원, 2016.
민경원, 『영화의 이해』, 커뮤니케이션북스, 2014.
박성환, 「21세기 창작판소리의 성과와 과제」, 『전통문화논총』 14, 한국전통문화대학교 한국전통문화연구소, 2014.
박장순, 『문화 콘텐츠 해외 마케팅』, 커뮤티케이션북스, 2005.
박재복, 『한류, 글로벌 시대의 문화경쟁력』, 삼성경제연구소, 2005.
박재영, 「디지털박물관 콘텐츠 스토리텔링 연구」, 중앙대학교 예술대학원 문화콘텐츠학과 석사학위논문, 2013.
박흥주, 「전통 소리판의 현대적 재현-또랑광대를 중심으로-」, 『구비문학연구』 제22집, 구비문학회, 2006.
울리히 쿤 하인 저, 심희섭 역, 『유럽의 축제』, 컬쳐라인, 2001.
인문콘텐츠학회, 『문호콘텐츠입문』, 북코리아, 2006.
정창권, 『문화콘텐츠학 강의(깊이이해하기)』, 커뮤티케이션북스, 2007.
최혜실 외, 『문화산업과 스토리텔링』, 다홀미디어, 2007.
크리스티앙 살몽 저, 류은영 옮김, 『스토리텔링』, 현실문화, 2010.
한국문화콘텐츠진흥원, 『2004 문화원형 콘텐츠 총람』.
한국학 중앙연구원, 한국민족문화대백과, 2015.
허인욱, 『한국애니메이션 영화사』, 신한미디어, 2002.
홍순석 외, 『우리의 옛문화와 소통하기』, 채륜, 2010.

홍순석 외, 『한국문화와 콘텐츠』, 채륜, 2009.
황준석, 「국내 e-book 산업의 구조와 발전 방향」, 『한국인터넷정보학회논문지』
　　제12권 제3호, 한국인터넷정보학회, 2011.

Ⅱ

문화콘텐츠 실제

1. **아동/교육콘텐츠**
   1) 민요와 현대동시와의 소통과 인문콘텐츠의 향방 / 여지선
   2) 건강한 다문화사회를 위한 동화 <인어공주>의 스토리텔링의 방향 / 오정미

2. **한류/역사콘텐츠**
   1) 대중영상매체를 통해 바라본 한국 음식문화의 재인식 / 김호연
   2) 역사콘텐츠의 중요성과 역사콘텐츠 기획
      - 형제국의 나라 터키(Turkey)콘텐츠를 중심으로 - / 김기덕

3. **문학콘텐츠**
   1) 문인의 그림 콘텐츠 / 장성욱
   2) 고전문학 콘텐츠화 현황과 방안 / 신명숙

4. **디지털콘텐츠**
   증강현실(AR)과 어린이디지털콘텐츠 / 서동수

5. **문화콘텐츠의 반성과 전망**
   21세기 사회문화적 상황과 고전문학 연구의 과제
   - 자본과 욕망의 시대, 존재와 가치의 근원으로 - / 신동흔

민요와 현대동시와의 소통과
인문콘텐츠의 향방*

여 지 선

1. 들어가는 말

　오늘날 전통문학의 단절에 대한 학문적 인식은 점차 수그러지고 있으나 진정 문학적 계승도 그러한가에 대해서는 의문의 여지가 있다. 전통문학의 계승이 학문적으로는 인정된다는 것은 전통소재, 전통율격, 전통정서 등이 현대문학에 계승된다는 것인데[1], 실제적으로 우리 일상에서 향유되는 문학 내에서 어느 정도 전승되고, 향유되고 있는지에 대해서는 구체적인 논의가 부족하다. 특히 문인들에 의한 전승이 아닌 일반 독자, 특히 아동과 청소년에 의한 전통문학의 향유가 실제적으로 이루어지고

---

* 본 글은 『동화와 번역』(건국대학교 동화와번역연구소, 2012.12)에 실린 논문임.
[1] 박혜숙, 『한국 민요시 연구』, 형설출판사, 1992.
　여지선, 『한국근대문학의 전통론사』, 이회문화사, 2007.

있는지 점검되어야 한다. 현재는 기성세대가 이 사회를 이끌어 가고 있지만, 미래는 다음 차세대의 몫이다. 차세대는 사회와 국가의 지속의 축이 되어야 한다는 점에서, 그들에게 전통에 대한 관심과 보존의 깨우침이 절실히 필요하다. 따라서 아동문학의 정립을 위하여 과거의 문화유산을 재조명하고 그 정신을 계승 발전시키면서 새로운 방향을 모색해야 할 필요가 있다.[2]

오늘날 아동과 청소년을 위해 초, 중, 고등학교에 소개되고 있는 전통문학 장르는 고대가요, 향가, 시조 등이다. 그래서 이에 관한 서적은 비교적 흔하게 찾아볼 수 있다. 그러나 대부분이 대입을 위한 교재이기 때문에 진정한 문학적 계승과 향유의 문제는 좀 더 세심한 판단이 필요하다. 이 같은 현실 속에서 전통문학 계승과 향유를 위한 책들이 나오고 있다.[3] 그런데 고대가요, 향가, 시조가 대입수능의 한 부분으로써 힘을 발휘하기 때문인지 여타 장르, 즉 고려가요와 민요에 비해 더욱 주목받고 있다. 전승과 향유의 목적으로 제작된 저술들도 대입수능의 관점에서 크게 벗어나지 못하고 있는 실정이다. 그렇기 때문에 '초등학생이 꼭 알아야 할'이라는 제목이 가능한 것이다. 왜 초등학생이 꼭 알아야 하는지에 대해서는 더 논의할 필요가 없을 정도로 자명하다.

---

[2] 김효중, 「윤동주의 동시세계」, 『국어국문학』(108호), 국어국문학회, 1992.12.
[3] 고려가요와 향가 중심의 전통계승과 향유를 위한 서적으로는 2004년에 소년한국우수어린이도서로 지정된 서정오의 『이야기로 읽는 우리 옛 노래』(레텀하우스 중앙, 2004)와 김경복의 『옛날 사람들은 어떤 노래를 불렀을까?』(채우리, 2003)가 있다. 시조에 관한 서적으로는 김원석의 『솔솔 재미가 나는 우리 옛시조』(파랑새어린이, 2005), 권영상의 『초등학생이 꼭 알아야 할 옛시조와 가사』(살림어린이, 2011), 안희웅의 『초등학생이 꼭 알아야 할 우리 대표 옛시조』(예림당, 2003), 우리누리의 『멋스러운 옛시조 홍겨운 우리 노래』(주니어 중앙, 2012), 김영순의 『열두 시조의 아주 특별한 동화』(파랑새어린이, 2004) 등이 있다. 고려가요에 대해서는 권영상의 『초등학생이 꼭 알아야 할 향가와 고려가요』(살림어린이, 2008)가 있다.

이처럼 순수한 전통문화 계승과 향유가 아쉬운 현 실정에서 이를 극복한 사례가 민요에서 나타나고 있다. 김혜정의『달 뜨면 불러보자 강강술래!』(웅진다책, 2009), 신경림의 『민요기행』(산하, 1992), 박혜숙의 『파리 동동 잠자리 동동』(파란자전거, 2010) 등이 그것이다. 이 중 김혜정의『달 뜨면 불러보자 강강술래!』는 친구에게 민요 강강술래의 역사와 유래를 대화로 전해주는 방식으로 엮어져 있다. 신경림의『민요기행』은 저자가 직접 민요의 근원지를 여행함으로써 정리한 것이다. 박혜숙의『파리 동동 잠자리 동동』은 기성 동시 시인의 창작품과 민요의 연계를 도모하였으며, 어린이 동시 창작을 모색했다. 위 세 저술은 대학입시를 위한 서적이 아니라 순수하게 전통문화 향유를 전제한 것이다.

본 연구는 위 세 저술 중에서 박혜숙의『파리 동동 잠자리 동동』(이하 『파리 동동』)을 주목하고자 한다. 『파리 동동 잠자리 동동』은 단순한 민요소개를 넘어 민요의 현대화와 창작콘텐츠의 가능성을 열어놓았다는 점에서 주목할 만하다.

2. 민요와 인문콘텐츠와의 연계

전통 민요는 노래로 불린 구비시가이자 민중들이 삶의 현장에서 개인적으로 혹은 집단적으로 놀이나 노동, 의식을 치르면서 부르던 노래이다. 또한 민요는 악보나 문자가 아닌 구비 전승된 문학이므로 언제, 어디서, 누가, 무엇을, 어떻게 불렀는지를 명확히 확인할 수 없다. 다만 민중들의 공감대를 형성한 방향으로 작품이 변모되어 왔다는 것만은 확실하다. 바로 이 지점에서 민요 계승의 첫 번째 의의가 드러난다. 그것은 바로 '민중의 공감대'이다. 민요는 기록문학이거나 행사문학이 아니기 때문에 학습에 의한 작품이 아니라 일터에서 민중들에 의해 창작되고, 향유되고, 때때로 상황에 맞게 가사가 첨가되어 전승된 것이다. 다시 말해서 민요의 내용은 우리 민족의 일반적인 삶이며, 민요의 전승은 민중의 공감대에 의해 자연스럽게 이루어졌다는 것이다. 이는 생생한 문화소통일 뿐만 아니라 민생의 모습이 적나라하게 드러나는 문학 장르임을 드러낸다.

또한 민요는 우리 삶의 터전, 농경사회의 풍경을 주로 드러낸다. 전통사회의 터전이 농경사회였기 때문에 농경문화 속에서 민요가 활성화되었다는 것은 당연하다. 그런데 오늘날 우리 사회는 농경 사회에서 벗어났을 뿐만 아니라 산업 사회를 지나 정보화 사회로 가고 있다. 다시 말해서 공동체 사회에서 개인이 주체가 되는 사회로 넘어가고 있다는 것이다. 그렇다면 공동체 사회의 민중문학인 민요의 효용성이 오늘날에도 유용할까 라는 문제점이 발생한다. 바로 이 지점에서 민요의 현대적 계승의 두 번째 의의가 드러난다. 오늘날의 사회문제 중 대표적인 것은 '소외'이다. 각계각층의 다양한 소외현상을 흔하게 접한다. 연령별 소외, 직업별 소외, 물질적 소외, 문화적 소외 등 각계각층의 소외현상은 더불어 살아가는 공동체 의식이 사라지고 개인주체의 소시민 사회가 표면화되면서 더욱 부각되고 있다. 그런즉 더불어 살던 시대의 대표적인 문학 장르인 민요를 통해 '소통의 시대'를 꾀할 수 있는 방법을 고민할 수는 없을까?

민중의 공감대를 형성하고 소통의 시대를 형성하기 위해 민요를 계승하고 향유해야한다면, 그 방법은 무엇인가. 다시 농경사회로 되돌아가야만 하는가. 그것은 불가능하다. 뿐만 아니라 공동체 사회를 위한 강연을 하고, 옛 민요를 교육현장에서 강제로 교육시킬 수도 없다. 그렇다면 언제까지 문제의 '소외'를 바라만 보아야 하는가. 이에 대한 대안이 바로 오늘날 삶의 현장에 맞는 인문콘텐츠의 개발이다. 더 이상 실현 불가능한 전통 민요의 세계를 강요하는 것이 아니라 민요가 시대와 세대를 넘어서서 단순한 향수가 아닌 현장의 문제를 끌어안을 수 있는, 살아있는 문학 장르로 재창조될 수 있도록 인문콘텐츠를 개발하는 것이다.

구비문학이 기록문학과 상호 교섭하는 가운데 기록문학을 수용하여 자체 변화하기도 했다. 그 결과 구비문학이 기록문학으로 수용되어 때로는 기록문학의 창조적 변화에 크게 기여하기도 했다.[4] 그렇다면 기록문학을 넘어서서 다양한 콘텐츠와 결합한다면 더더욱 현대사회에 걸맞은 민요로 재창조되어, 대중이 소외의 길을 넘어 상호소통의 길로 나아가는 데 일조를 할 것이다. 이러한 인식의 틀 속에서 박혜숙의 『파리 동동』을 분석한 뒤, 이를 수용하여 발전할 수 있는 인문콘텐츠의 향방을 모색해 보고자 한다.

3. 민요와 현대 창작 동시와의 상호소통

『파리 동동』은 전래민요를 소개하면서, 어린이 창작 동시, 현대시, 고수필, 동화, 고소설 등과의 연계를 통해 민요의 소통을 유도하고 있다. 또한 서양의 기념일과 의식, 동서양 관련 동화 비교, 역사, 환경문제, 그림과 단어설명 등의 다양한 내용을 어른의 목소리로 어린이에게 소개하고 있다. 책의 구성은 여섯 항목 하에 각각의 민요를 소개한 뒤, 각 항목마다 어린이 창작 동시 2편씩 싣고 있다. 또한 민요의 정신과 소재 등이 현대 동시로 계승되었을 경우에는 민요와 더불어 현대 기성 시인의 동시를 소개하고 있다.

---

[4] 박경수, 「현대시의 아리랑 수용양상」, 『한국문화와 예술』, 숭실대 한국문예연구소, 2010.9, 126쪽.

1) 전래 민요와 동시 시인과의 연계

『파리 동동』은 전래 민요와 함께 동시 시인 정지용, 윤동주, 박목월 등을 주목하였다. 현대시사에서 정지용, 윤동주, 박목월의 위상은 이미 보편적으로 알려진 것처럼 대단히 높다. 단 이 시인들의 위상의 잣대는 동시 시인으로서가 아니라 일제강점기의 시인으로서의 위상이다. 그러나 실상 정지용, 윤동주, 박목월 등은 동시 시인으로도 주목할 필요가 있다. 그동안 동시의 문학사적 위상이 변방에 있었기 때문에 이 시인들의 동시가 상대적으로 평가의 주 대상이 되지 못했을 뿐이다.

본 항목에서는 『파리 동동』을 통해 다음 세 가지를 논하고자 한다. 첫째, 동시 시인의 위상을 논하고자 한다. 그동안 현대시사 내에서 동시 시인들의 위상은 전무하다고 해도 과언이 아니다. 그래서 시인의 내력을 통해 당대의 대표적인 시인들이 동시를 창작한 동시 시인임을 밝히고자 한다. 둘째, 민요라는 장르가 옛 구전민요를 넘어서서 현대에도 효용성이 있는 살아있는 문학 장르라는 것을 논하고자 한다. 이는 실제 우리 일상과의 관련성과 동시로 재창조되어 향유되고 있다는 것을 근거로 제시하고자 한다. 셋째, 민요를 동시와 연계해 인문 콘텐츠를 도모하는 방안을 살펴보고자 한다.

(1) 전래 민요와 정지용의 동시

정지용은 일제강점기의 대표적인 시인이다. 현대시사 내에서 그의 위상은 대단하다. 그럼에도 불구하고 동시 시인으로서의 연구는 상대적으로 미흡하며, 현재 출판된 한국현대시사의 책에서 동시 시인 정지용의 언급은 거의 전무하다. 그러나 실제 정지용은 22살, 일본 동지사 영문과 재학시절 동시를 창작하였으며, 이후 23편의 동시를 창작한 동시 시인이기도 하다. 이와 같은 사실은 일반 독자에게는 더욱 금시초문일 확률이 높다. 그런데 정지용의 동시가 『파리 동둥』에 소개되면서 일반 독자에게도 동시 시인 정지용이 본격적으로 소개될 기회가 마련된 것이다.

1920년대에는 일본에 거주한 정지용뿐만 아니라 국내에서도 '동요의 황금시대'라 하여 많은 작가들이 아동문학에 관심을 갖고 동요, 동시, 동화 등을 창작하던 때이다.[5] 그래서 흔히 정지용의 동시창작을 동요의 황금시대라는 시대적 흐름 속에서 이해하기도 한다. 그런데 정지용의 동시창작을 단순한 시대적 산물이라고 평가하기에는 성급한 면이 있다. 왜냐하면 정지용이 활동했던 1920년대 이후 우리나라의 상황은 전통장르의 계승 및 전통계승론이 당대의 한 흐름이었으며[6], 자유시 창작의 선봉장인 주요한도 자유시 창작의 기초에 민요를 두어야 한다고 세 편의 글을 남기기까지 하였다.[7] 이와 같은 시대 상황은 정지용의 자유시, 시조, 민요시, 동시(요)에 이르기까지 다양한 장르를 넘나들며 창작활동을 한 면모는 단순한 시대적 분위기의 순응을 넘어 민족의 전통적 이데올로기를 포함하는 근거를 제공하기도 한다. 즉 정지용의 민요와 연관된 동

---

[5] 채찬석, 「정지용의 동시에 대하여」, 『한국시학연구』(7), 한국시학회, 2001.11, 44-47쪽.
성기옥, 이재철 편, 「정지용 시에 있어서의 동시와 동심」, 『한국아동문학』, 서문당, 1991, 134쪽.

[6] 이는 시대적 상황과 문단적 상황을 면밀히 분석할 필요가 있다. 1920년대~1930년대 초반 당시는 3·1운동의 좌절로 민족개조를 주장하는 논자들과 민족성에 대해 회의론을 표방하는 논자들, 특히 1920년대에 등장한 청년문사들의 식민지 교육으로 인한 식민사관의 노출이 일반화된 상황이었다. 그러나 이러한 시기임에도 불구하고 각종 잡지들은 발간중지, 발간정지, 벌금형 등등 가혹한 언론탄압 속에서도 지속적으로 잡지를 발간하여 끊임없이 조선민족의 맥을 이어나가고자 했다. 또한 국민문학, 민중문학으로서의 민요, 시조, 한시 등의 전통장르의 계승 및 전통계승론자들의 작품 활동이 활성화되었다.(여지선, 『한국근대문학의 전통론사』, 이회문화사, 2007.)

[7] 여지선, 「주요한의 일본시 번역과 문화접변현상」, 『비교문학』(32), 한국비교문학회, 2004, 91쪽.

시 창작은 단순한 시대흐름이 아닌 민요풍의 요적동시(謠的童詩)[8]로서, 국민문학, 민중문학으로서의 전통장르의 재창조로 평가해야 할 것이다.
『파리 동동』에서 정지용의 동시 23편[9] 중 「별똥」과 「병」을 통해 민요와 현대 동시와의 소통을 모색하고 있다. 이를 중심으로 민요와 현대 시인과의 소통을 구체적으로 살펴보고, 그 효용성과 의의를 분석하고자 한다.

❶

별 하나 나 하나/탱주 나무에 걸고 매고 떼고//별 둘 나 둘/탱주 나무에 걸고 매고 떼고//별 셋 나 셋/탱주 나무에 걸고 매고 떼고//별 넷 나 넷/탱주 나무에 걸고 매고 떼고//별 다섯 나 다섯/탱주 나무에 걸고 매고 떼고
(박혜숙, 『파리 동동 잠자리 동동』, 파란자전거, 2010, 16쪽. 이하 저자 및 책명은 생략.)

별똥 떨어진 곳./마음에 두었다/다음 날 가 보려./벼르다 벼르다/이젠 다 자랐소

― 정지용, 「별똥」(17쪽)

---

[8] 김만석, 「윤동주 동시 연구」, 『한국아동문학연구』(18), 한국아동문학학회, 2010.5, 181쪽.
[9] 정지용의 동시를 게재지, 연도와 함께 밝히면 다음과 같다.
① 「지는 해」, 「띠」, 「홍시」, 「병」(『학조』, 1926, 창간호) ② 「산에서 온 새」(『어린이』제4권 10호, 1926) ③ 「산엣색시 들녘 사내」(『문예월간』, 1926.11) ④ 「무어래요」, 「숨기내기」, 「비둘기」(『조선지광』제62호, 1926) ⑤ 「할아버지」, 「산넘어 남쪽」, 「해바라기씨」(『신소년』제55권, 1927) ⑥ 「말」(『조선지광』제69호, 1927) ⑦ 「별똥」(『학조』(1호, 1926.6), 『학생』(제2권9호, 1930.10), 『동화』1936.10) ⑧ 「무서운 시계」(『문예월간』3호, 1932) ⑨ 「기차」(『동방평론』제4호, 1932) ⑩ 「삼월 삼짇날」, 「딸레」, 「산소」, 「종달새」, 「바람」(『정지용시집』, 1935)
⑪ 「옛니약이」, 미수록작품

❷
비야 비야 오지 마라/우리 형이 시집간다/가마 꼭지 물 잠긴다/비단 치마 얼룩진다/우리 친정 가거들랑/석 달 장마 지어 주소/한 달만큼 머리 빗고/한 달만큼 잠자고/한 달만큼 마실 가고

- 산청 지방(164~165쪽)

부엉이 울든 밤/누나의 이야기 -// 파랑병을 깨치면/금치 파랑바다.//빨강병을 깨치면/금시 빨강바다.// 뻐꾸기 울든 날/누나 시집갔네 -//파랑병을 깨트려/하늘 혼자 보고.// 빨강병을 깨트려/하늘 혼자 보고.//

- 정지용, 「병」(167쪽)

위 ❶은 별과 관련된 민요이다. "별 하나 나 하나 별 둘 나 둘 하늘엔 별들이 너무 많아 절반도 못 세고 잠이 드네"라는 민요는 지금도 널리 불리는 노래이다. 민요의 특징이 창작자에 의한 정확한 발음과 의미 전달이 아니라 민중에 의해 가감되어 불러진 노래이기에 이처럼 유사한 별 노래가 흔할 것이다. 그 중 『파리 동동』은 "탱주 나무에 걸고 매고 떼고"를 소개한 것이다. 그리고 ❷는 산천지방의 민요인데, 시집가는 형을 걱정하는 노래이다.

어린이들이 이 민요들을 처음 대했을 때 어떤 반응을 보이게 될까? 아마도 '엄마, 탱주가 뭐예요?', '형은 남자인데 왜 시집을 가요?'라고 물을 것이다. 이에 엄마의 답은 '글쎄' 혹은 '찾아보자' 등의 '모른다'의 의미가 담긴 말을 할 수 있다. 그 이유는 '탱주나무'는 탱자나무의 경상도 방언이고, '형'은 오늘날에는 남자들 사이에서 나이가 많은 자를 부르는 호칭이지만 원래는 형제자매나 같은 항렬의 사람 중에서 나이가 많은 사람을 가리키거나 부르는 말이기 때문이다.[10] 그런즉 ❶ 민요의 '탱주나무'로 인해 경상도의 옛 사투리를 알지 못한 독자는 사전을 찾아야할

것이다. 독자들은 사전을 통해 탱주나무를 찾아가면서, 비단 탱주나무의 뜻만을 찾아내는 것이 아니라 '로컬리티의 재인식'이 가능해질 것이다. 선험적으로 인식된 경상도 단어의 지방성에서 멈추는 것이 아니라 상호 소통이 가능한 지역성으로서의 경상도 단어를 인식하게 된다는 것이다. 또한 ❷ 민요에서 사용된 '형'은 시대적 언어 변이를 간접체험 할 수 있게 한다. 이로서 언어 변천사, 언어의 당대성을 인식하게 될 것이다.

민요와 시 내용을 분석해보자. ❶의 민요와 동시부터 살펴보자. 탱자는 봄에 잎보다 꽃이 먼저 피는 나무이며 누런 둥근 열매도 맺는다. 우리 옛 선인들은 집의 울타리로써 탱자나무를 심기도 했지만, 실상은 민간요법으로 더 가까이 지냈다. 찬 기운이 도는 가을에 가래를 없애기 위해 탱자열매를 이용했다. 그뿐만 아니라 봄에는 꽃의 향기로, 가을에는 노랗게 익은 탱자향기로 늘 생활 속에서 함께 했었다. 이 같은 탱자나무와 함께 하는 별의 속성은 '일상'이다. 그렇기 때문에 별을 하나, 둘, 셋 세어가는 동안 나도 무언가를 하나, 둘, 셋 세어가며, 탱주나무와 함께 하는 것이다. 어린이들이 세고 있는 것이 별이든, 탱주나무 열매이든, 그 무엇이든 더 이상 중요하지 않다. 다만 별과 탱주나무와 함께 하는 어린이들의 입가에 미소가 함께 한다는 것이다.

❷의 민요와 동시를 살펴보자. 민요에서는 형이 시집갈 때에는 안전하게 가야하기에 비가 오면 안 된다고 하였다. 그러나 막상 시집간 형이 친정에 왔을 때에는 고된 시집살이로 누리지 못한 일상을 맛보게 하기 위해서 장맛비가 오길 간절히 바란다. 옛 며느리들이 겪은 시집살이의 혹독함은 일반적으로 전해진 이야기이기에 수긍이 가는 민요의 한 가락

---

[10] "행실이 단정하지 못하기로 말하면 이 색시의 **형** 되는 사람이 오히려 더하여, 지금은 과부가 되어 저희 오라비에게로 와서 지내나…." (박태원,『천변 풍경』, 1937. 중에서, 진하게, 크게-인용자)

이다. 그리고 정지용의 「병」은 누나가 시집을 가지 않았으면 하는 바람을 옛 이야기를 토대로 드러낸 동시다. 정지용이 인용한 옛 이야기는 한 형제가 위험한 상황에 처하자 스님 한 분이 나타나 세 개의 병을 주시면서 위기의 순간마다 병을 던지라고 한 것이다. 즉 이 병들은 위기의 순간을 넘길 수 있는 병, 일종의 못된 자들에게 방해물로 병을 던진다는 것이다. 이러한 옛 이야기를 풀어 생각한다면, 정지용은 시집가는 누이가 떠나지 않았으면 하는 바람을 드러낸 것이다. 이는 앞에 소개한 민요에서 보이는 시집간 형에 대한 안타까움의 이면이라 할 수 있다.

이처럼 『파리 동동』에서 선인의 민요를 정지용의 「별똥」과 「병」으로 연계하고 있는데, 민요와 정지용 동시에서 공통적으로 드러나는 내용은 별에게 마음을 주고, 별과 함께 성장한 어린이의 모습과 시집가는 누이에 대한 여러 가지의 생각들이다. 이로써 독자 어린이는 민요에서 드러나는 옛 선인의 일상과 동시에서 드러나는 현대인의 일상이 별반 다르지 않다는 것을 알게 될 것이고, 우리 전통 문화와도 가까워 질 수 있게 될 것이다.

『파리 동동』을 통해 소개된 민요와 정지용의 동시를 정리하면, 첫째 정지용이 동시 시인이라는 것, 둘째 구전민요와 현대 동시와의 소통을 통해 전통문화는 과거의 인습이 아니라 오늘날의 전통으로서 효용성을 지닌다는 것, 셋째『파리 동동』과 같은 콘텐츠로 인해 독자 어린이들의 민족에 대한 이해, 전통에 대한 이해의 폭이 넓어질 수 있으며, 로컬리티의 재인식 가능성을 열어 놓았다는 것이다.

(2) 부산, 함안 지방 민요와 윤동주의 동시

윤동주는 선배 동시 시인들의 작품을 통해 동시에 대한 감각을 익혔다. 김만석은 윤동주의 동시 창작은 정지용[11]의 『정지용시집』(1935), 최초의 창작동요집 윤석중의 『윤석중 동요집』(1932)과 『잃어버린 댕기』(1933), 강소천의 『호박꽃초롱』(1941), 박영종의 『나루터』 등의 선배 동시 시인들의 동시집을 토대로 창작한 것이라고 언급하였다.[12] 그러나 윤동주가 동시를 주로 창작한 시기는 1936~1938년이며, 박영종의 「나루터」는 작품집이 아라 작품명이기에 윤동주에게 영향을 준 선배시인은 정지용, 윤석중 등으로 정리할 수 있겠다.

윤동주는 '동주(童舟)'라는 필명으로 여러 편의 동시를 발표하였는데, 그의 동시는 총 37편으로[13] 전체 시의 약 30% 정도에 해당된다. 윤동주도 정지용과 마찬가지로 동시 연구자들 사이에서는 동시 시인으로 알려져 있지만, 일반 독자들에게는 보편적으로 알려지지 않은 사실이다.

정지용이 동시를 창작하던 1920년대는 동요황금시대일 뿐만 아니라

---

[11] 윤동주와 정지용은 일본 동지사 대학 영문과 선후배이다. 정지용은 자신의 시를 읽고 자란 후배 윤동주의 유고시집 『하늘과 바람과 별과 시』(1948)의 서문을 썼다. 그 중 일부를 소개하면 다음과 같다.
"항일시대에 날뛰던 부일문사놈들의 글이 다시 보아 침을 뱉을 것뿐이나, 무명 윤동주가 부끄럽지 않고 슬프고 아름답기 한이 없는 시를 남기지 않았나? 시와 시인은 원래 이러한 것이다."

[12] 김만석, 앞의 글, 177쪽.

[13] 윤동주의 동시 창작 연대와 작품명은 박귀례, 김효중, 김만석의 각 연구논문에 따라 다르게 정리되고 있다. 즉 작품 편수는 37편으로 동일하나, 구체적 작품과 발표연대가 다르다는 것이다. 본 논문은 김만석의 논문(「윤동주 동시 연구」, 『한국아동문학연구』(18), 한국아동문학학회, 2010.5)의 정리를 따른다. 그 이유는 김만석은 윤동주 동시 중 잡지에 실린 작품의 경우 그 출처를 정확히 밝히고 있는데, 이에 의하면 박귀례와 김효중의 작품연대에 오류가 발생하기 때문이다.
<윤동주의 동시> ① 1934년 12월 24일 : 「내일은 없다」, 「초 한대」, 「삶과 죽음」 ② 1935년 9월 : 「조개껍데기」, 「고향집」, 「병아리」, 「오줌싸개지도」, 「기와장 내외」, 「양지쪽」 ③ 1936년 : 「눈」, 「버선본」, 「참새」, 「굴뚝」, 「해비」, 「빗자루」, 「봄」, 「무얼 먹고 사나」, 「비행기」, 「호주머니」, 「가을밤」, 「사과」, 「편지」, 「닭」 ④ 1937년 : 「울다」, 「할아버지」, 「반딧불」, 「만들기」, 「나무」 ⑤ 1938년 「산울림」, 「귀뚜라미와 나와」, 「해바라기 얼굴」, 「아기의 새벽」, 「해빛」, 「바람」, 「아우의 인상화」 ⑥ 1941년 : 「못자는 밤」, 「눈감고 가다」

집필활동과 사상적 활동이 비교적 자유로운 시대였다. 그러나 윤동주가 동시를 창작하던 1930년대 후반 이후는 시대사적으로, 문학사적으로 암담한 시기였다. 만주사변에서 승리한 일본은 군국주의 국가로 재정립하면서 중일전쟁 이후 세계전쟁을 계획하고 있었다. 따라서 대동아공영권을 형성한다는 명목아래 민족말살정책을 실시했다.[14] 이러한 시기에 윤동주가 조선어로 동시를 창작하였으며 대중매체에 조선어로 된 동시를 발표하였다는 것은 시문학사 뿐만 아니라 아동문학사 내에서도 상당한 의의를 지닌다. 이는 단순한 동시 창작이 아니라 민요의 특성인 저항성과 민중성을 토대로 한 동시 창작이며, 시대정신을 표출한 동시라는 점에서 더욱 주목을 요한다.

『파리 동동』에서 인용한 부산, 함안 지방 민요와 윤동주의 동시를 통해 민요와 현대 시인과의 소통을 구체적으로 살펴보고, 그 효용성과 의의를 분석하자.

　　　백산아 백산아/너 밥그릇하고/내 밥그릇하고/바꾸－자
　　　　　　　　　　　　　　　　　　　　　　　　　－ 부산지방(31쪽)

　　　미명 밭에 고비여/뭐로 먹고 사노/참깨 들깨 오도독
　　　　　　　　　　　　　　　　　　　　　　　　　－ 함안지방(31쪽)

---

[14] 황국신민의 맹사 제창, 일본어 사용 강요, 창씨개명, 신사참배 강요, 황민화 교육 등등을 실시하였다. 이로써 일본어를 사용하지 않거나 창씨개명을 하지 않으면 각종 사회생활에 참여할 수 없었다. 또한 신사참배를 거부하는 자는 투옥되기까지 하였다. 뿐만 아니라 일본어를 국어로 지정하여 사용하고, 조선사를 왜곡하거나 말살하는 책을 직접 간행하기도 하였으며 각종 매체가 발간 정지 및 폐간이 되던 시기였다. (여지선, 『한국근대문학의 전통론사』, 앞의 책.)

까치가 울어서/산울림//아무도 못 들은/산울림//까치가 들었다/산울림// 저 혼자 들었다/산울림//

- 윤동주, 「산울림」(32쪽)

『파리 동동』의 필자는 윤동주의 동시에 쓸쓸한 느낌이 든다고 한다. 까치의 울음이 혼자 울고 혼자 듣는 산울림이 되기 때문이다. 그러기에 산울림은 외로운 아이들에게 친구가 되어 준다고 언급하고 있다.[15] 그렇다면 그러한 산울림과 부산 지방과 함안 지방의 민요와의 연계는 무엇인가. 이를 살펴봄으로써 전래민요와 동시와의 소통과 효용을 살펴보자.

부산 민요에 소개되고 있는 '백산', 이에 대한 구체적 언급은 없는데, 역사적으로 보았을 때 백산은 말갈의 한 부족이다. 또는 '백'이라는 산일 수도 있다. 그런데 이 민요에서 중요한 것은 너의 밥그릇과 나의 밥그릇을 바꾸자는 것이다. 보통의 경우 '바꾸자'라고 제안할 경우에는 내 것보다 타인의 것이 더 좋아 보이기 때문이다. 민요가 일반 서민들의 고충을 담은 노래라는 것을 전제한다면, 이 민요의 가창자의 현재 상황이 힘들다는 것이다. 그래서 바꾸자는 말을 지속적으로 하는 것이다. 또한 함안 지방의 민요에서는 고비에게 무엇을 먹고 사는가라고 묻고 있다. 고비란 나물의 이름이다. 식물에게 넌 무엇을 먹고 사느냐 라고 물을 정도로 현재의 상태가 궁핍하다는 것을 알 수 있다. 따라서 위 두 민요의 공통점은 현재상황이 버겁다는 전제가 깔려있는 것이다. 윤동주의 「산울림」에서도 현실상황이 좋지 않은 것은 마찬가지다. 까치 자신의 울음소리가 오직 메아리로써 자신만이 듣는다는 것은 절대고독 그 이상이다. 이 또한 현실이 불편하다는 것의 다른 표현일 뿐이다.

---

[15] 박혜숙, 『파리 동동 잠자리 동동』, 앞의 책, 33쪽.

그렇다면 두 민요와 윤동주의 「산울림」의 공통점은 화자의 불편한 현실, 화자의 질문, 답이 없는 현실에 있다. 이것이 바로 민요로 나타낼 수 있는 고독한 개인의 고백이자 만인과의 소통이다. 이를 일제 강점이라는 시대적 상황 속에서 소통의 한 방안으로 동시를 불러 세운 것이다. 더 나아가 윤동주의 동시는 민족말살정책기에 '조선어'로 '조선인의 민심'을 그려냈다는 점에서 더욱 민요의 특성인 저항성을 드러내준다. 이와 같은 현실비판의 동요는 그의 동시 「해바라기」, 「내일은 없다」 등에서도 확인된다.[16]

　『파리 동동』을 통해 소개된 민요와 윤동주의 동시를 정리하면, 첫째 윤동주가 동시 시인으로서 당대인식을 드러냈다는 것, 둘째 구전민요와 현대 동시와의 소통을 통해 시대고를 극복하는 한 방법으로써 저항성을 드러냈다는 것, 셋째 『파리 동동』과 같은 콘텐츠로 인해 독자 어린이들의 로컬리티를 넘어 당대성의 고민을 함께 할 수 있다는 것이다. 즉 독자 어린이들은 1930년대는 절대 부정의 시대였으며, 이를 조선어로 담아 발표한 윤동주의 삶의 자세는 민요의 정신인 저항성에서 비롯된 것임을 깨닫고, 이를 통해 독자 어린이들은 오늘날의 시대의식을 키워나갈 수 있다는 것이다.

---

[16] 누나의 얼굴은/해바라기얼굴//해가 금방 뜨자/일터로 간다//해바라기얼굴은/누나의 얼굴//얼굴이 숙어들어/집으로 돌아온다// (윤동주, 「해바라기얼굴」)
내일 내일 하기에/물었더니/밤을 자고 동틀 때/내일이라고/새날을 찾던 나는/잠을 자고 돌아보니/그때는 내일이 아니라/오늘이더라/무리여! 동무여!/내일은 없나니/········ (윤동주, 「내일은 없다」)
→ 누나는 해가 뜨면 나가서 일을 해야 하며, 해가 져야 만이 돌아올 수 있는 피곤한 삶이다. 더 나아가 힘든 오늘은 언제 끝이 날까 라는 물음에 내일은 없다로 답을 하고 있다.

(3) 장수지방 민요와 박목월의 동시

박목월은 『문장』을 통해 시인으로 등단하기 전, 이미 동시 「통딱딱·통짝짝」(『어린이』, 1933.봄)을 발표한 동시 시인이었다.[17] 박목월은 3권의 아동 시집과 유고시집, 동시 이론서가 있다.[18] 그리고 『아동문학』의 편집위원으로 활동한 바 있다. 비교적 정지용과 윤동주보다 아동문학 관련 활동을 많이 한 동시 시인이다. 그럼에도 불구하고 현재 출판된 현대시사 내에서 동시 시인으로 소개되지 않은 것은 동일하다. 따라서 일반 독자들은 박목월이 동시 시인이라기보다 청록파 시인이자 「나그네」 시인으로 알고 있다. 이 같은 박목월에게 있어서 동시란 "어린이의 맑고 아름다운 마음에 가장 깊은 느낌-감동이 낳은 것"[19], 즉 "동심과 관계있는 것"[20]이다.

박목월의 동시도 앞서 언급된 정지용과 윤동주와 마찬가지로 민요와 긴밀한 관계를 가지고 있다. 이에 대한 논의는 최용석[21], 이재철[22] 등에

---

[17] 현재 『어린이』지에서는 확인되지 않고 있는데, 윤석중의 『어린이와 한평생』(범양사, 1985, p.150)에 제시되어 있다.
"나의 첫솜씨로 꾸며져 나온 『어린이』의 독자투고에서 동요 '통딱딱 · 통짝짝'을 특선으로 뽑아 잡지 첫머리에 4호 활자로 2쪽에 벌려 실었으니, 독자들도 눈이 휘둥그래졌으려니와 투고한 경상도 건천 사는 무명의 '영동(影童)' 또한 얼마나 놀랐겠는가. 영동은 본명이 박영종(朴泳鍾)이었고 그는 바로 시인 박목월로 17세 때 일이었다."

[18] 시집: 『朴泳鍾童詩集』(조선아동회, 1946), 『초록별』(조선아동문화협회, 1946), 『산새알 물새알』(여원사, 1962: 자유문화사, 1988), 유고 시집 「나의 손자와 귀여운 어린이를 위한 나의 마지막 동시집」(『아동문학평론』(46), 한국아동문학연구원, 1988.봄, pp.17~28.).
이론서: 『동시교실』(아데네사, 1957), 『동시의 세계』(배영사, 1962)

[19] 박목월, 『동시교실』, 아데네사, 1957, 13쪽.

[20] 박목월, 「나의 의견」, 『아동문학』(1), 1962, 19쪽.

[21] 최용석, 「박목월의 초기 아동시의 특성 고찰」, 『우리문학연구』(16), 우리문학회, 2003.12, p.394.

의해 논의되었다. 박목월이 동시를 창작할 당시 전래 동요는 민요의 하위 갈래에 속하는 어린이의 노랫말을 일컫는 말로 통용된 것을 감안한다면[23], 박목월의 동시도 민요와 깊은 상관성을 가지고 있음을 알 수 있다.

『파리 동동』에 제시된 민요와 박목월의 동시를 통해 전래 민요와 현대 동시의 연계 및 효용성 등을 살펴보자.

우리 고장에서는/오빠를/오라베라 했다/그 무뚝뚝하고 왁살스러운 악센트로/오라베 부르면/나는 앞이 칵 막히도록 좋았다//

— 박목월, 「사투리」 일부분(159쪽)

시누 올케 꽃 꺾다가/진주 남강에 떨어졌네/거동 보소 거동 보소/우리 오빠 거동 보소/요 내 나는 밀쳐 두고/올케 먼저 건지는구나/요 내 나는 후생 가서/낭군 먼저 생기라네

— 장수 지방(160~161쪽)

우리 오빠 남잔고로/바다 같은 논도 차지/대궐 같은 집도 차지/천금 같은 부모 차지/요 내 하나 여잔고로/씻고 벗고 옷뿐이오

— 남해 지방(163쪽)

최용석은 정지용이 평한 박목월의 자유시 평문 중 "謠的 修辭를 다분히 정리하고 나면 木月의 시가 비로소 朝鮮詩"(정지용, 「詩選後」, 『문장』, 1940.9.)라는 것을 인용하면서, 박목월의 전통적 정서에 기댄 민요풍의 운율이 박목월 초기의 일반시와 아동시의 바탕에 있음을 언급하였다.

[22] 이재철, 『한국현대아동문학사』, 일지사, 1978, p.250.
이재철은 박목월 동시의 의의 중 하나로 박목월의 동시에 흐르는 가장 기본적인 율조는 전통적 정서에 바탕을 둔 민요조로써, 동시의 대표적 한 유형을 형성하였다고 하였다.

[23] 위의 책, 398쪽.

『파리 동동』 저자는 박목월의 「사투리」를 통해 오라버니, 즉 오빠에 대한 여동생의 인식을 살폈다. 경상도 사투리를 통해 오빠의 무뚝뚝함이 드러났음에도 불구하고 오빠의 존재는 좋다는 인식이 전체를 감싸고 있다. 이로 인해 오누이 사이의 따뜻함이 드러나고 있다. 그런데 인용된 우리 옛 노래에 나오는 오라버니는 여동생의 원망과 투정의 대상이 되고 있다. 꽃을 꺾다가 시누이와 올케가 함께 진주 남강에 떨어졌는데 오빠는 나를 밀쳐놓고 자신의 아내를 먼저 건졌다는 것이다. 이를 통해『파리 동동』저자는 아내를 먼저 사랑하는 오빠에 대한 원망과 올케를 미워하는 못된 시누이의 카랑카랑한 모습을 꼬집고자 하는 옛날 사람들의 심리가 있는 것이 아니겠는가[24]라고 지적하고 있다. 또한 두 번째 인용된 민요도 오빠에 대한 누이의 원망이 드러나고 있다. 특히 아들, 딸에 대한 차별 의식으로 인한 원망이다.『파리 동동』저자는 남존여비 사상의 전통적 사회 내 여자의 존엄성에 대해 문제제기를 하고 있다.[25]

　그렇다면 위 인용된 민요와 박목월의 동시와의 관계는 어떻게 연계되었을까.『파리 동동』저자는 민요를 통해 질투어린 여동생의 모습, 올케를 미워하는 못된 시누이의 모습, 남녀차별로 인한 원망 등등을 드러내고 박목월의 동시를 통해서는 사이좋은 오누이의 모습을 보여주고 있다. 이로써 오늘날 이 시대에 살아가는 것이 얼마나 행복한지 알겠느냐? 라고 질문을 던지고 있는 것이다. 또한 남자로 태어나면 되지 않느냐라는 생각은 이기적인 생각이라고 언급하고 있다. 그야말로 엄마가 자녀에게 하는 목소리로 말이다.『파리 동동』저자의 이러한 의도는 민요를 통대 당대의식을 전해주고, 오늘날의 시대에 대한 감사와 바른 남매의 정을

---

[24] 박혜숙,『파리 동동 잠자리 동동』, 앞의 책, 161쪽.
[25] 위의 책, 163쪽.

교육적으로 전달하고자 한 것이다.

박목월의 동시와 민요의 연계에서 확인할 수 있는 것은 첫째, 박목월은 왕성하게 활동한 동시 시인이다. 둘째, 그동안의 민요와 동시의 연계가 동질성의 인식이었다면, 박목월의 동시는 선인들의 문제점을 극복해내는 비판으로서의 계승을 드러냈다는 것이다. 이는 인습과 전통의 경계를 드러내는 중요한 사안이다. 셋째, 민요에 대한 정당한 비판으로서의 동시 창작은 건강한 민족정신을 재창조해낼 수 있다는 가능성을 열어준다. 이와 같은 비판적인 창작 인문 콘텐츠는 우리의 문화 창출에 절실하고 긴요하다.

2) 전래 민요와 어린이 창작 동시와의 연계

『파리 동동』저자는 "단순히 어린이들에게 민요를 소개하는 데 끝내고 싶지 않"고, "가능한 한 아름다운 문장을 통해서 선인들 삶의 현장성과 한국어의 다양한 맛과 멋이 우러나올 수 있기를" 바란다고 서문에 밝혔다. 이러한 "민요 나들이를 통해서 많은 어린이들이 우리 문화의 원형질을 체험할 수 있을 것"을 기대하고 있다.[26] 그리고 독자 및 어린이들이 민요를 통해 경험한 문화의 원형질을 바탕으로 새로운 동시를 창작하길 바랐기 때문에 각 장마다 어린이들의 창작 동시를 싣고 있다. 이를 통해『파리 동동』저자는 민요 체험을 동시 창작 콘텐츠로 연결시켜 체화하길 기대하고 있다.

---

[26] 위의 책, 서문.

(1) 전통문화의 동시 창작 콘텐츠

초등학교 4학년 오혜성 어린이는 민족 음식, 송편을 소재로 동시를 창작하였고, 2학년 손채연 어린이는 널뛰기를 소재로 동시를 창작하였다. 이를 살펴보자.

추석날/우리 집은 잔칫집이다//식구들이 보름달처럼/둥글게 모여 앉아/꿀떡꿀떡 떡을 만든다//말 안 듣는 내 동생은 삐뚤삐뚤/말씀 많은 할머니는 탱글탱글//차례 상에 올라가기도 전에/엄마 몰래 꿀떡/맛있어서 꿀떡/꿀떡꿀떡 넘어간다//

- 4학년 오혜성, 「송편」(218쪽)

쿵덕쿵덕/쿵덕쿵덕/아!//널뛰기하는 소리/멍석도 신이 난다//구경꾼도 쿵덕쿵덕/뛰는 사람도 쿵덕쿵덕/잘못 뛰면 날아가는//널뛰기/구경도 신이 나요//

- 2학년 손채연, 「널뛰기」(219쪽)

오혜성 어린이의 「송편」을 통해 드러난 추석의 의의를 살펴보면, 추석에는 온 집안 식구들이 모여서 화목하게 잔치상을 준비한다는 것, 특히 근래 보기 힘든 대가족, '할머니와 어머니와 나'라는 3대가 함께 할 수 있는 자리로써, 행복한 시간들을 가질 수 있는 날이라는 것이다. 또한 손채연 어린이의 「널뛰기」는 바라보는 것만으로 '신'이 난다는 흥에 겨운 동시이다.

이처럼 초등학교 4학년 어린이가 동시의 소재로 선택할 수 있는 추석은 어떠한 날이며, 초등학교 2학년 어린이가 소재로 선택한 널뛰기는 어떠한 놀이인가? 추석은 우리의 전통 명절 중의 하나로서 음력 8월 15일이다. 중추절, 가배, 한가위 등으로도 불리는 추석은 신라 유리왕 시대부터 시작되어 오늘날까지 행해지는 민족의 큰 명절이다. 문헌을 통해서 보면, 고려시대의 「동동」에도 가배라 하여 기리고 있고[27], 중국의 『수서(隨書)』 동이전, 『구당서(舊唐書)』 동이전, 일본의 『입당구법순례행기(入唐求法巡禮行記)』 등에도 기록되고 있다. 이 같은 추석의 대표적인 음식이 송편이다. 흔히 송편을 잘 빚으면 시집을 잘 간다는 말이 있을 정도로 여성들은 예쁘게 송편을 빚기 위해 노력하곤 하였다. 널뛰기의 유래는 정확히 알려진 바는 없지만, 우리 전통의 놀이로서 음력 정초, 단오, 추석 등 큰 명절에 즐기는 놀이이다. 민간에 전해 내려오는 널뛰기의 유래는 유교사회의 도덕적 구속으로 바깥출입이 부자연스러운 여인들이 마당에서 집밖을 내다보는 수단이 되었다는 것이다. 혹은 속설로서 남편이 옥에 갇히면 남편의 안부가 궁금하여 놀을 뛰면서 담장 너머 옥 속의 남편을 엿보았다는 이야기도 전해진다. 다시 말해서 널뛰기의 유래는 밖을 보고자 한 여인들의 움직임이었다는 것이다.

이것이 일반적인 추석과 널뛰기의 이해이다. 그렇다면 대가족을 경험하지 못한 어린이가 대가족의 즐거움을 인식하고 동시로 창작할 수 있을까? 또한 널뛰기를 경험하지 못한 어린이가 널뛰기의 흥을 인식하고 동시로 창작할 수 있을까? 이는 쉽지 않다. 그렇다면 전통문화를 직접적으로 체험하지 못한다면 전통문화의 향유를 포기해야만 하는가. 또한 그럴 수도 없기 때문에 우리는 문화소통을 위한 인문콘텐츠를 개발해야만 하는 것이다. 그 첫 번째 단계가 『파리 동동』과 같은 저술 작업이다. 이와 같은 저술이 지속적으로 발간되어 인문학 콘텐츠의 한 방안인 창작 콘텐츠를 개발해낸다면 민요의 소통뿐만 아니라 전통문화와의 소통이 가능할 수 있다.

---

[27] "八月 ㅅ 보로만 아으 嘉俳 나리마란/ 니믈 뫼셔 녀곤 오늘낤 嘉俳샷다/ 아으 動動 다리"(「동동」 일부분)

(2) 고전의 동시창작 콘텐츠

여기에서 고전이란 명명은 광범위하게 사용하였다. 즉 시대적으로는 근대이전이며, 글의 종류로는 산문을 가리켜 사용하였다. 그 이유는 『파리 동동』에 실린 어린이 창작동시가 전설과 고소설을 중심으로 이루어져있기 때문이다. 초등학교 4학년 윤태민의 「은혜 모르는 견우와 직녀」와 2학년 정혜령의 「착한 심청이」를 살펴보자.

까치와 까마귀는/칠석날이 무섭다//견우와 직녀가/일 년에 딱 한 번 만나/헤어지기 싫어/눈물 흘리는 날//견우와 직녀는/은혜도 몰라/견우, 직녀 눈물 때문에/털이 다 빠지는/까마귀와 까치는 생각 안 하고//견우와 직녀는/은혜도 몰라/자기들이 밟아서/머리털이 다 빠지는/까마귀와 까치는 생각 안 하고//

- 4학년 윤태민, 「은혜 모르는 견우와 직녀」(248쪽)

착한 심청이/심청이는 눈먼 아버지를/잘 보살펴 드렸다//심청이는 몸을 바쳐/공양미 300석을 바쳐/아버지 눈 뜨게 해 드리려고/목숨을 바쳤다//그 사실을 안 용왕은/심청이에게 기쁜 일 있게 해 주어/왕비 되어/아버지 만나고//심청이는 눈 뜬 아버지를/잘 보살펴 드렸다//

- 2학년 정혜령, 「착한 심청이」(249쪽)

윤태민 어린이의 동시는 그동안의 동시에서 찾아보기 어려운 '비판'으로부터 시작하고 있다. 그동안 우리가 기억하는 견우와 직녀의 전설은 그들의 순수한 사랑이다. 그런데 윤태민 어린이는 견우와 직녀의 사랑이 아니라 까치와 까마귀의 은혜에 초점을 두고 있다. 이는 오늘날 전통을 대하는, 고전을 대하는 자세와 직결된다는 점에서 주목된다. 또한 정혜령 어린이의 동시도 그동안의 인식을 전복시키고 있다. 그동안 대부분의 「심청전」 독자는 가난한 심청이가 목숨을 바쳐서 아버지의 눈을 뜨게 했다는 데에서 효심을 느꼈다. 그런데 정혜령은 심청이가 부귀를 얻고 난 뒤에도 눈을 뜬 아버지를 잘 보살폈다는 데 주목하고 있다. 이와 같이 고전에 대한 인식의 전환을 가져온 동시의 근원은 어디에 있을까?

전통이란 무엇인가? 전통의 문제는 고답적인 문제가 아니라 정체성의 문제이다. 광의적으로는 한 민족의 정체성에 닿아 있으며, 협의적으로는 한 개인이 살아가기 위한 자아 정체성의 문제를 담보해낸다. 더 나아가 포스트모던 시대의 다양성의 관점에서 보더라도 전통성은 간과할 수 없는 사안이다. 진정한 세계화라는 것은 정체성의 기반 위에서 통합과 상호 소통이 되는 것이다.[28] 이러한 측면에서 전통의 의미는 더욱 중요한 담론으로 인식된다. 뿐만 아니라 전통이란 고전을 무조건적으로 받아들이는 인습적 태도가 아니라 비판적 자세에서 계승된다. 즉 옛것을 그대로 물려받는 것이 아니라 시대에 맞게 재창조되는 것이다. 그래서 윤태민 어린이와 정혜령 어린이의 동시창작이 전통을 이끌어내는 창작 콘텐츠로 활성화될 수 있다.

특히 초등학교 2학년 어린이인 정혜령의 동시 창작이 주목된다. 지난 2002년 영화 '공공의적'이 상영되었을 때 관객들은 경악을 금치 못했다. 그 이유는 자식이 부모를 살해하는 사건을 영화화했기 때문이다. 그것도 어머니마저 살해한다는 것, 그 자체로 경악을 금치 못했다. 아버지 살해는 오이디프스 콤플렉스로 사전인식이 있었지만, 어머니 살해를 공공연하게 드러내기로는 처음이었기 때문에 더더욱 경악을 금치 못했다. 그후 10여년이 지난 오늘날의 신문, 뉴스 등에서 부모 살해가 흔하게 보도되고 있다. 이러한 시점에서 초등학교 2학년 어린이의 시선에서 착한

---

[28] 여지선, 「『태서문예신보』에 나타난 전통성 연구」, 『겨레어문학』(31), 겨레어문학회, 2003, 182쪽.

심청이가 시의 소재로 등장했다는 것은 주목할 만하다. 효도의 중요성, 자녀의 도리는 학교 교육이나 기성세대의 교육만으로는 부족하다는 것이 인정된 현 실정이다. 이와 같은 위험한 시대에 어린이 스스로 착한 심청이를 소재로 동시를 창작했다는 것은 교육적으로나 사회적으로나 의미 깊은 일이다.

4. 『파리 동동』의 인문 콘텐츠 현황과 의의

『파리 동동』은 민요에 대한 재인식을 자연스럽게 엮어낸 저술이다. 즉 민요란 과거의 유산이며 노동요라는 인식이 앞선 이 시대에, 민요란 우리 삶 속의 이야기, 일상을 드러낸 것이자 여전히 효용성이 있는 문학 장르임을 밝혔다. 둘째, 기성시인들의 민요를 기저에 둔 동시를 통해 민요의 동시화 가능성을 보여 주었다. 이는 정지용, 윤동주, 박목월의 동시 개념에 있어서도 민요가 전제되어 있었으며, 일제강점기, 민족말살정책 등의 시대사 속에서도 문단흐름이 전통계승에 있었기 때문에 이들의 동시창작이 민요의 특성과 더욱 긴밀히 연결된다. 셋째, 오늘날 어린이들의 동시 창작을 통해 민요, 전통과의 물리적, 심리적 거리를 좁혀 나갔다. 특히 전통문화의 계승과 비판적 사고로써의 고전 계승의 측면에서 막연한 전통고수가 아닌 당대성을 지닌 현실적 대안인 창작을 통한 인문 콘텐츠의 가능성을 보여주었다.

『파리 동동』과 같은 저술 작업은 작게는 민요의 존재가치를 밝힌 것이고, 크게는 민요를 비롯한 전통의 존재 의의와 더불어 전통의 역할을 드러낸 것이다. 더불어 인습적, 관습적 전통교육이 아닌 어린이들의 동시 창작을 통해 스스로 전통의 의의를 깨우쳐가는 방안을 제시한 것이다. 따라서『파리 동동』을 모델로 하여 어린이 동시 창작 콘텐츠를 개발하고, 어린이가 전통문화를 스스로 경험한 뒤 창작이라는 기제를 통해 학습하고 기억하고 전수할 수 있는 기회를 제공해야 할 것이다.

현재 이와 같은 사업은 시작에 불과하다.『파리 동동』과 같은 저술 작업을 토대로 하여 인문 콘텐츠의 한 방향을 기획해야만 한다. 즉 전통문화, 전통문학 계승을 학교에만 전과하지 말고 문학계에서도 함께 노력하여, 전통문화와 전통문학이 실제 일상 속에서 향유될 수 있도록 도모해야한다는 것이다. 또한 이를 토대로 아동들의 전통 문화, 전통 문학의 추체험이 가능하도록 지도한 뒤, 동시 창작 인문 콘텐츠를 통해 영육간의 향유가 가능하도록 추진해야할 것이다.

본 연구는 전통 문화와 현대 문화와의 상호소통 인문 콘텐츠 연구의 시작이다. 앞으로 이와 관련된 여러 저술들을 찾아내어 연구하고자 한다.

참고문헌

김기덕,「콘텐츠의 개념과 인문콘텐츠」,『인문콘텐츠』(1), 인문콘텐츠학회, 2003.6.
김동윤,「창조적 문화와 문화콘텐츠의 창발을 위한 인문학적 기반 연구」,『인문콘텐츠』(19), 인문콘텐츠학회, 2010.11.
김만석,「윤동주 동시 연구」,『한국아동문학연구』(18), 한국아동문학학회, 2010.5.
김만수,『문화콘텐츠』, 글누림, 2006.
김무현,『한국민요문학론』, 집문당, 1987.
김유진,「이원수와 박목월의 동시론 비교 연구」,『아동청소년문학연구』(9), 한국아동청소년문학학회, 2011.2.
김학성,「정지용 동시의 아동문학사적 의미」,『아동문학평론』(61), 아동문학평론사, 1991.12.
김효중, 「윤동주의 동시세계」, 『국어국문학』(108호), 국어국문학회, 1992.12.
남송우, 「윤동주와 윤일주 동시 비교 연구」, 『한국시학연구』(19), 한국시학회, 2007.8.
박경수, 「현대시의 아리랑수용양상」, 『한국문학과 예술』, 숭실대 한국문예연구소, 2010.9.
박귀례, 「윤동주 동시 소고」, 『돈암어문학』(3), 돈암어문학회, 1990.2.
박목월, 『동시교실』, 아데네사, 1957.
박목월, 「나의 의견」, 『아동문학』(1), 1962.
박목월, 「나의 손자와 귀여운 어린이를 위한 나의 마지막 동시집」, 『아동문학평론』(46), 한국아동문학연구원, 1988.봄.
박혜숙, 『한국 민요시 연구』, 형설출판사, 1992.
박혜숙, 『파리 동동 잠자리 동동』, 파란자전거, 2010.
성기옥, 「정지용 시에 있어서의 동시와 동심」, 이재철 편, 『한국아동문학』, 서문당, 1991.
신광철, 「인문학과 문화콘텐츠」, 『국어국문학』143호, 국어국문학회, 2006.9.
여지선, 『한국근대문학의 전통론사』, 이회문화사, 2007.
여지선, 「주요한의 일본시 번역과 문화접변현상」, 『비교문학』(32), 한국비교문학회, 2004.
여지선, 「『태서문예신보』에 나타난 전통성 연구」, 『겨레어문학』(31), 겨레어문학회, 2003.
윤석중, 『어린이와 한평생』, 범양사, 1985.
윤향기, 「박목월과 윤동주의 동시에 나타난 색채어 분석」, 『우리문학연구』(16), 우리문학회, 2003.12.
이재철, 『한국현대아동문학사』, 일지사, 1978.
장정희, 「윤동주 동시의 놀이 모티프와 화자의 욕망」, 『Jourmal of Korean Culture』(19), 한국어문학 국제학술포럼, 2012.1.
정지용, 「시선후」, 『문장』, 1940.9.
진순애, 「정지용 시의 내적 동인으로서 동시」, 『한국시학연구』(7), 한국시학회, 2001.11.
채찬석, 「정지용의 동시에 대하여」, 『아동문학평론』(59), 아동문학평론사,

1991.5.

최명표, 「박목월의 동시적 상상력 연구」, 『한국아동문학연구』(13), 한국아동문학회, 2007.5.

최용석, 「박목월의 초기 아동시의 특성 고찰」, 『우리문학연구』(16), 우리문학회, 2003.12.

홍순석 외, 『한국문화와 콘텐츠』, 채륜, 2009.

건강한 다문화사회를 위한 동화
<인어공주>의 스토리텔링의 방향*

오 정 미

1. 들어가는 말

　동화는 단지 흥미 혹은 교훈을 주는 문학이 아니다. 그동안 동화는 흥미와 교훈 외에도 인간의 무의식 혹은 정치적 이데올로기 나아가 인류의 문화를 이해하는 도구로써 활용되어 왔다. <늑대와 돼지 삼형제>는 성숙한 자아 찾기의 이야기로서, <콩쥐팥쥐>는 모성콤플렉스에 대한 이야기로, 이외에도 수많은 동화가 사람 나아가 그 사회를 이해하는 도구로 활용됐다.
　안데르센의 <인어공주>도 인류의 문화를 이해하게 하는 중요한 동화였다. 1837년에 출판한 <인어공주>는 안데르센의 대표 작품으로 현재까

---

* 이 글은 『스토리앤 이미지텔링』 10호(2015.12.30)에 실린 논문을 수정·보완한 것임을 밝힌다.

지 사람들의 사랑을 받으며 다양한 해석이 진행된 동화이다. 거칠게나마 정리하자면, 라캉의 논의 아래서 <인어공주>를 남녀관계의 감추어진 진실, 즉 사랑에 대한 아름다운 환상은 가능하지만 사실상 남녀 간에 사랑이 불가능하다는 역설적 진실을 보여준 연구가 있었다.[1] 이영준의 연구와는 대조적으로 <인어공주>를 사회집단의 세계관에 문제를 제기하며 자신의 의지로 사건을 해결해 나가는 진보적이고 혁신적인 여성상을 보여주는 이야기로 <인어공주>를 해석한 연구도 있다.[2] 그런데 이와 같은 연구는 모두 타당한 해석들일까. 동화를 보이는 그대로 수용하기보다, 심리적 혹은 사회적 나아가 문화적으로 해석한 것은 어찌 보면 꿈보다 해몽이 좋은 결과였을지도 모른다. 순수한 이야기를 무리하게 변질시키는 것이 아니냐는 혹자의 반론들도 이러한 연유로 제기되었을 것이다. 그러나 수용자의 성별, 나이, 가치관 등에 따라 새롭게 해석될 수 있는 전유물이 문학이라는 점을 감안해보면, 동화의 이러한 다양한 해석들이 오히려 동화를 더욱 풍요롭게 만들었다고 할 수 있다. 사랑의 문제에 함몰된 이에게 혹은 주체적인 여성성이 필요한 여성에게 <인어공주>의 이러한 해석들이 하나의 대안을 모색해줄 것이며, 이것은 다시 <인어공주>를 빛나는 이야기로 만들어주기 때문이다.

    그렇다면 <인어공주>를 빛나게 만들어주는 다양한 해석들, 다시 말해, 동화에 새 생명을 불어넣는 사회 및 심리학적 해석들은 무엇을 기반으로 하는 것일까. 감동 혹은 교훈 이상의 의미를 끌어내는 이러한 과정들은 사실, 줄거리에 서사를 삽입시켜, 새로운 담론을 끌어내는 과정으

---

[1] 이영준, 「라캉의 정신분석학으로 풀어본 <인어공주>: 욕망, 환상 그리고 쥬이상스」, 『현대영미어문학』 27-4, 2009, 63-82쪽.
[2] 신혜선, 「<인어공주>와 <신데렐라>의 의미구조분석을 통한 교육적 이해」, 『열린유아교육연구』 13-5, 한국열린유아교육학회, 2008, 379-402쪽.

로 현대사회에서 말하는 스토리텔링의 과정과 매우 흡사하다. 스토리를 통해 평범한 것을 특별한 것으로 만들어주는 것, 그것이 스토리텔링이라는 관점 아래에서 보면, 동화의 심리학적 혹은 사회학적인 새로운 해석들도 사실 스토리텔링의 과정과 다를 바 없다. 스토리텔링이라는 용어의 정립 전의 과정이었을 뿐, 사실, 심리학적, 사회학적 해석들도 동화에 특별함을 심어주는 스토리텔링의 과정이었던 것이다.

이러한 스토리텔링의 의미 아래서, 이 글에서는 동서양의 옛이야기 중에서도 동화 <인어공주>를 다문화사회에 효용적 가치를 가지는 이야기로서 스토리텔링 하고자 한다.[3] 스토리텔링의 실제라는 측면에서, 학생들에게 이야기를 '새롭게 보기', 나아가 '새롭게 활용하기'라는 측면으로 <인어공주>를 다문화적으로 재해석하고 교육 방향까지 제시하는 것이 이 글의 목표인 것이다. 특히, 문학이 당대의 사회와 분리될 수 없다는 사실 아래서, 현재 한국사회의 가장 큰 담론인 다문화사회와 관련한 스토리텔링은 교육적으로도 의미가 크다. 사실, 옛이야기를 다문화적으로 새롭게 해석한 이 연구의 방향은 여러 선행 연구들을 바탕으로 하고 있다. 한국의 며느리설화에서 며느리를 이주자로 시집식구들을 정주자로, 또한 영웅설화에서는 비범한 영웅을 이주자로 평범한 민중을 정주자로 설정한 연구가 있었다.[4] 이외에도 '강감찬 설화'와 같은 이물교혼담

---

[3] 수많은 동화 중에서도, <인어공주>를 다문화적으로 스토리텔링을 한 배경에는 학생들의 힘이 작용했다. 필자는 대학 수업에서 글을 쓰는 접근 방법과 옛이야기가 어떻게 사회적 효용적 가치를 가질 수 있는가를 가르치기 위해 학생들에게 다문화적으로 해석할 수 있는 옛이야기를 선정하도록 하였다. 그런데 매학기 학생들은 다문화적으로 해석할 수 있는 첫 번째 옛이야기로 <인어공주>를 손꼽곤 하였다. 그것은 우연이라기보다, <인어공주가>가 다문화적으로 접근할 수 있는 요소가 많음을 의미한다. 이에 이 글에서는 <인어공주>를 선정하여, 다문화사회에서 효용적 가치를 가질 수 있도록 스토리텔링을 하였다.
[4] 오정미,『설화에 대한 다문화적 접근과 문화교육』, 건국대학교 대학원 박사, 2012.

에서 이물을 이주자로 본 후 다문화사회에 대한 이해를 목표로 한 연구가 있었다.[5] 이와 같은 연구는 옛이야기를 기존의 해석대로 보지 않고, 새롭게 다문화적으로 접근한 연구들로 평범한 것을 특별한 것으로 바꾸는 스토리텔링을 기반으로 한다.

이와 마찬가지로 이 글도 슬픈 사랑이야기 혹은 여성의 정체성에 관한 이야기로서의 <인어공주>를 건강한 다문화사회에 힘을 보태는 <인어공주>로, 요컨대 다문화사회에서의 <인어공주>로 스토리텔링 할 수 있도록, 그 방향을 제시하고자 한다.

2. <인어공주> 속 이주자

<인어공주>는 사랑의 결실을 보지 못한 비련의 여인인 '인어공주'에 대한 이야기이다. <인어공주>에서 가장 핵심 키워드는 '사랑'이며, 그동안 <인어공주>에 대한 수많은 담론도 '사랑' 안에 있었다. '사랑'이라는 키워드를 뺀 <인어공주>는 상상할 수 없었다.

그러나 <인어공주>에서 떠오르는 키워드에 '사랑'만 존재하는 것은 아니다. '사랑'이라는 키워드 이전에 <인어공주>에서 가장 먼저 떠오르는 키워드, 혹은 이미지는 사실, 사람과는 전혀 다른 모습을 가지고 낯선 바닷속에 사는 '인어공주' 이다. 사실, 이루지 못한 비극적인 사랑 이야

_____, 「결혼이주여성을 위한 문화교육과 설화의 문화적응: 설화 <시부모 길들인 며느리>를 중심으로」, 『한국언어문화학』 9-1, 국제한국언어문화학회, 2012.
_____, 「설화 <아기장수>의 다문화적 접근과 문화교육」, 『다문화콘텐츠연구』 16, 중앙대학교 문화콘텐츠기술연구원, 2014.
[5] 이명현, 「다문화시대 인물탄생형 이물교혼담의 가치와 동화 스토리텔링의 방향」, 『어문논집』 55, 중앙어문학회, 2013.

기는 세상에 셀 수 없이 많이 있다. 비극적인 사랑 이야기라는 서사를 그대로 가져온다 할지라도, 주인공이 인어공주가 아닌 가난한 소녀였다면 혹은 다른 동화 속 주인공처럼 공주였다면, 지금의 <인어공주>의 감동은 찾아볼 수 없을 것이다. 즉 <인어공주>가 오랜 세월 단연 돋보일 수 있었던 배경에는 여자 주인공이 백설공주 혹은 신데렐라와 같은 우리에게 익숙한 공주가 아닌 상상 속의 여인, 한 번도 보지 못한 환상 속의 여인 '인어공주'가 존재했기 때문이다. 그래서 <인어공주>에서 사랑만큼 중요한 또 다른 키워드는 환상적이면서도 호기심을 불러일으키는 반인반수의 '인어공주', 바로 그녀 자체라고 할 수 있다.

환상과 호기심을 자극하는 상상 속의 존재인 '인어공주'는 우리가 살아가는 '다문화사회'와 연결했을 때도 다시 중요한 의미를 가진다. 인어공주가 가진 환상성은 다문화적으로 접근해보면, '다름'을 의미하는데, '다름' 속에서 인어공주는 현대 다문화사회의 이주자를 연상케 한다. 다른 외모와 다른 환경 속에서 살아가는 존재, 즉 인어공주는 다문화적으로 접근해서 보면, 다문화사회의 이주자와 닮았다. 사실, 인어공주를 잠재적 이주자로서 본 해석은 그동안 계속 이루어져 왔다. 잠재적 이주자라고 규정한 것은 연구자가 <인어공주>를 본격적으로 다문화적으로 접근하려고 한 것이 아니기 때문이다. 의도하지는 않았으나, 그런데도 <인어공주>에 나타난 인어공주의 자취에서 이주의 형태를 이해하고 있었다는 것이다. 예컨대, 신혜선은 '인어 공주를 주체로 놓고 욕망의 축에서 보면 인어 공주가 원하는 것은 왕자의 사랑과 영원한 영혼이지만 궁극적으로 원하는 것은 인간세계로의 편입이다.'라고 밝힌 바 있다.[6] 궁극적으로 원하는 것이 인간세계로의 편입이라는 신혜선의 해석은 결국 인어공

---

[6] 신혜선, 위의 논문.

주를 이주자격의 인물로 이해하고 있음을 의미한다. 인어공주가 사랑한 대상이 갈 수 없는 육지 세상의 왕자라는 점에 주목하여, 그녀의 사랑의 실체를 왕자가 아닌 새로운 세상으로 보는 것이다. 사실, 이와 같은 해석은 <인어공주>가 물속 존재인 '인어공주'와 육지 존재인 '왕자'의 사랑 이야기, 다시 말해, 서로 다른 문화적 배경을 가진 존재들의 통합에 관한 이야기라는 점에서 기인한다. 마치, 현대의 다문화사회에 대한 정의가 단지 국적의 이주만을 의미하지 않고, 다른 가치관, 다른 성별, 다른 문화 등에도 적용된다는 점과 결을 함께 한다. <인어공주>는 국적의 이주를 서사화하지 않고 있지만, 현대 다문화사회에서 정의하는 다른 문화적 배경을 가진 이주자와 정주자의 통합의 문제를 서사화하고 있고, 이것이 <인어공주>의 핵심 서사였던 것이다.

'인어공주'를 이주자로 해석할 수 있는 근거는 인어공주의 존재 자체에서도 발견된다. 물속에 사는 초자연적인 모습의 인어공주는 정주자가 처음 접한 이주자, 예컨대 전혀 다른 피부색과 눈동자를 가진 이주자와 다를 바 없다. 좀 과장하자면, 반인반수의 인어공주와 전혀 다른 문화권의 이주자에게 느끼는 낯섦이 같다는 것이다. 그렇기에 물속에 살며 다른 모습을 한 인어공주는 충분히 이주자의 자격을 부여받을 수 있다. 게다가 단지 다른 외모와 다른 환경 속에서 사는 존재라면, 이방인 혹은 타자의 의미만을 부여받을 수도 있겠지만, '인어공주'는 육지의 왕자를 사랑하여 왕자와 같은 사람이 되고자 하였기에, 그녀는 충분히 이주자의 자격을 얻게 된다. 새로운 문화를 동경하여 자신의 원문화를 포기하고 낯선 문화로 편입하려는 사람들이 이주자라는 점에서, 인어공주를 이주자로 보는 관점은 충분히 타당한 것이다. 특히, 왕자를 동경하여 그가 사는 세상으로 편입하려 했던 인어공주의 모습은 특수한 이주배경을 가진 한국의 결혼이주여성과 겹쳐진다. 결혼과 사랑이 맞물려 특수한 이주를 감행한 결혼이주여성의 그림자가 인어공주에게서도 보인다는 것이다. 또한 결혼이주여성의 남편들의 시선으로 다시 생각해보면, 인어공주와 결혼이주여성은 유사한 이주자로 볼 수 있다. 어느 다문화가정과 관련된 프로그램에서, 인터뷰 중에 남편이 한 말이다. "참 예뻤어요. 선녀님, 공주님같이 아주 예뻤어요. 내가 고생시켜 지금은 이렇게." 인어공주가 가진 환상성과 아름다움이 낯선 땅의 이국적인 외모를 한 신부의 모습에도 존재했던 것이다. 오랫동안 결혼을 꿈꿔온 농촌총각에게 처음 만난 아내의 모습은 인어공주와 같았고, 또한 결혼이주여성들도 인어공주가 왕자를 보며 가졌던 환상을 그녀들의 남편을 통해 느꼈을 것이다.

실제로 한국의 다문화사회는 결혼을 통해 이주를 감행하는 결혼이주여성이 다문화사회를 만드는 다수의 구성원이다. 다른 다문화사회 국가인 미국, 유럽, 호주 등과 달리 한국은 결혼을 통해 이주하는 결혼이주여성이 다수가 존재하며, 그로 인해 다문화가정이 한국의 다문화사회의 큰 주축으로 자리 잡고 있다. 이주노동자와 유학생이 다른 국가에서도 볼 수 있는 평범한 다문화사회의 구성원이라면 결혼이주여성은 한국사회의 매우 특수한 이주자인 셈이다. 그리고 이러한 한국만의 특수한 이주자인, 결혼이주여성은 한국의 다문화사회에 대한 부정적인 시각을 만드는 데 일조했다. 결혼이주여성이 가진 이미지는 긍정적인 면보다 부정적인 면이 훨씬 많은데, 가난, 동남아, 팔려온 여자 등으로, 한국의 전체 다문화사회에 대한 부정적인 이미지를 가지게 했다. 그래서 다문화가정, 다문화사회에 대한 수많은 캠페인과 다문화교육이 한국 사람들의 의식을 변화시키기 위해 부단히 노력해 왔다. 필자 역시 이주자 대상의 문화교육에서 나아가 정주자인 한국인 대상의 문화교육 필요성을 언급하며, 특히, 결혼이주여성에 대한 선입견과 편견에 대한 개선을 강조해 왔다. 그러나 처음 본 남성과 중개업소를 통해 결혼하여, 한국으로 이주해 오는 것은 쉽게 수용하기 어려운 이주의 과정으로, 정주자에게 무조건적 이해를 요구하는 것이 불합리한 일일 수 있다. 게다가 다문화사회 초기에 수많은 미디어가 결혼이주여성을 마치 팔려온 여성, 혹은 집 나가 도망가는 여인들로 이미지화하여 전달하였기에, 그녀들에 대한 편견과 선입견은 공고히 될 수밖에 없는 상황이다.

그렇기에 이 시점에서 건강한 다문화사회를 구축하기 위해 모색해야 할 과제는 한국 다문화사회의 특수성을 이주자와 정주자 모두가 올바르게 인식하는 것이다. 결혼이주여성을 불쌍한 타자로 바라보는 시혜적인 태도보다 결혼이주라는 특수한 형태에 대한 문제점을 객관화하는 것, 즉 이주자와 정주자 모두가 한국의 특수한 결혼 이주의 형태를 깊게 고찰하는 것이 건강한 다문화사회를 위한 열쇠일 것이다. 그래서 문제점 개선이 선행된 후, 다문화사회로의 변화를 긍정적인 것으로 수용하도록 하는 것, 그것이 자연스러운 이주자와 정주자의 사회 통합의 과정일 것이다.

이러한 모든 과정은 넓은 의미에서 다문화교육이며, <인어공주>의 다문화적인 스토리텔링의 의의일 것이다.

3. <인어공주>를 통한 다문화교육의 모색

다문화교육은 1960년대 초 소수자의 인권을 옹호하고 인종차별주의를 반대하는 교육의 목적으로 시작되었다. 그리고 『다문화교육사전』을 바탕으로 현재의 다문화교육의 정의를 살펴보면, 다문화교육이란 '인종, 민족, 사회, 경제적 계층, 젠더, 성적 지향성, 장애에 관계되는 사회문제'에 관한 교육이다. 이처럼 다문화교육은 교육 목표와 대상이 넓혀지고 있으며, 그 가운데 소통과 공존을 위해서 다수집단과 소수집단 사이에서 발생하는 문제점들을 비판적 성찰을 통해 더 나은 삶, 더 나은 세계를 추구하는 교육으로 본 연구가 최근의 연구 경향이다.[7]

그래서 이 글에서는 다문화사회와 관련한 <인어공주>의 스토리텔링의 방향, 특히, '비판적 성찰'에 초점을 둔 다문화교육을 위한 <인어공주>를 모색하고자 한다. 복수문화교육, 반편견 교육, 인권교육, 생태환경교육 등의 다양한 방향의 다문화교육이 존재하지만, 그중에서도 다수집단과 소수집단 사이에 발생하는 문제점에 대하여 비판적 성찰을 하는 다문화교육을 목표로 한다. 왜냐하면 결혼 이주라는 특수한 이주형태에 대한 비판적 성찰이 전제될 때, 효과적인 반편견 교육, 인권교육 등이 가능하리라 판단되기 때문이다. 또한 스토리텔링을 위해서 가장 먼저 해야 할 일이 문제의 본질을 통찰해야 한다는 점에서도 비판적 성찰은 매우 중요하기 때문이다. 이러한 관점에서 결혼이주여성의 한국의 문화적응 실패, 나아가 불행한 삶을 비판적으로 살펴보고자 한다.

지금까지 결혼이주여성의 문화갈등 그로 인한 이혼에 대한 연구를 살펴보면, 사기와 농간을 부린 국제결혼 중개업자, 폭력적·일방적인 남편, 외국인 며느리를 인격적으로 존중하지 않는 시댁 등 주변 체계와의 갈등상황을 이겨내지 못한 여성이 직면하지 못한 문제로 보았다.[8] 또한 '다문화가족 만들기 프로젝트'라는 국가 차원의 문제로 이혼의 원인을 찾은 연구들도 있는데[9], 모두 결혼이주여성의 이혼을 비롯한 문화적응의 실패 원인을 이주자보다 정주자와 한국사회에 돌리는 경향이 강하였다. 사실,

---

[7] 박영준, 「일본의 다문화교육의 전개와 문제점」, 『다문화콘텐츠연구』 19집, 중앙대학교문화콘텐츠기술연구원. 2015, 115-138쪽.
[8] 박미정·엄명용, 「결혼이주여성의 이혼 경험 연구」, 『한국사회복지학』 67-2, 한국사회복지학회, 2015, 33-60쪽.
[9] 김정선, 「아래로부터의 초국적 귀속의 정치학: 필리핀 결혼이주여성의 경험을 중심으로」, 『한국여성학』 6(2), 한국여성학회, 2010, 1-39쪽.

필자 역시 이러한 관점에서 정주자의 문화교육을 강조하고, 이주자에 대한 배려와 더불어 사는 가치에 대한 교육의 필요성을 제기하곤 하였다.[10] 현재도 이주자뿐 아니라 정주자에게도 다문화사회에 대한 교육이 필요하고, 이주자의 문화적응이 직접 정주자의 삶에 큰 영향을 끼친다고 생각한다.

그러나 다문화교육의 방향은 좀 더 문제를 본질적으로 투사하여 근원적인 해결책을 제시할 필요가 있다. 결혼이주여성들이 가진 이주의 문제점과 부적응의 문제에서 정작 주인공인 이주여성들을 제외할 수 없으며, 한국 남편, 시집식구 나아가 한국사회에 대한 비판은 그 후의 문제이다. 그래서 중개업소의 소개로 이루어지는 결혼을 통한 이주가 가진 문제점을 비판적으로 성찰하는 것이 앞으로 일어날 갈등을 최소화하는 방안이라 생각한다. 즉 결혼이주가 가지는 이주의 위험성과 문제점에 대하여 다문화교육 차원에서 정주자와 이주자 모두에게 교육하는 것이 다문화교육 차원에서 가장 먼저 이루어져야 할 내용이다. 많은 결혼이주여성은 중개업소를 통해 혹은 드라마나 영화 속 미디어를 통해 한국 남성들에게 환상을 가지고 이주하는 경향이 강하다. 그리고 기대와 현실의 격차를 실감하며 한국에서의 문화적응에 실패하는 것인데, 이러한 부정적 상황을 상징화하여 전달할 수 있는 텍스트가 <인어공주>인 것이다. 즉 바닷

---

[10] 오정미, 「설화를 통한 정주자 대상의 문화교육: 설화 <밥 안 먹는 색시>를 대상으로」, 『동화와 번역』 28, 건국대학교 동화와 번역 연구소, 2014.
 - 이주자의 문화적응에서 정주자의 역할이 매우 중요함을 강조하며, 건강한 다문화사회를 위해 정주자를 위한 본격적인 (다)문화교육의 필요성을 제기하였다. 오정미, 「<단군신화>로 새롭게 보는 다문화사회」, 『다문화콘텐츠연구』 19집, 중앙대학교문화콘텐츠기술연구원, 2015.
 - 결혼이주여성을 '팔려온 여성' 혹은 현대판 '심청'으로 보는 관점에 문제를 제기하며, <단군신화> 속 '웅녀'를 통해 새로운 세계를 여는 어머니로서의 결혼이주여성에 대하여 살핀 연구이다.

속 존재인 '인어공주'는 다문화사회에서 다문화교육이라는 효용적 가치를 창출하기 위한 중요한 스토리텔링의 제재가 된다. 특히, <인어공주>는 어린 시절에 국적을 초월해 누구나 접해본 동화라는 점에서도, 다문화교육을 위해 접근성이 쉽다. 필리핀, 베트남, 몽골, 중국 등의 다양한 국적을 가진 결혼이주여성들에게 <인어공주>는 배경지식을 확보한 이야기로 교육의 기본이라고 할 수 있는 텍스트에 대한 이해가 확보된 셈이기 때문이다. 그만큼 다문화교육을 위한 해석의 확장, 요컨대 스토리텔링도 용이하게 진행될 수 있다.

이제 이주자로서의 '인어공주'를 통해 한국의 결혼이주여성의 이주 특징을 살펴보고자 한다.

첫째, 남성과의 결연을 통해 새로운 세상으로 편입하고자 한다.

<인어공주>가 인간이 되고자 한 이유는 왕자에 대한 사랑 때문이었다. 그러나 더 정확하게는 왕자에 대한 사랑보다, 갈 수 없는 곳, 즉 인어공주에게 금기되었던 인간이 사는 육지라는 낯선 땅에 대한 동경이 인어공주에게 인간이길 꿈꾸게 하였다. 마치 대부분의 이주가 새로운 세상에 대한 호기심과 동경으로 시작되는 것처럼 인어공주의 이주도 그렇게 호기심과 동경으로 시작된 것이다. 그래서 이주를 실천하기 위해 '인어공주'도 '결혼이주여성'도 남성과의 결연을 결심한다. 남녀의 결연에는 사랑이 전제되어야 하지만, 인어공주와 결혼이주여성 모두 남자와의 사랑이 전제되지 않은 채 결연을 통해 이주를 결심한다. 즉 이주를 위해 남성과의 결연을 수단으로써 선택한 것이다.

둘째, 주체성과 소통을 모두 포기한 채, 새로운 세상으로 편입하고자 한다.

'인어공주'의 사랑이 비극으로 끝날 수밖에 없었던 것은 누구의 탓일까. 왕자를 가로챈 다른 여인, 눈치 없는 왕자 혹은 목소리를 빼앗아간

마녀의 탓인 것일까. 그러나 정작 그들의 탓으로 돌리기에는 어딘가 석연치 않다. 그렇다면 누구의 탓인 것일까. 모든 사건과 인물들이 인어공주를 물거품으로 만드는 데 일조했겠지만, 무엇보다도 비극적으로 이야기가 끝날 수밖에 없었던 것은 인어공주가 더는 인어공주가 아닌 점에서 그 이유를 찾게 된다. 다시 말해, 인어공주가 인어공주로서의 주체성과 왕자와의 소통을 포기했기에 새로운 세상으로의 편입에 좌절한 것이다. 문화적응의 이론을 빌리자면, 문화적응에서 주요한 요인은 이주자의 주체성과 소통이다. 주체성과 소통의 결합에 따라 문화적응은 다른 양상이 되는데, 주체성과 소통 모두를 잃었을 때, 죽음 혹은 추방의 최후를 맞는 종속의 문화적응을 하게 된다.[11] 그래서 '인어공주'는 인어공주로서의 주체성을 포기하고 다리를 가진 순간, 동시에 그 대가로 목소리를 잃은 순간 이미 부적응에 가까운 종속의 문화적응, 즉 물거품의 결과가 예견되어 있었던 것이다. 인어공주의 이러한 비극적인 모습은 결혼이주여성의 경우에서도 찾아볼 수 있다. 결혼이주여성 중에는 원문화에서의 주체성과 소통을 포기하고 한국문화에 일방적으로 순응하는 형태, 일종의 종속의 문화적응을 취하는 경우가 종종 있다. 물론, 이것은 개인의 선택이라기보다 초기 한국의 다문화사회 정책에 의한 결과이지만, 문제는 주체성을 포기하는 종속의 문화적응이 가진 위험성을 결혼이주여성들이 올바르게 인식하지 못하고 있다는 것이다. 인어공주도 결혼이주여성도 모두 주체성과 소통을 포기했을 때, 야기될 수 있는 결과에 대한 경계심이 필요한 것이다.

다문화적으로 접근한 <인어공주>의 해석은 다음과 같은 다문화교육을 제시할 수 있으며, 이것은 다시 <인어공주>의 스토리텔링의 방향이다.

---

[11] 오정미, 위의 논문.

첫째, 환상만을 가지고 감행하는 이주는 위험하다.

<인어공주>는 아름다운 희생적 사랑에 관한 이야기라고 하지만 그전에 인어공주의 사랑이 과연 건강한 사랑이었는가는 고민해보아야 할 것이다. 왕자를 보고 사랑에 빠지는 인어공주의 마음에는 바닷속이 아닌 인간 세상에 대한 동경이 있었고, 동경은 맹목적인 사랑을 만들게 했다. 그래서 인어공주는 주변의 만류에도 불구하고 자신이 가진 모든 것을 포기하고 인간이 되고자 하였지만, 그 결과는 매우 참혹했다. 물거품으로 사라져 버린 것이다. 그래서 '인어공주'처럼 환상만을 가지고 이주를 결정하는 한국의 결혼이주여성들을 대상으로 환상만을 가지고 감행하는 이주의 위험성을 제시할 수 있다. 실제로 결혼이주여성의 결혼 동기에 대한 연구를 살펴보면, 한국 남성과 생활문화에 대해 아무것도 모른 채 결혼을 결정했다고 한다. 불안하기는 하지만 'TV 드라마를 보면서 잘 살 것이라는 기대감과 호기심', '어머니의 권유'라는 현상을 결혼동기로 보면서 '경제적 향상에 대한 기대', '어머니의 권유', '원 가족에 대한 경제적 지원보다는 개인적 삶의 향상'으로 연구 결과를 밝혔다.[12] 많은 결혼이주여성들이 한국의 사회 및 경제적 위치에 대한 선망으로 자의 혹은 타의에 의해서 결혼을 결심하는 것인데, 이러한 모습은 마치 육지 세상을 동경하여 왕자와 결혼하려 했던 인어공주와 쌍둥이처럼 닮아 있는 모습이다.

그래서 다문화교육을 위한 <인어공주>에서는 숭고한 희생적 사랑의 의미를 결여시키고 무모한 이주의 결과로서의 '물거품'이 스토리텔링 되어야 한다. 물거품은 좌절된 꿈 나아가 인어공주가 인간 세상에 편입

---

[12] 채옥희, 한은진, 송복희, 「캄보디아 결혼이주여성 부부의 결혼동기와 한국가정생활 경험 및 지원에 관한 사례 연구」, 『한국가족자원경영학회』 16-4, 한국가족자원경영학회지, 2012, 111-129쪽.

하지 못했다는 사실만을 상징한다. 그래서 물거품은 이주가 가진 위험성, 다시 말해 이상과 다른 현실 속의 이주란 비극적인 결과를 낳을 수 있다는 사실을 전달할 것이다. 맹목적으로 혹은 즉흥적으로 이주를 감행하는 것은 물거품이 된 인어공주와 같은 운명에 처할 수 있음을 경고하는 것이다.

둘째, 주체성과 소통은 성공적인 문화적응을 위해 이주자가 반드시 지켜나가야 할 요인이다.

인어공주로서의 주체성과 목소리를 포기한 인어공주의 삶은 그녀가 원한대로 되지 못했다. 모든 것을 포기하면 인간이 되고 왕자와 결혼할 줄 알았으나, 그 결과는 물거품이 되는 것이었다. 동화에서는 언니들의 말대로 왕자의 가슴에 칼을 꽂아 그를 죽이면, 다시 바다로 돌아올 수 있었지만, 인어공주가 물거품이 되는 것을 선택하며 그녀를 아름다운 사랑의 여주인공으로 만들었다. 그러나 물거품이 된 인어공주의 행위는 사랑이라는 요소를 빼면, 실존적으로 일종의 자살과도 같은 행위이다. 이와 관련하여 결혼이주여성의 자살 연구에 의하면, 자살하는 결혼이주여성들은 주변인으로 살며 지속적인 내몰림을 경험하거나 사회적 폭력에 무방비로 노출될 때, 환상이 사라진 후 드러난 비참한 현실, 벼랑 끝에 매달려 있으나 빛을 보지 못함, 존재의 무화(無化), 소통의 경색으로 인한 사회적 죽음, 마지막으로 극단적인 자기 드러냄으로 자살을 한다고 한다.[13] 바다로 뛰어 들어 물거품이 된 '인어공주'의 행위는 어쩌면 삶의 의미를 더 이상 찾을 수 없어 자신을 죽음으로 내몰리게 한 결혼이주여성의 자살과 같을지도 모른다는 추정을 가능케 한다. 또한 수많은 독자

---

[13] 최미경, 「결혼이주여성의 자살정황에 관한 탐색」, 『한국사회복지질적연구』 9-1, 한국사회복지질적연구학회, 2015, 61-87쪽.

가 애써 그 사실을 외면하려 했지만 물거품에서 아름다움보다 슬픔을 찬란한 희생보다 허무한 사랑을 본능적으로 느낀다는 점에서도 물거품은 자살과 다를 바 없어 보인다. 단지 스스로 목숨을 끊었기 때문에 자살로 보는 것이 아니라 물거품이 된 인어공주의 모습에서 자살과 같은 허무함과 슬픔을 느낄 수 있기 때문이다.

그래서 다문화교육 차원에서 물거품이 전달하는 메시지는 자살과 같은 극단적인 선택의 무의미함과 함께 주체성과 소통의 중요성이다. 인어공주가 물거품이 된 데에는 결정적으로 그녀가 자신의 주체성과 소통의 능력을 상실했기 때문으로, 물거품은 주체성과 소통을 포기한 결과를 상징한다. 그리고 이러한 이주자의 주체성과 소통의 중요성은 원작 <인어공주>를 패러디한 <상어를 사랑한 인어공주>[14]에서 확인할 수 있다.

원작이 결혼을 통한 이주라는 이주형태에 대한 비판을 목적으로 활용된다면, 이미 출판된 패러디 동화는 지향할 수 있는 긍정적인 이주에 대한 모델을 제시해 준다.

<인어공주>를 패러디한 <상어를 사랑한 인어공주> 중 일부이다.

> 그런데 둘은 너무나 달라서 함께 다니는 데 불편함이 많았답니다. 이를테면 상어인 누르슴 왕자는 끊임없이 헤엄을 쳤는데, 블랙펄 공주는 오랫동안 헤엄을 치면 다리가 아파서 힘이 들었습니다. 블랙펄의 다리는 걷기에 더 좋은 다리였거든요. 아무리 다리를 빨리 움직여도 왕자처럼 그렇게 빨리 헤엄칠 수는 없었습니다. (중략)
> "나도 꼬리 지느러미가 있으면 당신과 함께 다니기가 좋을 텐데…마법사를 찾아가 다리대신 꼬리지느러미를 갖게 해 달라고 부탁해 봐야겠어요." 블랙펄 공주의 말에 누르슴 왕자는 깜짝 놀랐습니다.

---

[14] 임정진, 『상어를 사랑한 인어공주』, 푸른책들, 2004.

"아니 무슨 말이에요? 난 나에게 다리가 없는 게 가슴이 아픈데, 내가 다리를 만들어 달라고 마법사에게 부탁하겠어요."

그래서 둘은 처음으로 다투었습니다. (중략)

"하지만 난 당신의 모습 그대로를 사랑하는걸요. 당신의 다리까지도 사랑해요. 그러니 다리를 없애지 말아요."

블랙펄 공주는 자기의 다리를 다시 한 번 바라보았습니다. 정말 튼튼하고 우람한 다리였습니다.

패러디 동화는 원작을 비평하며, 작가가 새로운 해석과 함께 다시 쓴 창작물이다. 패러디 동화인 <상어를 사랑한 인어공주>에서도 작가는 인어공주 일방의 희생에 비판적 시각을 가지고 원작과 달리 꼬리지느러미 대신 사람의 다리를 가진 '인어공주'[15]를 창조한다. 왕자와 다른 외모, 다른 신체적 구조로 되어 있다는 점은 원작의 '인어공주'와 다를 바 없지만, 다름으로 인하여 '인어공주'가 취하는 태도는 패러디 동화 속 '인어공주'와 원작 속 '인어공주'가 다르다. 그것이 다문화교육을 위한 중요한 교육적 내용이며 스토리텔링으로 다문화적 의미를 구현할 지점이다. 원작 속 <인어공주>에서 '인어공주'는 주체성을 상징하는 지느러미를 포기하고 다리를 얻는다. 또한 정주자인 왕자와 소통할 수 있는 목소리마저 다리를 얻는 대가로 잃는다. 인어공주는 스스로가 주체성과 소통을 모두 포기한 채 종속의 문화적응을 하며 육지 세계로 편입하고자 한 것이고 그래서 물거품이라는 비참한 결과를 맞게 된다. 반면, 패러디동화의 '인어공주'는 잠시 주체성을 상징하는 다리를 포기하려 하지만, 왕자의 조언으로 스스로의 주체성을 지켜나간다. 이에 대하여 한쪽의 일방적

---

[15] 패러디 동화의 공주 이름은 인어공주가 아닌 블랙펄 공주이지만, 편의상 이 논문에서는 인어공주라 명명하겠다.

인 희생을 요구하지 않는 교훈으로 패러디 동화의 문학적 가치를 주목한 논의도 있지만[16] 다문화교육을 위한 재해석의 의미에서는 통합의 문화적응 가치라고 할 수 있다.

통합의 문화적응이란 이주자가 상호주체성을 가지고 정주자와 소통하는 문화적응양상인데, 패러디 동화 <상어를 사랑한 인어공주>는 특히 통합의 문화적응이 가진 상호주체성에 대하여 서사를 통해 확인시켜 주고 있다. 상호주체성에 대하여 확인시켜주는 인물은 상어왕자로, '상호주체성'이 무엇인가를 확인시켜 주고 있다. 서로의 문화를 존중하고, 그것을 수용하는 태도가 상어왕자의 말, "하지만 난 당신의 모습 그대로를 사랑하는걸요. 당신의 다리까지도 사랑해요. 그러니 다리를 없애지 말아요."에 담겨 있다. 사실, 동화 혹은 분리와 같은 문화적응은 이주자가 주도적으로 선택하고 취할 수 있는 문화적응의 양상인데 반해, 통합은 정주자의 태도가 문화적응에 크게 작용하는 문화적응 양상이다. 통합은 정주자가 이주자의 주체성을 존중해주지 않는다면, 애초에 성립되기 어려운 문화적응인 것이고, 당신의 다리까지 사랑한다고 한 상어왕자의 말은 상호주체성을 구체화한 매우 중요한 대사인 것이다. 예컨대, 만약, 상어왕자가 인어공주의 말대로 다리를 지느러미로 바꾸게 내버려 뒀다면, 나아가 상어왕자가 인어공주가 그러한 선택을 할 수밖에 없도록 종용했다면 통합의 문화적응은 불가능한 것이다. 결국, '인어공주'가 통합의 문화적응을 취할 수 있었던 것은 정주자를 표상하는 상어왕자가 이주문화를 인정하고 수용해 준 태도가 있었기에 가능했던 것이다. 또한 목소리를 잃은 원작의 '인어공주'와 달리 패러디 동화의 '인어공주'의 목

---

[16] 최윤정, 「패러디 동화의 현대적 의미와 문제점: <인어공주>를 중심으로」, 『동화와 번역』 15, 건국대학교 동화와번역연구소, 2008, 255-281쪽.

소리는 상어왕자와의 관계에서 매우 중요한 역할을 한다. "나도 꼬리 지느러미가 있으면 당신과 함께 다니기가 좋을 텐데…마법사를 찾아가 다리 대신 꼬리지느러미를 갖게 해 달라고 부탁해 봐야 겠어요."라는 패러디 동화의 '인어공주'의 말은 두 주인공의 관계를 연결하는 소통으로 발현되고 있다. 단지, 내뱉는 말의 차원이 아니라, 서로의 생각과 가치관을 공유하는 소통이 되어, 중요한 결정을 내리게 하는 초석이 된 것이다. 패러디 동화는 소통의 가치를 여실하게 보여주며, 원작의 '인어공주'가 얼마나 어리석었는가를 우리에게 말해주고 있다.

다문화사회를 위한 <인어공주>의 스토리텔링의 방향은 다양하게 열려 있다. 제2의 <상어를 사랑한 인어공주>, 예컨대 동경에서 비롯된 무모한 이주의 인어공주가 아닌 왕자와의 지속된 만남을 통해 연애와 사랑 그리고 결혼을 하는 <인어공주>, 혹은 왕자가 인어공주를 따라 물속 세계로 편입하는 <인어가 된 왕자>이야기 등 다양하게 스토리텔링이 가능하다. 다만, 이러한 모든 스토리텔링은 원작 <인어공주>에 대한 다문화적 접근이 전제되었을 때, 다문화교육을 위한 스토리텔링으로서 그 의미가 발현될 수 있을 것이다.

4. 나오는 말

세계를 다양한 관점으로 고찰하게 하는 것, 그것이 문학을 향유해 온 이유이다. 이러한 맥락 아래서 동화도 다양한 시각과 관점으로 해석됐고, 우리의 삶에 활용됐다. 문학을 향유하는 인류가 존재하면서 스토리텔링은 이미 시작되었고, 이러한 관점 아래, 이 글에서는 '다문화사회'라는 사회적 배경 속에서 <인어공주>를 스토리텔링하였다. 특히, 주체성과 소통이 결여된 위험한 '결혼이주'에 대한 비판적 성찰을 목표로 하는 것이 <인어공주>의 스토리텔링의 방향이다.

<인어공주>는 지금까지 비극적인 사랑의 이야기로 향유됐다. 그러나 그 안을 더 찬찬히 살펴보면, 신분체제가 사회적 이슈였을 때는 신분 차이를 극복하지 못한 슬픈 사랑 이야기로, 혹은 젠더의 문제가 사회적 이슈였을 때는 자신의 의지로 진보적이고 혁신적인 삶을 사는 이야기로 <인어공주>가 연구되고 향유되어왔음을 알 수 있다. 즉 사회적 배경과 함께 <인어공주>는 끊임없이 재해석, 다시 말해 스토리텔링되고 있었다. 그래서 이 글에서도 한국 사회의 가장 큰 담론인 '다문화사회'를 바탕으로 다문화교육을 위한 <인어공주>로 스토리텔링하였다.

이에 2장에서는 이주자로서의 '인어공주'를 살펴본 후, 결혼이주여성과 인어공주를 비교 분석하였다. 그 결과, 낯선 피부색과 눈을 가진 인어공주 그리고 바닷속이라는 전혀 다른 세상에서 온 인어공주는 이주자라 규정할 수 있었다. 또한 왕자와의 결혼을 통해 새로운 세상으로의 편입을 꿈꾼다는 점에서도 '인어공주'는 한국의 결혼이주여성과 닮아 있는 이주자였다.

3장에서는 <인어공주>를 통해 비판적 성찰을 위한 다문화교육을 모색하였다. 지금까지 결혼이주여성의 부적응에 대하여 사기와 농간을 부린 국제결혼 중개업자, 혹은 폭력적인 남편과 시집식구 등에서 그 원인을 찾는 경향이 강했다. 즉 결혼이주여성의 부적응에 대한 책임을 정주자와 한국사회에 묻고, 정작 주인공인 이주자는 문제에서 제외시키는 형상이었다. 그러나 결혼이주의 문제를 비판적으로 성찰하는 다문화교육을 위해 <인어공주>를 새롭게 해석하였다.

첫째, 환상만을 가지고 감행하는 이주는 위험하다. 구체적이고 체계적인 계획 없이, 인어공주가 그랬던 것처럼 이주자가 한국에 대한 환상만으로 이주를 감행하는 것은 매우 위험하다. 그래서 다문화교육을 위한 <인어공주>의 스토리텔링에서는 더 이상 물거품을 인어공주의 숭고한 희생적 사랑으로 상징화하지 않는다. 물거품은 좌절된 꿈과 희망, 나아가 실패한 문화적응을 상징할 뿐이다.

둘째, 주체성과 소통은 성공적인 문화적응을 위해 반드시 지켜나가야 할 요인이다. 인어공주가 인간 세상에 편입하지 못한 결정적인 요인은 그녀 스스로가 주체성을 표상하는 지느러미를 포기하고 또한 왕자에게 자신의 마음을 전달할 목소리, 즉 소통을 포기했기 때문이다. 그래서 물거품은 이주자의 부적응을 상징하며, <인어공주>는 이주자의 주체성과 소통의 중요성을 우리에게 환기시켜 준다. 그리고 주체성과 소통의 중요성은 다시 <인어공주>를 패러디한 동화 <상어를 사랑한 인어공주>에서 확인할 수 있었다. 왕자를 따라 자신의 주체성을 포기하려는 인어공주는 패러디 동화에서도 등장하지만, 패러디 동화에서는 왕자가 인어공주를 만류한다. 왕자는 오히려 인어공주의 현재의 모습을 사랑한다고 고백하는데, 이것은 서로의 다른 문화를 인정하는 모습으로 상호주체성을 의미한다. 그래서 패러디 동화 <상어를 사랑한 인어공주>는 상호주체성과 소통이 함께 하는 통합의 문화적응을 서사로 확인시키며, 통합의 서사를 문화교육 차원에서 제시해 준다.

따라서 다문화사회와 연결한 <인어공주>는 더 이상 슬픈 사랑이야기가 아니다. 다문화교육을 위한 <인어공주>는 '결혼이주'의 문제에 대하여 비판적 성찰을 목표로 하며, 건강한 다문화사회를 모색하기 위한 스토리텔링의 제재로서 가치를 가진다.

참고문헌

김정선, 「아래로부터의 초국적 귀속의 정치학: 필리핀 결혼이주여성의 경험을 중심으로」, 『한국여성학』 6(2), 한국여성학회, 2010, 1-39면.
박미정·엄명용, 「결혼이주여성의 이혼 경험 연구」, 『한국사회복지학』 67-2, 한국사회복지학회, 2015, 33-60면.
박영준, 「일본의 다문화교육의 전개와 문제점」, 『다문화콘텐츠연구』 19집, 중앙대학교문화콘텐츠기술연구원, 2015, 115-138면.
신혜선, 「<인어공주>와 <신데렐라>의 의미구조분석을 통한 교육적 이해」, 『열린유아교육연구』 13-5, 한국열린유아교육학회, 2008, 379-402면.
오정미, 『설화에 대한 다문화적 접근과 문화교육』, 건국대학교 박사학위논문, 2012.
오정미, 「결혼이주여성을 위한 문화교육과 설화의 문화적응: 설화 <시부모 길들인 며느리>를 중심으로」, 『한국언어문화학』 9-1, 국제한국언어문화학회, 2012.
오정미, 「설화를 통한 정주자 대상의 문화교육: 설화 <밥 안 먹는 색시>를 대상으로」, 『동화와 번역』 28, 건국대학교 동화와 번역 연구소, 2014, 195-216면.
오정미, 「<단군신화>로 새롭게 보는 다문화사회」, 『다문화콘텐츠연구』 19집, 중앙대학교문화콘텐츠기술연구원, 2015, 209-232면.
이명현, 「다문화시대 인물탄생형 이물교혼담의 가치와 동화 스토리텔링의 방향」, 『어문논집』 55, 중앙어문학회, 2013.
이영준, 「안데르센의 <인어공주>에 나타난 '비극적 신비': '디오니시안 우주적 잔인성'」, 『신영어어문학』 43집, 신영어어문학회, 2009, 139-164면.
이영준, 「라캉의 정신분석학으로 풀어본 <인어공주>: 욕망, 환상 그리고 쥬이상스」, 『현대영미어문학』 27-4, 2009, 63-82면.
임정진, 『상어를 사랑한 인어공주』, 푸른책들, 2004.
최미경, 「결혼이주여성의 자살정황에 관한 탐색」, 『한국사회복지질적연구』 9-1, 한국사회복지질적연구학회, 2015, 61-87면.
최윤정, 「패러디 동화의 현대적 의미와 문제점: <인어공주>를 중심으로」, 『동화와 번역』 15, 건국대학교 동화와번역연구소, 2008, 255-281면.

최혜실, 『문화콘텐츠, 스토리텔링을 만나다』, 삼성경제연구소, 2006.
채옥희, 한은진, 송복희, 「캄보디아 결혼이주여성 부부의 결혼동기와 한국가정 생활 경험 및 지원에 관한 사례 연구」, 『한국가족자원경영학회』 16-4, 한국가족자원경영학회지, 2012, 111-129면.
한상수, 「안데르센의 <인어공주>, <주석병정>과 <빨간 구두>에 나타난 성의 정치학과 정치적 잔인성」, 『현대영어영문학』 57-1, 한국현대영어여문학회, 2013, 241-260면.

대중영상매체를 통해 바라본
한국 음식문화의 재인식*

김 호 연

1. 들어가는 말

음식은 여러 가지 기표(Signifiant)와 기의(Signified)를 지닌다. 이는 음식이 단순히 먹을거리에 불과하지만 그 속에는 일상과 규칙, 문화의 생산 구조 등을 함유하고 있기 때문이다. 백일(百日) 백 집에 백설기를 돌려 나누어 먹거나, 홍동백서(紅東白西), 조율이시(棗栗梨柿), 좌포우혜(左脯右醯) 등 제사상의 원리 그리고 내륙지방인 안동에서도 먹을 수 있게 궁여지책으로 만든 간고등어가 현대에 와서 인기상품으로 재생산되는 모습 등은 이러한 예라 할 것이다. 이렇듯 음식은 인간에 없어선 안 될 존재로 무한히 영속되고, 항상 새로운 가치체계를 만들며 문화를

---

* 이 글은 『인문과학논총』 제31권 3호(2012.10.31)에 실린 논문을 수정·보완한 것임을 밝힌다.

창조하고 있다.

 또한 음식문화는 일상의 한 부분이지만 전형성을 통해 그 사회를 반영하며 한 민족의 원형적 의미를 상징적으로 드러낸다. 비빔밥은 제철음식, 슬로푸드(Slow food), 로컬푸드(Local food)로 식약동원(食藥同源)의 전형성을 보여주는 한국음식의 원형질이다. 그렇지만 색의 조화가 이루어진 가지런한 형태는 여지없이 비벼지고 섞여지는데 이는 혼돈의 질서 속에서 나름의 질서를 찾아가는 한국인 특유의 집단적 역동성 그대로의 모습이다. 게다가 식당에서 라면보다 빨리 준비 되는 음식이 비빔밥인걸 보면 '빨리 빨리' 문화의 전형성을 드러내는 다분히 한국 음식문화 나아가 한국사회의 상징적 표상이다.

 이러한 음식과 관련된 의미체계, 생산·소비의 양상은 삶 그대로의 모습이기에 대중영상매체를 통해 자연스럽게 표현된다. 영상매체는 현대인들에게 있어 또 하나의 새로운 민속이다. 이는 여러 이미지를 통해 현대인의 일상 속에서 문화원형의 의미가 지속과 변용을 거듭하며 새롭게 창출되고 있기 때문이다.

 그런 의미에서 이 글에서는 대중영상매체 속에 나타난 한국 음식문화의 여러 의미 체계를 통해 한국문화의 여러 담론을 살펴보도록 한다. 여기서 다루고자 하는 대상은 한국 영화, 드라마 등에 나타난 음식문화에 대한 이야기를 중심으로 한다. 특히 일상의 재현이란 측면에서 음식은 영상매체에 꾸준히 등장하였는데, 이 글에서는 이것이 중요 모티프로 새로운 의미구조를 만들어내는 경우에 초점을 맞추어 살펴보도록 하겠다.[1] 이는 단순히 음식문화를 그려낸 것이 아닌 영상매체를 통해 대중적

---

[1] 음식을 중심으로 전개된 TV드라마 영화는 드문드문 나타났다. <발효가족>(JTBC, 2011.12.07.~2012.02.23.), <신들의 만찬>(MBC, 2012.02.04~2012.05.20), <맛있는 인생>(SBS, 2012.04.28.~2012.9.23.)도 비슷한 시기 방영된 음식 관련 드라마일

파급력을 지닌 작품으로 한정지어 연구해 본다.

과문한 탓이겠지만 대중영상매체 속에 나타난 음식문화의 여러 양상을 분석한 글은 그리 많아 보이지 않는다.[2] 이 글에서는 먼저 그동안 소홀히 다루었던 대중영상매체 속의 음식문화라는 키워드를 꼼꼼히 살펴볼 것이다. 이를 통해 한국음식문화를 모티프로 중요한 매듭이 되는 작품을 중심으로 한국문화의 보편성과 특수성이 어떻게 표출되는지도 주목하고자 한다. 이는 드라마, 영화를 통해 한국 음식문화가 어떻게 영상화 되었고, 이를 통해 어떠한 서사적 구조로 표현되었는지에 초점을 맞추어 구명(究明)할 것이다. 또한 이것이 영상화 되는데 그치지 않고 수용·소비·생산의 구조를 가지고 문화콘텐츠로 어떻게 나아가는지 주목해 본다. 이는 음식이 단순히 먹을거리에서 그치지 않고 한국문화의 역동적 가치를 찾는 계기가 될 수 있기 때문이다.

2. 대중영상매체 속에 나타난 음식 문화의 여러 유형들

1) 역사드라마를 통한 한국 음식문화의 재인식

음식이 영상매체의 중요한 소재로 등장한 것은 그리 오래된 일은 아니다. 이는 한국에서 뿐만 아니라 지구촌 어느 곳이나 그러하다. 음식이

것이다. 그럼에도 불구하고 이런 매개체가 얼마나 대중에게 음식문화의 여러 이야기를 전달해주었고 생산적 참여의 가능성을 주었는가에 대해서는 의문이기에 본고에서는 논외로 한다.

[2] 한국, 음식, 원형, 드라마, 영화라는 키워드를 가지고 통섭한 연구 성과는 그동안 활발히 이루어지지 못하였다. 한류를 통해 음식문화의 제 양상을 점검하거나, 드라마 <대장금> 등의 연구에서 미시적으로 다루는데 그친 아쉬움이 있다.

영상매체에 두드러지게 나타난 것은 포스트모더니즘(Postmodernism)이라는 이름으로 문화 흐름이 변화하는 1980년대 말 즈음부터이다. 모더니즘(Modernism)이 항상 새로움을 강조하는 문예사조였다면 포스트모더니즘은 '하느님이 하늘과 땅을 창조한 이후에 새로울 것이 없다'는 화두처럼 기존의 질서를 해체하고 새로운 질서를 만드는 모습으로 나타났다. 이러한 양상은 베를린장벽의 붕괴로 인한 이데올로기의 종언과 소비에트연방(소련)의 해체를 통해 사회 체제 재편, 문화적으로 대서사의 해체, 상호텍스트성(Intertextuality), 자기반영의 이야기가 중심을 이루며 새로운 문화담론의 출발을 알렸다. 특히 영상매체에서는 패러디(Parody)나 컬트(Cult)와 같이 기법적인 측면에서 강한 변화 양상이 나타났고, 성에 대한 담론처럼 미시적 일상생활과 관련된 여러 이야기가 중심 흐름을 이루었다.

   이는 자본주의의 팽창을 통해 경제적 성장곡선을 그리는 여러 현상과 궤를 같이 하였다. 게다가 개인은 이미지의 권력에 더욱 약해져 버리고 신속 자본주의 맥도날드에 함몰되는 것도 이 즈음이며, 이에 반발하여 음식이 올림픽화 되어 가는 -더 빨리, 더 높이, 더 멀리- 현상에 반기를 든 슬로푸드 운동도 포스트모던의 해체 질서에서 나타난 형상도 이때였다.[3] 이러한 흐름은 한국에서도 정치·사회적인 변화와 함께 자기 반영성의 담론이 몸으로 체득되기 시작하였고, 이는 여러 모습으로 도출되어 나타났다. 채식과 엔도르핀 이야기를 끄집어냈던 뉴 스타트 운동의 이상구 박사, 사상의학을 현대적으로 재해석한 한의사 이명복의 체질진단법 등은 이러한 흐름의 예증이었다. 이는 한국에서도 하루 벌어 하루 살던 궁핍한 모습에서 벗어나 일인당 국민소득 1만 달러 시대의 경제적 의식

---

[3] 조 킨첼로, 성기완 역, 『버거의 상징-맥도날드와 문화권력』, 아침이슬, 2004, 97쪽.

구조의 표상이었고, 풍요로운 권태에서 나오는 여유로움이었다.

이러한 모습은 자연스럽게 드라마에서도 반영되었는데 그 대표적인 작품으로 <허준>(MBC, 최완규 극본, 이병훈 연출, 1999.11.29.~2000.6.27)을 들 수 있다. 이은성 원작의 『소설 동의보감』(1990)을 바탕으로 만들어진 이 드라마는 실존 역사적 인물을 다루었고, 영웅이야기의 서사적 구조, 선인과 악인의 대립 구조를 통한 권선징악 이야기 등 한국인들이 좋아하는 여러 요소를 듬뿍 담고 있는 드라마이다. 고귀한 혈통을 지니고 태어났지만 고난을 받고 어려운 고비에 이르지만 조력자를 만나 승리를 한다는 전형적인 영웅의 유형은 이 드라마에서 자연스럽게 녹아내렸고 에피소드 위주의 플롯 전개 등으로 대중들의 흥미를 이끌었다.

그런데 <허준>은 단순한 영웅이야기가 아닌 한의학, 몸의 이야기를 담아내었다는 점에서 새로운 주제 형성의 가능성을 열어주었다. 게다가 이 드라마는 단순한 의학만을 이야기하는 드라마는 아니다. 이는 현대 의학드라마에서 보인 극적(劇的) 치료 과정을 통해 나타난 인간의 굴절된 삶을 보여주는 것이 아니라 치료과정에서 드러난 근본적 문제와 그 과정을 통해 인간 그 자체에 대한 본질적 질문을 던지고 있다는 점에서 다른 드라마와 변별되었다. 이는 한국 음식문화의 원형인 식약동원을 재인식시켜 주는 여러 기호를 통해서도 드러나는데 그 대표적인 예로 '매실'을 들 수 있다.

역병이 돌아 그 치료 방법을 찾지 못하고 있을 때 한 백성이 허준에게 찾아와 매실로 치료될 수 있다는 사실을 알리는 장면은 그러한 상징적 기호였다. 이는 매실에 고열과 설사, 이질을 다스리는 성분이 있기 때문인데 허준은 이를 치료제로 사용하여 역병을 다스리고 큰 공을 세운다는 에피소드가 중요한 모티프로 나타나게 된 것이다. 어찌 보면 매실 때문에 역병이 치료된다는 점이 조금은 과장되고 단순한 이야기 구조처럼 느껴질 수 있다. 그럼에도 불구하고 널리 알려진 민간요법이 이 드라마를 통해 한국인 스스로 새롭게 깨닫는 계기가 되었고, 이를 통해 매실은 만병통치약처럼 인식됨과 함께 전통식품에서 기호식품으로 자리매김하게 된 계기적 사건을 마련하였다.[4] 이를 통해 매실음료는 음료시장의 전체적 구조를 변화를 움직이는 상품으로 나타나게 되었는데, 이즈음부터 청량음료 대신 건강음료가 매출 1위로 들어서는 것도 드라마의 영향과 시대적 흐름에 놓이는 현상이었다.

매실이 만병통치약처럼 인식된 것은 전염병을 단번에 치료한 드라마틱한 플롯에서 기인한다. 드라마 <허준>이 총 64회에 걸쳐 이야기를 전개하기 위해서는 에피소드 위주의 전개가 필요하였고 매실 관련 이야기도 하나의 사건 위주 플롯에서 비롯되었다. 매실이 전염병을 고칠 만큼 즉각적인 효능이 있는가에 대해서는 의구심이 들 수 있다. 매실은 따뜻한 성분으로 설사초기, 만성적인 기침 등에 효능이 있지만 매실만으로 전염병을 치료하기에 무리가 있고, 신맛은 수렴하는 작용이 있기에 열을 내리기엔 이치가 맞지 않기 때문이다.[5] 그렇지만 드라마에서 매실이 전염병을 물리친 그 자체가 하나의 상징적 기대 효과를 주어 매실은 건강음식으로 인식되었고 사회적 분위기와 맞물리면서 한국 음식문화의 변용 양상을 가지고 오게 되었다. 이는 서양 과학체계에 의존한 의약 대신 대용음식(alternative food)의 유행을 알리는 것이었고, 전통음식의 과학적 신비에 대한 발견의 한 양상이었다.[6] 이렇듯 드라마 <허준>은 막연하

---

[4] 「드라마 '허준' 덕에 매실 농가 톡톡히 재미」, 연합뉴스, 2000.6.8. 이즈음 드라마 <허준>의 영향으로 매실의 수확량이 전년에 비해 많았음에도 수요가 많아 1Kg당 가격은 상승하여 농가에 큰 보탬이 되었다. 또한 매실주가 상품화되어 매실은 기호식품으로 대중들에게 다가선다.

[5] 고창남, 「의학전문드라마 '허준'을 통해서 본 허와 실」, 『동서언론』4, 동서언론학회, 2000, 156쪽.

게 알고 있던 한국음식 문화원형에 대한 재발견의 표출이었으며 몸철학에 대한 새로운 인식의 출발이었다.

이러한 흐름은 드라마 <대장금>(MBC, 김영현 극본, 이병훈 연출, 2003.9.15~2004.3.30)을 통해 더 많은 화두를 던져주었고, 한국에서 뿐만 아니라 외국에도 확산되어 많은 의미를 전달하였다. <대장금>은 한국인에 있어서나 타자(他者)에게도 가장 설득력을 있게 수용된 드라마이다. <겨울연가>가 일본의 아줌마 팬덤(Fandom)에 의해 한쪽으로 치우쳐 그 열기를 내뿜었다면 <대장금>은 한국에서도 높은 시청률을 보임과 동시에 중국, 일본은 물론이거니와 이란, 아프리카까지 큰 공감대를 형성하며 많은 대중들의 사랑을 받았다.

이는 <대장금>이 한국의 역사를 다루고 있음에도 불구하고, 한국 문화의 보편성과 특수성을 잘 보여준 대표적 드라마이기 때문이다. 이 드라마도 <허준>처럼 영웅 이야기의 구조를 바탕으로 선악의 대립적 양상, 권선징악의 이야기가 있을법한 이야기로 드러나고 있다.『조선왕조실록』에 몇 줄 기록이 되어 있지 않은 대장금(大長今)이란 인물이 스토리텔링을 통해 핍진성을 확보하고, 다양한 캐릭터와 반전에 반전을 거듭하는 극적 구조로 대중들의 사랑을 받게 된 것이다.[7] 그렇기에 이 드라마에서 역사적 배경은 그리 중요하게 받아들여지지 않고 대중에게 보편성을 전달해 준 것도 누구나 쉽게 읽힐 수 있는 구조에 기인할 것이다.

게다가 <대장금>은 현대사회의 전형성을 그대로 드러낸다. 그동안 역

---

[6] 김광억,「음식의 생산과 문화의 소비:총론」,『한국문화인류학』26, 한국문화인류학회, 1994, 40쪽.

[7] 드라마 <대장금>의 시대배경은 중종 때로 중종실록(中宗實錄)에 대장금이란 인물은 4번 찾을 수 있다. 그렇지만 '의녀 대장금에게 상을 내리다'(醫女大長今, 賜米、太幷五石, 中宗 102卷, 39)와 같이 짧은 몇 줄에 불과한 기록으로 남아있다.

사드라마가 남성 중심의 역사관에 바탕을 두었다면 이 드라마는 진취적인 여성의 전형을 그리고 있다는 점에서 대중에게 큰 사랑을 받았다. 이와 함께 <대장금>이 보편성을 지니며 대중들에 강력하게 수용된 것은 현대인들이 가장 관심을 가지고 있는 두 가지 코드인 '음식'과 '의학'을 다루고 있다는 점에 그 원인이 있다.

이는 보이는 측면도 있지만 이면적인 주제에서 그대로 드러난다. 이 드라마에서는 선문답처럼 여러 가지 화두가 제시되는데 이는 음식에서도 그대로 적용되어 시청자들에게 문제의식을 던졌다. '제 입에서는 고기를 씹을 때 홍시 맛이 났는데 어찌 홍시라 생각했느냐 하시면 그냥 홍시 맛이 나서 홍시라 생각한 것이온데 …'라는 그 유명한 대사는 장금이 미각을 잃었을 때 한상궁의 훈육방식으로 맛을 그린다는 표현을 썼듯이 드라마를 통해 모든 이들이 인식하지 못한 한국 음식을 머리 속으로 새롭게 그려내었던 것이다. 또한 '어떠한 경우라도 먹는 사람에 몸에 해가 되는 음식을 올리지 말라'는 화두는 음식을 가지고 해를 끼치는 것에 대한 민감한 한국인의 의식구조를 그대로 수용한 결과이며 교훈적인 드라마가 좋은 드라마라는 코드를 그대로 드러낸 모습이었다. 이러한 교훈적인 장치는 아시아는 물론이고 아프리카, 유럽 등 60여 개국의 시청자의 공감대를 형성하는데 큰 바탕이 되었다.

아무래도 이 드라마의 가장 큰 매력은 영상을 통해 미각을 자극하였다는 점에 있다. 이는 <대장금>에 등장한 여러 수라상 음식이 후각과 미각으로 느낄 수 없었지만 다양한 맛을 그려낼 수 있었고, 한국 음식의 전형성을 새롭게 확보하였다는 점에서 의미가 있다. 이 드라마에서 음식이 극적인 요소를 가지고 표출된 것은 수라간 최고 상궁을 뽑는 경연 장면일 것이다. 앞선 경합에서 승부를 가리지 못한 상황에서 대비는 마지막 경합의 주제를 알려주는데 "맛과 건강, 너희들의 마음을 모두 표현할 수 있는 음식을 올리거라."⁸라는 과제의 내용이었다.

이에 장금과 최상궁은 '전복내장죽/오자죽, 메밀전병/명태 껍질 쌈, 해물냉채/닭고기 수삼냉채, 송이 가리병/대하구이, 닭 진흙구이/애저찜, 돌솥골동반/게알골동반' 등의 갖가지 음식을 올린다. 이러한 과정에서 작가와 대중은 음식에 대한 정도 제공과 함께 경쟁 구도 속에서 작가가 의도하는 모범적인 구조선에 참여하게 된다. 이는 마지막 대결에서 최고의 음식이 무엇인가라는 대비의 질문에 최상궁은 애저찜을 이야기하지만 장금은 후식으로 올린 산딸기 정과라고 말하는 부분에서 극명하게 드러난다. 맛으로 보았을 때 두 사람의 음식에 대해서 우열을 가릴 수 없었지만 장금의 산딸기 정과는 '아픈 어머니가 드시지 못할까 씹어서 어머니 입에 넣어드린 산딸기, 이는 어머니를 걱정하는 마음으로 임금께 음식을 올린다'라는 대답은 맛과 건강 그리고 정성을 함께 생각하라는 화두에 대한 실증이었다. 이는 추측의 잠재적 초점이 텍스트의 일관성으로서의 작품과 작가에 있다는 의미에 일치하며 모범적인 수용자로 만드는 하나의 장치로 지속적으로 작용하고 있는 것이다.

이와 함께 시각적 의미소(味覺素)와 맛의 이미지를 연상시키는 소리 기호를 통한 것이 많은 부분 대중을 자극하였다.⁹ 정성스레 좋은 재료로 최고의 음식을 만드는 그 과정에서 드러난 도상적 기호는 수용자들에게 기대지평(Erwartungshorizont)의 재구성으로 나타나게 된 것이다. 예를 들어 대하찜이나 대하구이를 만드는 과정에서 누구나 잘 알고 있는 '대하'라는 식재료가 어떻게 만들어지는가의 과정과 그 이미지를 통해 맛을 유추할 수 있는 모습은 원형과 보편성이라는 두 가지 코드에서 모든 획

---

8   김영현, 『대장금』, 커뮤니케이션북스, 2004, 361쪽.
9   백승국, 「드라마 <대장금>에 나타난 두드림의 공감각적 장치와 맛의 이미지」, 『한국학논집』 31, 계명대학교 한국학연구원, 2004, 199쪽.

득할 수 있는 오브제로 등장하는 것이다.

<대장금>은 한국음식의 새로운 인식과 더불어 드라마를 통해 음식이 문화콘텐츠로 파생되었다는 점에서도 의미를 지닐 수 있다. 한류가 의미를 지닐 수 있는 것은 대중문화가 타자에게 단순하게 수용되고 즐기는 것에서 그친 것이 아닌 소비와 생산의 구조를 지닌 문화콘텐츠로 나아갔다는 점일 텐데 <대장금>은 한국 음식은 맛있다는 단순한 인식을 심는 계기가 되었고, 한국에 대한 이미지 제고의 기호로 나타났다는 점에서 기여하였다. <대장금>은 조선시대 궁중음식에 대한 타자의 관심을 증대시킨 역할을 하였다. 이는 단순하게 음식을 전면에 내세운 것이 아닌 장금이라는 인물을 통해 스토리텔링을 확보하고 있는 점에서 더욱 의미가 있다.

게다가 이 드라마는 한국음식이 건강 음식이라는 고정적 관념에서 벗어나 건강과 맛을 함께 확보할 수 있는 음식이라는 이미지를 심는데 커다란 영향을 주었다. 이러한 과정은 일본에서 <대장금> 이전과 이후 나타난 여러 현상들, 2002년 한일 공동 월드컵을 통한 한국에 대한 학습과 드라마로 인한 한국 음식 소개 프로그램에 힘입은 바 크다. 한국 음식이 미적(美的)인 부분은 차치하고 맛이나 건강음식이라는 기호를 통해 한국음식의 인식을 넓어졌고, 타자에게 확대되어 나아가게 된 것이다.[10]

---

[10] 주영하는 일본에서의 한국 음식 붐은 결코 한류와 직접적으로 연결되어 나타난 현상은 아니라고 보았으나 한국에 대한 TV를 통한 학습과 <대장금> 등 한류의 직접적 영향은 분명히 존재할 듯 하다. 주영하, 「야키니쿠에서 비빔멘까지: 일본에서의 한국음식 유행과 한류」, 『일본 한류, 한국과 일본에서 보다』, 한국학중앙연구원, 2007.

2) 음식 소재 영상매체의 확대와 변용

굳이 '미디어는 메시지다'라고 이야기한 마샬 맥루한(Herbert Marshall McLuhan)을 언급하지 않더라고 텔레비전을 비롯한 영상 매체는 현대인들의 생활 속에서 커다란 영향력을 끼치고 있다. 특히 케이블 네트워크나 위성방송의 등장으로 대중들은 볼거리에 대한 선택의 폭이 넓어졌고, 미디어는 '인간의 확장'으로 나타났다. 이러한 다양한 담론 속에서 먹을거리에 대한 소재는 현대인들의 눈을 자극하고 가장 설득력 있는 기호로 생각되었다. 이를 계기로 맛집 소개 프로그램이나 음식 대결 프로그램이 우후죽순으로 생겨나게 되었고, 각 지역을 소개하는 프로그램에서는 지역의 여러 농산물을 알려주며 '낯익은 것에 대한 낯섦'을 통해 지역문화의 새로운 발견과 생산성을 주고자하는 모습도 보였다. 이는 한국 음식 문화의 현재 모습이지만 그동안 한국 음식 문화의 원형과 변용 양상을 함께 바라보는 계기가 되었다.

이러한 모습을 잘 그려낸 작품 중 하나가 허영만의 만화 <식객>이다. 이 만화는 2002년 9월 2일부터 2008년 12월 17일까지 총 116개의 이야기, 1,438회에 걸쳐 <동아일보>와 인터넷 매체에 연재되어 한국 음식문화에 대한 새로운 인식을 일으킨 작품이다. 이 만화에 대한 공과는 '음식 귀한 줄 모르고, 음식을 기다리는 마음이 없는 것을 보고 안타까운 마음에서 식객을 시작했는데 식객을 통해 사람들이 제철에 나는 음식에 관심을 갖게 된 것 같아 보람을 느낍니다.'라는 저자의 『식객』 완간 기념 기자 간담회의 말에서 많은 것이 드러나 있다.[11] 이는 앞서 대중영상매체에서 음식에 대한 주제가 식약동원이나 한국 음식의 이미지를 그려냈다면 여기에서는 '제철음식', '로컬푸드' 등 속 깊은 본질에 대한 화두를

---

[11] 「연인 기다리는 심정으로 음식 기다려야」, 연합뉴스, 2010.5.24.

끄집어냈다는 점에서 의미가 있다.

　이 작품은 '원 소스 멀티 유스'(One Source Multi Use)로 나타나 영화, 드라마로 새롭게 표현되었다. 먼저 2007년 영화로 완성된 <식객>은 '마음을 움직이는 맛, 맛을 느끼는 것은 혀끝이 아니라 가슴이다.'라는 자막이 흐르는 영화 첫 장면에서 드러나듯 음식은 맛보다 마음을 움직이는 것이라는 화두가 전체를 흐른다. 서브 에피소드로 나오는 '라면 맛있게 먹는 법은 무엇일까'라는 질문도 배고플 때 먹는 것이라는 허무한 답도 그러한 예일 것이다.

　이는 이 영화에서 중요 소재였던 소, 한우에 대한 이야기에서도 그대로 드러난다. 이는 영화 <식객>과 드라마 <식객>에서 공통적으로 다룬 모티프로 가장 좋은 소를 골라 발골하는 장면이나 떠나보낼 수 없는 소를 보내며 눈물짓는 모습은 다분히 한국적 시각의 모습이다. 이러한 모습은 다큐멘터리 영화 <워낭소리>(2009)에서 드러나듯 한국인에게 있어 소는 먹을거리이지만 인간과 정을 느끼며 생활 속에 놓이는 존재이기 때문이다. 그렇기에 소와의 교감과 미안함을 느끼는 장면은 먹을거리이지만 생활 속에 놓여있는 생명체에 대한 인식이 함께 공존하는 한국인 특유의 모습을 그려내고 있었던 것이다.[12]

　이러한 모습은 순종이 대령숙수의 육개장을 먹고 눈물을 흘렸다는 스토리텔링에서 역사성과 더불어 한국 음식의 상징성을 묘파하여 보여주었다. 영화 <식객> 마지막 장면의 대령숙수의 소고기탕을 재현하는 과

---

[12] 한국인만큼 소고기를 다양하게 먹는 민족도 드물 것이다. 그래서 발골 정형 기술도 뛰어나다. 그럼에도 불구하고 육식에 대한 집착이 그리 많지 않은 점은 소가 전통적으로 농사의 도구, 농경문화의 발달에서 그 해답을 구할 수 있다. 김호연, 「서양인들이 체험한 한국 음식문화에 대한 시각 - 개화기 그리고 21세기 변화양상을 중심으로」, 『언어와 문화』 6-1, 한국언어문화교육학회, 2010, 99-100쪽.

정에서도 '육개장 안에는 조선의 모든 것이 들어있다. 평생 묵묵히 밭을 가는 소는 조선의 민초요, 고추기름엔 맵고 강한 조선인의 기세가, 토란대에는 외세의 시련에도 굴하지 않은 모습, 고사리에는 들풀처럼 번지는 생명력이 있기에 대령숙수는 순종에게 조선의 정신을 아뢴 것'이라는 설정도 음식이 단순한 먹을거리에 그치는 것이 아니라 한국인의 원형성을 드러내는 상징이었다.

2010년 개봉된 영화 <식객2:김치의 전쟁>에서는 김치에 대한 이야기가 중심을 이룬다. 첫 장면은 한국의 대통령과 일본의 총리가 일본에서 함께 만찬을 하는 것으로 시작된다. 여기서 대통령이 김치와 불고기를 먹고 옛것 같지만 새로운 음식 같다는 칭찬을 한다. 그렇지만 일본 총리는 이것은 '야끼니쿠와 기무치'라며 이는 일본의 대표 음식이라고 말하는 장면에서 이 영화가 말하고자 하는 바를 제시한다. 이는 김치의 원형적인 문제에 귀결되는 것이겠지만 그 내면에는 이 영화가 제시하고자 하는 바인 전통을 그대로 지켜나가느냐 아니면 현대인의 입맛에 맞게 변화시킬 것인지에 대한 문제를 던지고 있다.

그렇지만 이 영화에서 제시하는 바는 마음에서 나오는 음식이 그 본질이라는 메시지이다. 마지막 김치 만들기 경연에서 성찬(진구 분)과 장은(김정은 분) 두 사람이 가장 평범한 어머니 맛의 배추김치를 만드는 것은 그 본질을 외면한 채 변형되는 퓨전음식에 대한 무언의 질타이다.

<식객>은 드라마로도 그려졌다. 드라마 <식객>(SBS, 2008.6.17~9.9)은 운암정 후계자의 경쟁 구도, 그리고 일본 요리사들에게 운암정을 뺏기지 않으려는 경연이 이야기의 중요한 축을 이룬다. 이러한 서사 구조 안에 그 중간 중간에 식객 만화에 나왔던 여러 에피소드가 삽입되어 그려졌다. 입양된 음식평론가가 어린 시절 잊지 못하던 맛인 '부대찌개' 이야기나 소와 관련된 이야기 등이 그러한 예이다. 많은 이야기를 담아냄

에도 불구하고 이 드라마는 수용자에게 있어 큰 반향을 일으키지 못하였다. 이는 먼저 음식을 다룬 드라마임에도 음식이 제대로 그려지지 못한 점에 있을 것이다. 음식이야기지만 음식이 제대로 표현되지 못하였고, 이는 음식을 통해 사람을 이야기한 것이 아니라 이야기 속에서 음식을 이야기하는 양상이 보이다 보니 어느 것 하나 제대로 구현되지 못하였다. 이는 <식객>이 만화에서 영화로 전환되면서 신파성의 유형이 삽입되어 이야기의 기본적 흐름을 흔들고 있다는 점에서 한계점으로 등장하였던 것이다.[13] 이는 보이는 구조를 통해 대중들의 의미 획득에는 실패한 것이다.

또한 대부분 음식을 다룬 영상물들이 그러하듯 음식 경연이라는 장면이 큰 흐름으로 등장하는데 보이는 구조와 빤한 결말이 예상된다는 점에서 오히려 수용자의 흥미를 잃게 만들었다. 이렇듯 <식객>은 음식을 다룬 영상물의 기본적 잣대라는 측면에서 여러 화두를 던져주었다. 물론 <식객>은 작가의 주관적 시각에 의한 부분이 존재하기에 소개된 음식들이 절대선은 아니다. 그럼에도 불구하고 생활 속에서 함께 공유할 수 있는 살아있는 문화콘텐츠로 가능성을 열어 놓은 점에서는 고구의 대상이 될 것이다.

한 작가에 의해 지속적으로 음식에 관한 모티프가 등장하여 시청자들의 관심을 불러일으킨 경우도 있다. 임성한 작가가 그러한데 <보고 또 보고>, <인어아가씨>, <하늘이시여>, <아현동 마님>, <신기생뎐>, <오로라공주> 등의 드라마를 통해 막장 드라마라는 질타도 끊임없이 이어졌지만 시청자들의 높은 관심 속에서 인기 작가로 자리매김하였다. 특히

---

[13] 박승현, 이윤진, 「만화의 영화로의 전환 : 영화 <식객>의 사례연구」, 『만화애니메이션연구』 17, 한국만화애니메이션학회, 2009, 107쪽.

임성한의 작품에서는 식사 장면이나 음식 만드는 장면이 자주 삽입되어 시청자들에게 일종의 정보 제공을 하는데 이는 작가의 음식에 대한 관심과 경험에서 나온 것으로 흥미와 질타가 함께 이루어졌다. <보고 또 보고>에서 개성음식인 조랭이떡국의 도출은 잊힌 전통 음식에 대한 새로운 발견으로 나타났고, <하늘이시여>에서 여주인공의 힘을 돋우기 위해 먹었던 목포 낙지탕탕이도 음식 소개 프로그램에서나 나올 듯한 임성한식 특유의 대사 처리법으로 많은 호기심을 자극하였다.

<보고 또 보고>(MBC, 임성한 극본, 장두익 연출, 1998.03.02~1999.04.02)는 평균 44.6%의 높은 시청률을 보였지만 고무줄 편성이나 여성비하, 무리한 짝짓기 등으로 보고 싶지 않지만 또 보고 또 보게 되는 최악의 드라마로도 명성이 높은 드라마이다.[14] 이 드라마에서 여자 주인공인 은주(김지수 분)가 시댁 할머니에게 잘 보이기 위해 개성집에서 음식을 배우는 장면이 전개되었는데, 개성음식을 만드는 과정의 정성과 결혼 허락을 얻기 위한 노력이 중첩되어 음식이 사람의 마음을 움직이는 매개체가 되었다. 이러한 기호로 개성의 대표적 음식 중 하나인 조랭이떡국에서 상징적으로 나타났다. 조랭이떡국 위에 편수로 맛깔스러운 고명을 내는 정성스러움과 조랑떡은 모양이 예쁠 뿐 아니라 나중에 따로 썰 필요가 없는 매우 합리적이며 실리를 강조하는 개성지역 특성을 대표하는 음식이다.[15] 이는 개성문화의 상징성 그대로의 모습으로 풍요로움과 개성인(開城人) 특유의 기질이 여기서도 드러나게 되는 것이다. 이렇듯 이 드라마 이후 조랭이떡국은

---

[14] 이 드라마는 일일평균 시청률 44.6% 높은 시청률을 보였고, 9시 뉴스에도 영향을 주었다. MBC뉴스데스크가 KBS 9시뉴스의 시청률이 3년 만에 넘어선 것도 드라마의 영향이었다. 「보고 또 보고 여파 9시 뉴스 판도 뒤바뀌어」, 『동아일보』, 1999.3.22.

[15] 김미혜·정혜경, 「소설『미망』속 19세기 말 개성의 음식문화」, 『동아시아식생활학회지』 21-4, 동아시아식생활학회, 2011, 481쪽.

고급스런 떡국의 전형성을 확보하였고, 일상에서도 쉽게 접할 수 있는 음식으로 파생되어 나타나게 되었다.

그렇지만 임성한의 작품 중 <인어아가씨>에서 나온 흐르는 물에 칫솔로 씻어내는 딸기 손질법이나 <아현동마님>에서 탕수육은 공장에서 나오는 것 받아다가 튀기기만 해서 내놓고, 짬뽕도 라면 스프처럼 나오는 것이 있어 그것 풀어 국물 만든다는 대사, <하늘이시여>에서 '한국 요리는 다양하지만 중국에도 요리가 많지만 대부분 볶거나 튀긴 것뿐'이고 '중국 차(茶)는 모두 가짜'라는 대사는 주관적인 평가에 의해 국내외에서 큰 논란을 일으키기도 하였다. 이는 드라마에서 재미와 교훈성이라는 이중적인 잣대의 문제 그리고 드라마의 파급력에 대한 문제로 논의될 수 있을 것이다. 이는 <대장금>에서 실수를 범한 만한전석(滿漢全席)의 역사적 고증과 더불어 드라마의 교육적 기능에 대한 문제로 귀결될 수 있다.[16]

3) 대중영상매체에 나타난 짜장면의 모습들

한국 영화나 드라마에서 음식 그 자체가 서사적 구조를 가지고 구현된 경우는 그리 많지 않다. 김치를 중요 모티프로 다룬 영화 <식객 2:김치의 전쟁>을 제외하고 음식은 단순한 도상에 머물렀다. 이러한 면모는 외국에서도 크게 다르지 않다. 타이완 요리가 영화 전반에 흐르면서 가족 간의 사랑을 보여준 <음식남녀>(1993)나 전설 속의 프랑스 셰프의 레시피를 뉴욕 블로거가 1년 동안 524개 요리로 재현한다는 <줄리 앤

---

[16] 드라마 <대장금>에서 중국 사신을 대접하는 장면에서 만한전석에 대한 이야기가 나온다. 그렇지만 만한전석은 청나라 때 음식 상차림으로 조선 중종 후대에 탄생된 음식이다.

줄리아>(2009)처럼 영상에서 음식이 가득한 경우가 종종 있었지만 하나의 음식 자체가 큰 줄거리를 가지고 표현되는 것은 드물었다.

음식 하나가 자세하게 다루어진 영화로는 모토히로 카즈유키(本廣克行) 감독이 만든 <우동>(2006)을 예로 들 수 있다. 우동은 현대 일본을 대표하는 가장 서민적이면서 보편성을 띤 음식이다. 또한 우동은 진한 간장 맛을 통해 단순하면서도 복잡한 내적 구조를 지닌 일본 그대로를 상징적으로 담고 있다. 이 영화는 이러한 우동의 상징적 면모를 카가와 현(香川縣) 사누키 우동을 통해 지역 문화콘텐츠의 표상과 일본을 바라보는 기호로 투영되었다는 점에서 의미가 있다.[17]

그렇다면 한국에서 대중영상매체를 통해 가장 잘 구현된 음식은 무엇일까? 이는 아이러니하게도 '짜장면'이 아닐까 한다. '짜장면이 한국 음식인가?'라는 본질의 문제나 '자장면이냐 짜장면이냐'는 태생적 어원의 논쟁을 떠나서 한국인에게 있어 짜장면은 가장 대중적인 음식이라는 점에서 자연스럽게 영상 매체에 수용되어졌다.[18]

짜장면은 개항 이후 조선(朝鮮)과 청(淸)의 교류 그리고 淸의 조계지가 생기면서 한국에 처음 들어온 음식이다.[19] 산동식 된장 볶음 면 작장

---

[17] 재일교포 감독 구수연이 만든 영화 <불고기>(2007)도 불고기 경연대회라는 소재를 통해 이야기를 전개시켰고, <된장>(2010)도 된장을 소재로 여러 담론을 담아냈지만 음식이 중심이라고 보기에는 공감각적인 표현은 드물었다.

[18] 문화체육관광부 산하 국어심의회(위원장 남기심)에서는 생활 속에서 흔히 사용되지만 표준어가 아니어서 혼란스러웠던 39개 단어에 대해 어문 규정에서 정한 원칙과 사례, 실제 사용 양상 등을 고려하여 표준어를 새롭게 개편하였다.(2011년 8월 22일) 그래서 이를 통해 '짜장면'은 외래어 표기법에 어긋난다는 이유로 인정받지 못한 현실은 복수 표준어로 인정받으며 '자장면/짜장면' 논란은 자연스럽게 보편적으로 말하던 '짜장면'으로 자리 잡게 되었다.

[19] 박은경, 「중국 음식의 역사적 의미」, 『한국문화인류학』 26, 한국문화인류학회, 2000; 주영하, 『중국 중국인 중국음식』, 책세상, 2000; 양세욱, 『짜장면뎐』, 프로네시스, 2009 등이 짜장면의 여러 이야기를 잘 담아낸 노작들이다.

면(炸醬麵)에서 출발한 짜장면은 화교(華僑)들에 의해 조금씩 전파되다가 외식문화의 확대, 배달 음식문화의 형성으로 빠른 기간 동안 한국의 대중적인 음식으로 우뚝 서게 되었다. 게다가 짜장면은 물가지수의 기준이 될 정도로 서민 속에 있었고, 한국인에게 있어 한 가지씩의 이야기를 담아내는 기호(記號)이기에 문화관광부에서 선정한 100대 민족문화상징 중 하나로 이름을 올렸다. 이는 피자가 이탈리아 음식이지만 미국에서 대중화시켰듯 짜장면도 그 원류는 중국에 있지만 보편성을 띤 것은 한국에서였기에 현대 한국을 상징하는 콘텐츠로 받아들여진다.

　짜장면은 여러 영상매체를 통해 자연스럽게 등장을 하다가 영화 <신장개업>(1999), <북경반점>(1999), 드라마 <맛있는 청혼>(2001) 등에서 중요한 모티프로 표면화되었다. 이 세 작품은 모두 내용은 다르지만 중국음식점 본래의 맛을 지키고자 하는 곳과 대형화되고 변형된 맛으로 성공을 거두는 곳이 갈등을 겪고 결국 본래의 맛을 이어가는 곳에 진정성이 부여된다는 이야기 구조를 지니고 있다. 어찌 보면 우리를 길들인 짜장면의 그 맛은 카라멜과 화학조미료의 맛일 것이다. 그렇기에 영화 <신장개업>에서처럼 현대인들에 길들여진 인공적인 맛으로 인해 전통 춘장의 맛이 외면 받는 모습이나 일상 속에 놓여있던 중국집이 대형화되면서 그 고유성을 잃어가는 모습에 대한 반발은 음식 본질에 대한 스스로의 물음이었다. 이는 새로운 세기 동시대 사회적 리얼리티의 객관적 모습이다.[20]

　짜장면은 사람과 사람의 만남에서도 가장 자연스러운 매개체이다. <나의 사랑 나의 신부>(1990)에서 극장을 나와서 맛있게 짜장면을 먹다가 영민(박중훈 분)이 상상 속에서 아내 미영(최진실 분)을 짜장면 그릇

---

[20] 윤홍로, 『한국근대소설연구』, 일조각, 1982, 38쪽에서 재인용

에 머리를 처박는 장면이나 영화 <바람>(2009)에서 고등학교 조직의 모임에서 큰 방에 모여 짜장면 한 그릇씩 먹는 장면, <오아시스>(2002)에서 장애인이라는 이유로 식당에서 구박받는 두 남녀가 카센터에서 짜장면을 먹여주는 장면은 사람과 사람의 만남 속에서 가장 자연스런 음식으로 상징적으로 표현된 모습이다.

또한 짜장면은 인이 박힌 길들여진 그 맛 때문에 잊을 수 없는 일상의 음식으로 표현되기도 한다. 영화 <김씨 표류기>(2009)는 서울 밤섬에 표류된 주인공의 그로테스크한 상황 속에서 소외된 도시인의 모습을 전형적으로 보여준 영화이다. 그런데 여기서 짜장면은 희망의 상징적 음식으로 비추어진다. 남자 김씨(정재영 분)는 아무도 먹을 것 없는 서울의 무인도에서 인스턴트 짜장면 봉지를 발견하고 짜장면을 만들기 위해 부단히 노력을 한다. 이에 소외되어 갇혀 지내던 여자 김씨(정려원 분)가 이를 멀리서 지켜보다 짜장면 배달을 시켜주는 장면이 나온다. 이 연결 고리에서 하나의 페이소스가 느껴지는 모습이 연출되는데 놀이배를 저어 배달을 하는 배달원의 모습이나 짜장면이 배달되었음에도 불구하고 이를 거부하고 자신의 힘으로 짜장면을 만드는 주인공의 모습 속에서 짜장면이 가지는 사회적 의미를 다시금 되새김질 하고 있는 것이다. 이는 만남 속에서도 짜장면이 보편성을 띠지만 혼자 있을 때도 가장 그럴 듯하게 어울리는 음식이기 때문이다. 이는 현대인의 일상 그대로의 모습으로 이 음식 하나로 인해 여러 가지 감정을 분출하여 표현하고 있다. 또한 <환상의 커플>(2006)에서 나상실(한예슬 분)이 말한 '지나간 짜장면은 돌아오지 않아'라는 대사와 함께 기억을 잃은 상실이 짜장면 먹는 장면도 원초적 일상의 모습 그대로의 상징으로 드러나게 된 것이다.

이렇듯 짜장면은 한국인에게 이야기꺼리를 제공하는 서민적 음식으로 자리한다. 이전까지 졸업이나 큰 맘 먹고 먹었던 짜장면은 대중화되어 혼자이거나 여러 만남이거나 새로운 스토리텔링을 만들어낸다. 짜장면은 표준화, 특수화, 혼성화의 대표적 양상으로 나타난 음식이다.[21] 이는 짜장면이 현대사회의 상징적 구조가 고스란히 드러난 콘텐츠이기 때문이다.

짜장면은 한국음식은 아니지만 가장 한국적인 음식이다. 이는 만들어진 전통과 혼성이라는 두 가지 현대사회의 재현이다. 그렇지만 짜장면은 외국인들이 그리 선호하는 음식이 아니라는 점도 어찌 보면 한국 현대문화의 보편성과 특수성이 혼재된 면모이다. 이는 아무래도 색감에서 느끼는 거부감과 맛에는 느끼는 단맛에 대한 식감 때문일 것이다. 그렇기에 대중영상매체에서 짜장면의 재현은 한국 현대사회의 일면과 일상성 그대로의 모습으로 표출되고 있는 것이다.

3. 나오는 말

이 글은 영화, 드라마 등에 나타난 음식문화라는 주제를 가지고 대중영상매체에서 한국 음식문화가 어떻게 표현되는지를 살핀 것이다. 일상의 재현이란 측면에서 음식은 영상매체에 꾸준히 등장하였지만 이 글에서는 음식문화가 중요 모티프가 되었고, 생산적 의미를 지니는 작품에 한정하여 살펴보았다.

1990년대 이후 자기반영성의 문화 흐름을 바탕으로 음식에 대한 담론은 영상 속에서 많은 이야기를 담아내기 시작하였다. <허준>, <대장금>

---

[21] 박상미, 「맛과 취향의 정체성과 경계 넘기」, 『현상과 인식』 90, 한국인문사회과학회, 2003, 54-58쪽.

등은 그러한 작품으로 이 두 작품은 영웅적 이야기 구조에 '몸'이라는 화두를 다루었기에 수용자들의 깊은 관심을 불러일으켰다. 특히 이 드라마들은 단순한 TV드라마의 수용 양상에서 벗어나, 생산적인 참여를 가지고 온 드라마라는 점에서 의미가 있다. 이후 음식을 소재로 한 드라마는 다양하게 확대되어 나타났는데, <식객>은 원 소스 멀티 유즈의 대표적인 유형으로 한국음식문화의 전형성을 가장 잘 보여준 작품이다. 특히 '로컬푸드', '제철음식'에 대한 화두를 끄집어내어 한국음식의 원형을 보여주었다는 점에서 의미가 있다.

짜장면의 그 초기 모습은 중국에서 처음 나타났지만 한국에서 대중화시켰고, 많은 사람들에게도 하나의 이야기 이상을 담고 있기에 한국의 대표적 음식으로 인식되고 있다. 그렇기에 영상매체를 통해서도 짜장면은 자주 노출되었고, 사람과 사람의 만남에서 가장 대표적이면서 보편성을 지니며 나타났다.

음식은 일상 그 자체이기에 여러 가지 이야기를 담아낸다. 그렇기에 영화나 드라마에서는 자연스럽게 반영되어 구현되었다. 또한 이러한 모습을 통해 한국 음식에 대한 재인식과 타자(他者)에게는 한국 음식에 대한 학습과 수용, 생산, 소비의 문화콘텐츠 구조를 생성한다. 이는 문화상대주의를 통해 인식의 저변을 넓히는 계기와 더불어 한국의 이미지 제고를 위한 바탕이 된다. 그렇기에 음식을 소재로 한 영화나 드라마는 그 문화의 보편성과 특수성을 보여주는 장치로 나타나게 되는 것이다.

그렇지만 음식을 전면에 내세운 경우만큼 장단점이 함께 하는 경우도 드물다. 음식을 다룬다는 점에서 친근함과 흥미가 있지만 음식만을 소개하는 것에 벗어나 의미 있는 스토리텔링을 하여야 한다는 점은 어려움이 존재하기 때문이다. 게다가 대부분 그동안 영상매체에 나타난 음식 소재의 구성은 이야기 전개에 있어 획일적 구조를 보여주었다. 음식을 다루고 있음에도 음식 이야기가 제대로 반영되고 있지 못하다는 점이나 그 속에 담긴 의미를 담기보다는 요리 경연대회를 통해 빤히 보이는 결말 구조를 맺는다는 점에서 한계점을 드러내었던 것이다.

또한 지역음식을 소재로 다룬 경우가 그리 많지 않다는 점은 아쉬움으로 남는다. 한국음식문화전통의 생산적 계승은 지역음식의 발달을 통해 다양성을 확보하고 이러한 요소들이 모여 문화원형을 지속시키듯 지역음식 문화의 재발견을 통해 새로운 소재의 개발과 함께 문화콘텐츠의 재생산의 여러 의미를 확보할 수 있을 것이다.

참고문헌

고창남, 「의학전문드라마 '허준'을 통해서 본 허와 실」, 『동서언론』 4, 동서언론학회, 2000, 153-162쪽.
김광억, 「음식의 생산과 문화의 소비」, 『한국문화인류학』 26, 한국문화인류학회, 1994, 7-50쪽.
김미혜·정혜경, 「소설 『미망』 속 19세기 말 개성의 음식문화」, 『동아시아식생활학회지』 21-4, 동아시아식생활학회, 2011, 471-484쪽.
김영현, 『대장금』, 커뮤니케이션북스, 2004.
김호연, 「서양인들이 체험한 한국 음식문화에 대한 시각-개화기 그리고 21세기의 변화양상을 중심으로」, 『언어와 문화』 6-1, 한국언어문화교육학회, 2010, 89-108쪽.
박상미, 「맛과 취향의 정체성과 경계 넘기」, 『현상과 인식』 90, 한국인문사회과학회, 2003, 54-70쪽.
박승현, 이윤진, 「만화의 영화로의 전환 : 영화 <식객>의 사례연구」, 『만화애니메이션연구』 17, 한국만화애니메이션학회, 2009, 97-115쪽.
박은경, 「중국 음식의 역사적 의미」, 『한국문화인류학』 26, 한국문화인류학회, 1994, 95-116쪽.
백승국, 「드라마 <대장금>에 나타난 두드림의 공감각적 장치와 맛의 이미지」,

『한국학논집』 31, 계명대학교 한국학연구원, 2004, 183-202쪽.
양세욱, 『짜장면뎐』, 프로네시스, 2009.
윤홍로, 『한국근대소설연구』, 일조각, 1982.
조 킨첼로, 성기완 역, 『버거의 상징-맥도날드와 문화권력』, 아침이슬, 2004.
주영하, 『중국 중국인 중국음식』, 책세상, 2000.
주영하 외, 『일본 한류, 한국과 일본에서 보다』, 한국학중앙연구원, 2009.

역사콘텐츠의 중요성과 역사콘텐츠 기획
― 형제국의 나라 터키(Turkey)콘텐츠를 중심으로 ―

김 기 덕

1. 역사·문화콘텐츠·역사콘텐츠

1) 창조성·창의성

이 시대에 가장 선호하는 용어는 창조성, 창의력, 상상력일 것이다. 어느 학과, 어느 대학이든지 이러한 단어를 선택하여 사용하고 있다. 그런데 창조라는 말을 일반적으로 잘못 이해하고 있다. 창조(creation)를 뜻하는 히브리어는 '바라'이다. 흔히 성서에 많이 나오는 히브리어 '바라'를 라틴어 '크레아티오 엑스 니힐로'(creatio ex nihilo)의 의미로 해석해왔다. 라틴어 엑스 니힐로(ex nihilo)는 '無로부터'(out of nothing)라는 의미이다. 엑스 니힐로는 창조의 개념과 결부되어 등장하였다. 철학과 신학에서 '크레아티오 엑스 니힐로'(creatio ex nihilo)라고 하면, 無로부터의 창조라는 의미이다.

그러나 이러한 해석이 잘못되었다는 것이 지적되었다. 실제 바라의 어원을 살펴보면 無에서 有로 창조되었다는 의미는 없다. 有에서 有, 즉 이미 있는 것에서 창조가 이루어졌다는 것이다.[1]

과거 唯一神의 능력에 귀속된 '無로부터의 창조' 프레임에 갇혔던 중세 서구의 기독교 세계에서 창의성은 의미있는 논의의 대상이 될 수 없었다. 특히 영어권에서 단어 creation이 처음 쓰인 것이 기독교 성서였고, 이는 혼돈과 허무, 공허를 의미하는 카오스(chaos)를 존재와 질서를 의미하는 코스모스(cosmos)로 바꾼 창조자(creator)에 귀속된 것이었다.[2]

따라서 기독교가 지배하던 시대에는 인간에게 창조성이라는 표현을 쓸 수 없었다. 그것은 무에서 유를 창조한 神에게만 가능한 용어였다. 그러나 신의 시대가 가고 근대시대가 되면서 이러한 인식은 바뀌게 되었다. 창조란 유에서 유, 즉 있던 것에서 나오는 것이므로, 인간에게도 사용할 수 있었던 것이다.

2) 역사적 사실(팩트)의 중요성

현재는 스토리텔링의 시대라고 한다. 스토리텔링의 핵심어도 '창조성', '창의성'이다. 이러한 창조성은 앞서 언급한 바, 본래 有에서 有인 것이다. 이것이 의미하는 가장 큰 메시지는 有에서 창조된다는 점, 따라서 이미 있던 것 즉 사실(Fact)이 중요하다는 점이다.

흔히 스토리텔링하면 허구적 스토리텔링을 상정한다. 그러나 사실을 조직화하여 구성한 사실적 스토리텔링의 가치를 먼저 생각해야 한다.

---

[1] 이점을 상세히 밝힌 인터넷 블로그를 참조할 수 있다. 「바라(창조하다)에 대한 오해 그리고 보충설명」, http://cafe.naver.com/solideogloriafaith/4683, SDG개혁신앙연구회.
[2] 김기홍, 「창의성의 사회적 본성과 문화와의 관계에 대한 연구」, 『인문학연구』 93, 충남대인문과학연구소, 2013.

허구적 스토리텔링 또한 사실적 스토리텔링에서 발화하며, 사실적 스토리텔링의 폭과 깊이가 더해질수록 그것을 응용한 허구적 스토리텔링의 수준이 높아질 것이다.[3]

인문학은 기본적으로 사실에 입각한다. 그것은 모든 과거 문서들이 대부분 인문학 자료라는 것에서 증명된다. 가장 대표적인 역사학은 '사실'(Fact)을 통해 '진실'을 말하고자 하는 것이다.[4] 이 점은 전통적인 역사학이든 오늘날의 역사를 소재로 한 문화콘텐츠의 활용에 있어서도 마찬가지이다. 상상력도 사실을 통해 발아하는 것이다. 원칙적으로 본 적이 없는 것은 상상할 수도 없다. 모든 문화콘텐츠 생산물에는 기본적으로 사실이라는 인문학적 자료가 전제된다.

이러한 설명만으로도 오늘날 문화콘텐츠 활용에 있어 사실을 중시하는 역사학이 얼마나 가깝게 있는지 실감할 수 있을 것이다. 역사학은 사실에 대한 맥락적(context) 이해를 중시한다. 맥락적 이해란 하나의 사실에 대한 원인과 결과, 시대적 상황 속에서의 역사적 진실을 헤아리는 것이다. 바로 이것이 오늘날 문화콘텐츠산업에 있어서 상상력도 구현하고 창의성도 발현케 만드는 힘인 것이다.

3) 문화콘텐츠의 등장과 역사콘텐츠

문화콘텐츠라는 개념은 한국에서 2,000년 이후 출현하였다. 그러나 영어로 그 용어를 어떻게 표현할 것인가부터 문제될 정도로, 문화콘텐츠라는 표현은 그야말로 한국적 용어였다고 할 수 있다. 이 용어의 기폭제

---

[3] 김현, 「디지털인문학-인문학과 문화콘텐츠의 상생 구도에 관한 구상」, 『인문콘텐츠』 29, 2013, 22-23쪽.
[4] 김기덕·이병민, 「문화콘텐츠의 핵심원천으로서의 역사학」, 『역사학보』 224, 2014, 437쪽.

역할을 했던 국가기관 '한국문화콘텐츠진흥원'은 2,000년에 출범하면서, 영문명을 'Korea Culture & Contents Agency'라고 표기하였다. 이 표현에서는 문화와 콘텐츠라는 용어가 합성되어 표현되지 못하였다. 그러나 그 이후 문화와 콘텐츠가 합쳐진 문화콘텐츠라는 표현이 유행하게 되면서, 'Culture Contents' 혹은 'Cultural Contents'라는 용어가 등장하였다. 문화콘텐츠라는 용어는 분명히 한국에서 창출된 造語이지만, 현재는 국제적으로도 어느 정도 통용되고 있다. 여기에 더해 한국에서는 IT(Information Technology)와 구별하여 CT(Culture Technology)라는 용어도 창출되었다. 흔히 '문화기술', 또는 '문화콘텐츠기술'로 표현되는 CT라는 용어도 지극히 한국적인 표현이지만, 역시 현재는 국제적으로도 통용되고 있기도 하다.

기본적으로 한국을 제외하고 전세계적으로는 '문화콘텐츠'라는 표현은 거의 사용되지 않고 있다. 일본은 부분적으로 사용하고 있으며, 중국의 경우는 한국의 영향을 받아 문화콘텐츠산업을 '文化內容産業' 혹은 '文化創意産業'으로 표현하고 있다.[5]

문화콘텐츠라는 개념은 여러 각도에서 좀더 검토가 필요하지만, 문자 그대로 하자면 문화적 내용물이 될 것이다. 즉 새로운 디지털시대에 등장한 다양한 매체에 들어가는 문화적 내용물이 된다. 좀더 구체적으로는 디지털기술에 입각한 지식정보화에 들어가는 내용물에서부터 모바일, 게임, 애니메이션, 방송, 영화 등에 들어가는 내용물까지 포함된다. 물론 용어의 출발은 디지털기술에 의한 새로운 매체의 등장과 함께 나타난 것이지만, 오늘날은 '음식콘텐츠'라는 표현처럼 디지털기술과 관련없는 문화적 내용물도 문화콘텐츠라고 총칭하여 부르고 있다.[6]

---

[5] 이동배, 「중국의 문화정책 소고」, 『문화콘텐츠연구』 2, 2012, 207-212쪽.
[6] 김기덕, 「문화콘텐츠의 등장과 인문학의 역할」, 『인문콘텐츠』 28, 2013, 18-21쪽. 한편 김기덕과 다소 다른 방향에서 문화콘텐츠 개념을 설명한 것으로 다음이 있

그런데 많은 매체에 들어가는 내용물 중에서 특별히 '문화'라는 표현을 써서 문화콘텐츠라고 한 것 때문에 다소 오해가 있을 수 있다. 이 용어의 출현과 함께 관련 사업을 추진한 부서가 문화체육관광부였기에 모든 콘텐츠 중에서 문화를 특화하여 문화콘텐츠라고 했다고 유추하기도 한다. 또는 21세기는 이른바 문화의 시대이며, 특히 새로운 매체에 들어가는 내용물은 대부분이 대중적인 문화상품과 관련되므로 모든 콘텐츠의 대표성으로서 문화를 선택하여 문화콘텐츠라고 명명했다고 이해하고 있다.

이처럼 문화콘텐츠라는 용어는 아직도 불분명한 점은 분명히 존재하지만, 그간 10여년 동안 너무나 유행하였으며 더욱이 다음에 설명하듯이 이러한 문화콘텐츠 분야는 인문학과 밀접한 관련이 있다는 인식이 확산되면서, 현재는 인문학의 확장의 한 분야로서 어느 정도 자연스럽게 받아들여지고 있다고 할 수 있다.

4) 역사학은 범(凡)문화콘텐츠학이다.

현 시점에서 인문학의 확장으로서의 문화콘텐츠 분야가 발현되는 방식은 다음과 같이 세 가지의 형태가 있을 수 있다.

① 기존 인문학 관련학과에서 문화콘텐츠 교과목을 부분적으로 보완하는 방법
② 인문학 관련학과들이 협력하여 '문화콘텐츠 연계전공'을 운영하는 방법
③ 인문학 관련학과 중 필요에 의해 '문화콘텐츠학과'를 독립학과로 운영하는 방법

다. 박상천, 「문화콘텐츠 개념 정립을 위한 시론」, 『한국언어문화』 33, 2007.

이 중 ③은 대단히 어려운 과정이라고 할 수 있다. 실제 학교의 구조조정이 동반되어야 할 뿐만 아니라, 교수진 확충 및 새로운 교과목과 수업론이 전면적으로 개발되어야 하므로 성공가능성이 결코 쉽지 않다고 할 수 있다. 현실적으로는 일찍부터 여러 대학에서 ②의 형태가 시도되었다. 이것의 성공 여부는 무엇보다 관련학과들의 유기적인 협조체계라고 할 수 있다. 그런 점에서 이것도 실제로는 한국의 대학 현실에서 만들기도 쉽지 않지만 성공하기도 쉽지 않다고 할 수 있다. ②③에 비해 변화 강도가 낮으면서 한 학과가 의지를 가지면 시행될 수 있다는 점에서 ①의 형태는 가장 현실성이 높다고 할 수 있다. 필자는 현재의 전통적인 인문학 관련 학과들이 ①의 형태를 시도함으로써 기본적으로 凡문화콘텐츠학과의 성격을 가질 것을 주장한 바 있다.[7] 이러한 3가지 방식을 그림으로 제시하면 다음과 같다

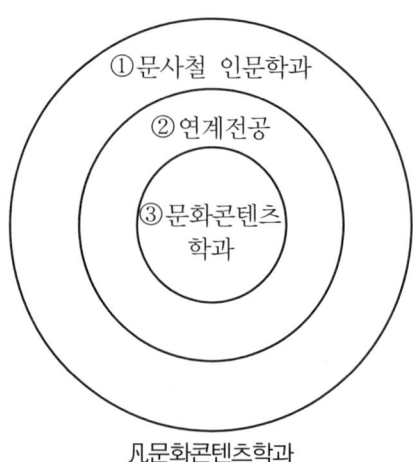

---

[7] 김기덕·이병민, 「문화콘텐츠의 핵심원천으로서의 역사학」, 『역사학보』 224, 2014, 431-433쪽.

앞서 언급한 것처럼 문사철 인문학과들이 필요한 범위에서 문화콘텐츠 분야 과목을 몇 과목씩 보완한다면 크게 보아 모두가 인문학 바탕의 凡문화콘텐츠학과가 될 수 있다. 예를 들어 국문학과는 스토리텔링 및 방송영상문학, 사학과는 영상역사학 및 헤리티지영상과 같이 기존 전통적인 학과 교과목 외에 자신의 학과와 관련 깊은 문화콘텐츠 교과목을 개발하여 보완한다면, 그것이 바로 문화콘텐츠 연계전공과 같은 효과를 갖게 되는 것이라고 할 수 있다.[8]

②나 ③의 형태가 과연 필요할 것인가 하는 점에서는 논쟁이 있을 수 있다. 순수 인문학을 강조할 경우, 문과대학 내에 ②나 ③의 응용분야를 반대하는 논리도 충분히 정당성이 있기 때문이다. 특히 ②나 ③과 같은 시도는 자칫 학교의 구조조정과 맞물린다는 점에서 조심할 필요도 있을 것이다. 그러나 최소한 ①의 형태는 한국의 모든 인문학 관련 학과들이 관심을 가져야 한다고 주장하고자 한다. 이제 '디지털'이라는 화두는 거부할 수 없는 현실이 되었다. 인문학은 디지털기술을 활용하여 그 영역을 확장할 임무가 새롭게 주어졌다고 보아야 할 것이다. 비록 그 구체적인 방향에 있어서는 많은 논의가 필요하겠지만, 최소한 이러한 현실을 거부하는 것은 온당하지 않을 것이다. 결론적으로 역사학이나 문학은 크게 보면 이미 문화콘텐츠의 범주에 속한다고 할 수 있으므로, 이러한 관련 학과 및 관련 분야는 전부 凡문화콘텐츠학과라고 할 수 있을 것이다.

이 자리에서는 역사학이 얼마나 문화콘텐츠 분야와 가까운 것이지를

---

[8] 전통적인 인문학 학과들이 콘텐츠 교과목을 보완한 현황 및 방법에 대해서는 다음을 참조할 수 있다. 김기덕, 「전통적인 인문학 관련학과에 있어서 '콘텐츠 교과목'의 보완 - 역사학 관련학과의 사례를 중심으로」, 『인문콘텐츠』 2, 2003, 147-172쪽.

영화로 예로 들어보자. 최근의 사례만을 들어보아도 <태극기 휘날리며>, <실미도>, <동막골>, <왕의 남자>, <공동경비구역>, <광해>, <명량>, <암살>, <사도>, <암살> 등 1000만 관객을 동원한 영화들은 대부분 역사소재 영화라는 점은 시사하는 바가 크다. 사실적 스토리텔링의 힘, 역사의 힘이 문화콘텐츠 분야에서 매우 중요한 것이다. 이제 이러한 역사의 힘을 터키와 한국의 역사문화적 결합을 갖고 설명함으로써, 역사콘텐츠의 일 사례를 제시하고자 한다.

2. 터키의 형제국 인식 및 한국전쟁 참전

1) 고구려 - 돌궐 관계

터키인의 조상은 돌궐족이다. 돌궐은 오늘날 터키에서 동쪽으로 아주 멀리 떨어진 몽골 초원에서 살던 유목민들의 제국이다. 6세기에 와서, 돌궐은 중앙아시아의 유목민들을 멸망시키고 중국을 통일하여 새로운 패자로 등극한 수나라와 대결하게 되었다. 돌궐은 세력 확장을 꾀하는 수나라와 대응하기 위해 고구려와 외교관계를 맺었다. 돌궐과 고구려의 관계는 단순한 외교관계에 의한 우방이 아니라 중국을 대상으로 하여 이와 잇몸과 같은 관계를 유지하고 있었다. 바로 이 점에서 터키는 일찍부터 한국을 형제의 나라라고 인식하였다. 즉 터키인의 조상인 돌궐과 한국인의 조상인 고구려가 중국을 상대로 하여 일찍부터 동맹을 맺었기에 나온 인식이었다.

이후 돌궐족의 후예는 터키로 갔으며, 고구려의 후예는 한반도에서 고려-조선으로 이어져 대한민국이 되었다. 현대에 와서 1950년 6월 25일 한국전쟁이 발발하였다. 터키 국회는 그 해 7월 25일 터키군 파병을 만

장일치로 승인하였다. 그것도 더디다고 터키 고교생들이 '빨리 파병하라'는 시위를 벌였다는 이야기도 전해지고 있다. 이 때의 분위기는 형제국이 위기에 처했는데 우리가 나서야 한다는 것이었다. 그 결과 고대 고구려-돌궐 동맹 관계 이래 다시금 대한민국-터키 동맹 관계가 성립되었던 것이다.

2) 터키의 한국전쟁 참전과 용맹성

터키는 한국전쟁 당시 유엔군으로 1개 여단 5,455명을 파병하여 1956년까지 한국에 주둔할 때까지 피로써 우리를 도와준 우방국이었다. 터키군의 파병규모는 같은 여단급 부대를 파견한 영국과 캐나다와 같은 대규모였으며, 전쟁 중 터키군은 연인원 약 1만 5천명을 동원하였고, 그 중에 무려 3,545명의 고귀한 희생을 치렀다. 1만 5000명 가까운 참전 군인의 상당수가 자원병이었다고도 한다. 21일간 항해 중 배 위에서 미군 장교로부터 미국 무기 사용법을 배웠다.

부산의 UN공원 정문[9]

부산 UN공원에 있는 터키군인의 묘역

　형제의 나라에 파병온 터키군은 정말이지 용맹하게 싸웠다. 당시 유엔군은 중공군의 매복 공격에 무너지고 있었다. 지금 주한미군인 미 2사단이 궤멸되다시피한 군우리 전투에서 그나마 유엔군의 철수가 가능했던 것은 터키군이 처절한 싸움으로 중공군의 한 귀퉁이를 막은 덕분이기도 했다. 7일간의 악몽 같은 전투에서 병력의 15%를 잃은 터키군은 두 달 만에 경기도 용인에서 복수한다. "알라!"를 외치며 돌격한 터키군은 중공군 요새 안에서 백병전을 벌여 1대40의 수적 열세를 딛고 고지를 모두 점령했다. 30분간의 백병전이 UPI 통신을 통해 생생하게 전해지며 세계에 터키군의 용맹이 알려졌고 미국과 한국 대통령의 부대표창을 받았다. 당시 터키 군인들에 대한 기사는 한국 언론뿐이 아니라 세계 언론에서도 실렸다. 그 기사 중 몇 가지를 제시하면 다음과 같다.

9　부산 지역의 사학과 학생들 특강할 기회가 있어, 이곳을 가보았느냐고 물어 보았더니 거의 없었다. 역사와 직결되는 현장임에도 현실은 이러했다.

"수천명의 국제연합군이 확실히 포위로부터 벗어날 수 있었던 것은 터키 군인들의 용맹한 자질 덕분이다."(영국 국방부 장관 Amenuel Shinwell)

"한국전쟁에서 실제 4500명의 터키 여단이 보여주었던 용기와 영웅적 자질은 모국에서도 이러한 수십만 명의 용감한 사람들이 있을 것으로 생각되며, 자유세계 시민들을 위한 평화의 원천이 되었다"(Evening Star 신문)

"터키인들은 최고로 우호적인 미국의 동맹국임을 인정한다. 미국은 성공적으로 싸운 이 동맹국을 고마워한다"(Chicago Tribune)

"한국에서 세계 전쟁역사에서 오늘날에 이르기까지 그 어떤 부대도 전혀 할 수 없었던 승리를 거두고 독특한 승리를 거둔 터키군대들은 오랫동안 성공하면서 계속 성공을 거듭하였다. 그 결과 남한 땅은 드디어 적의 침략으로부터 해방되었다. 이동은 끝났다. 우리의 땅을 습득하는데 있어 터키군대의 역할이 컸다"(한국 라디오 방송국)[10]

3) 형제국 터키

이러한 터키군인의 용맹성은 진정한 형제국 나라를 위한다는 일념에서 나온 것이었다. 터키가 전쟁 중에 입은 인명 손실은 미국, 영국에 이어 세 번째였으며, 전쟁이 끝난 이후에도 의장대를 1971년까지 한국에 남겨두어 유엔의 평화활동을 지원하고, 제네바 정치회의 등 국제무대에서 한국의 입장을 적극 지지함으로써 터키 여단이 전쟁에서 흘린 피의 대가가 헛되지 않게 노력하였다.

특히 터키 국내에서는 당시 전쟁에 갔다가 부상자가 된 군인들에게 '가지(Gazi)'라고 불렀는데 한국전에 참전하였던 참전용사를 '코레 가지시(Kore Gazisi)'라고 하였다. 예전 고구려와 돌궐족의 동맹이라는 역사적 기억 외에 이러한 한국전쟁에서의 '피로 맺은 형제'라는 의미에서

---

[10] 이상에 대해서는 다음의 글을 참조하였다. 전국역사교사모임,『처음 읽는 터키사』, 휴매니스트, 2007.

'칸 카르데시(Kan Kardes)'라는 표현이 본격적으로 정착되었다.

전세계에서 관광객이 가장 선호하는 곳으로 터키 이스탄불의 그랜드 바자르 시장이 꼽혔다. 여기는 항상 전세계에서 온 관광객들이 붐빈다. 이 시장에 가면 어디에서 왔느냐고 통상 시장사람들이 묻는다. 한국에서 왔다고 하면 바로 '브라더(brother)'라고 말한다. 터키인들이 한국인을 대하는 정서는 겪어보지 않은 사람은 모를 것이다.

이스탄불의 그랜드바자르 시장

터키어 어순(語順)도 우리와 비슷하고 그들에게도 몽골 반점이 있다. 고구려와의 관계에 이어 고려 말부터 조선 초까지는 적지 않은 튀르크인과 방계인 위구르인이 우리나라에 들어와 살았다. 이슬람 모스크(성전)도 지었다. 이들을 '회회인(回回人)'이라 불렀다. 세종은 이들의 쿠란(코란) 낭송을 즐겨 이를 '회회 조회'로 정례화했다. 그러다 조선이 유교 폐쇄 국가로 가면서 두 민족은 멀어져 갔다. 그렇게 헤어진 지 500여년 만에 1만5000명 튀르크 청년들이 옛 형제국을 찾아와 피를 바쳤다.[11]

---

[11] 양상훈, 「우리 대통령이 '칸 카르데시' 할 차례」, 『조선일보』 2015. 9. 24.

4) 터키 수도 앙카라의 한국공원

터키 수도 앙카라에 '한국 공원'이 있다. 터키 관광시에 해설자에게 들은 이야기인데, 터키 패키지여행은 전세계가 동일하다고 한다. 자유여행은 별개이지만, 패키지여행은 위험 지역을 빼고 전세계가 7박 8일로 여행일정을 짜며 거의 동일하다고 한다. 다만 차이가 있는 것은 한국 패키지관광에서만은 앙카라에 있는 '한국 공원'을 들린다는 것이다.

이 '한국 공원'이 세워진 것은 박정희대통령에 의해서이다. 당시 한국을 방문한 터키 대통령은 터키는 유목민족이며, 유목민족은 죽은 곳에 묻히는 것이 원칙이라는 것이다. 따라서 현재 부산 유엔묘지에는 터키군인들이 많이 묻혀 있다. 터키 대통령은 한국의 흙을 가져가서 수도 앙카라에 한국 공원을 세워준다면 그들의 영혼이라도 위로받을 수 있을 것이라고 건의하였다.

이러한 과정을 통해 1973년 한국정부는 앙카라 시내 중심부에서 1km 정도 떨어진 지점에 약 3000평 규모의 한국공원을 만들어 헌납하였다. 여기에는 한국전에서 전사한 765명의 터키군 용사의 영혼을 안치한 한국참전 추모탑이 핵심 시설물이며, 이 탑과 공원 조성을 계기로 매년 터키 한국공원에서는 한국적 기념행사가 개최되고 있다.

한국공원의 한국참전 추모탑

이러한 터키의 한국 사랑과 많은 6·25 참전 터키 군인들을 기리는 한국공원은 정작 한국에서는 거의 알려지지 않았다. 그 곳에 가보면 커다란 태극기와 터키 국기가 함께 걸려 있는 공원은 깨끗하고 넓었다. 불국사 석가탑을 본뜬 참전 기념탑 아래 제단엔 부산 유엔공원 터키군 묘역(462명 안장)에서 퍼 온 흙이 담겨 있었다. 6·25에 참전한 터키군은 1만 4936명으로 유엔군 중 네 번째로 많은 숫자였다. 그중 1005명이 전투와 부상 후유증으로 사망했고, 165명이 실종됐으며, 2147명이 부상했다.

기념탑 옆에는 한국에서 전사한 터키군인들의 명단이 적혀 있다

5) 1988년 서울올림픽과 2002년 월드컵

1988년 서울 올림픽이 열렸다. 형제의 나라에서 올림픽이 열리자 터키는 흥분했다. 당연히 기쁜 마음으로 한국을 찾았다. 그러나 그 때 한국에 온 터키 언론인들은 실망을 감추지 못했다. 한국인들은 터키가 어디에 있는지도 몰랐다. 형제의 나라라는 것은 개념 조차 없었다. 그들은 돌아간 뒤 터키 주요 신문 1면에 '이제 한국을 향한 짝사랑은 그만 하자'는 큰 기사를 실었다. 이때 터키 국민과 정부의 태도가 눈에 띄게 냉담해졌다.

그런데 터키는 우리 국민처럼 '냄비근성'이 있는 것까지 닮았다. 그러한 아쉬운 마음은 곧 잊혀지고 다시 한국을 형제의 나라로 좋아했다. 올림픽이 있고나서 10여년 뒤에 2002년 월드컵이 한국에서 열렸다. 터키국민들은 또다시 열광했다. 터키는 당시 예선에서 브라질과 같은 조였는데, 한국에서 열리게 되어 마음의 위안이 되는 듯했다. 더욱이 당시 터키와 브라질 예선의 주심은 한국 심판이었다. 그러나 이 날 한국 심판은 터키에게 결정적인 반칙을 선언하여 브라질에게 페널티킥을 주었고, 이것이 빌미가 되어 터키는 졌다. 이때의 반칙 선언은 오심이었음이 드러났다. 터키는 믿는 구석에 발등 찍힌 꼴이었다. 터키가 한국심판 때문에 패한 날, 터키 교민이 당한 수모는 지금도 터키를 방문하면 종종 얘기하곤 한다.

한국은 순발력이 있었다. 이러한 터키의 정서가 신문에 보도되고, 한국인들도 터키와의 관계 특히 형제국의 나라라는 것을 인식하기 시작했다. 마침 한국과 터키는 이후 승승장구하여 준결승까지 갔고, 함께 패하여 3-4위전을 치르게 되었다. 이 시점이 절묘했다. 월드컵 3·4위전 때 우리 관중들은 태극기보다 더 큰 초대형 터키 국기를 펼쳤고 터키인들은 충격적인 감동을 받았다. "가슴이 터지는 듯했다"고 한다. 터키인들의 국기 사랑은 성조기 좋아하는 미국인들보다 더하다. 서울 월드컵 경기장의 국기는 터키 국민 가슴에서 형제국을 향한 애정을 살려냈다.

월드컵 3-4위전에서 한국과 터키 국기를 나란히 하며 응원하는 모습

6) 실크로드와 터키의 도움

터키는 잠재적 대국이다. 한반도의 3배가 넘는 국토에 인구는 8000만 명을 넘는다. 주변 터키계 인구를 합치면 1억5000만 명이고 결국 3억 명에 이를 것이라고 한다. 카자흐스탄 · 우즈베키스탄 · 키르기스스탄 · 타지키스탄 · 투르크메니스탄 · 아제르바이잔 등 중앙아시아 국가들의 맏형이다. 이스탄불은 유럽과 중앙아시아 · 중동 · 아프리카를 연결하는 큰 허브다. 지중해를 내해(內海)로 만든 대제국의 후예란 자부심도 대단 하다. 경제 규모는 우리에 조금 못 미치나 정치 · 군사적으론 이미 지역 강대국 대접을 받는다. 이런 나라와 1000년 넘는 형제국 인연을 갖고 있다는 것은 어찌 보면 행운일 것이다.

터키 이스탄불과 연결된 경주세계문화엑스포

실크로드는 중국에서 터키 이스탄불까지 이어지는 길이라는 것이 일 반적인 정설이다. 그런데 한국은 중국에서 연장되어 경주까지 이어졌다 고 주장한다. 이러한 주장을 중국은 강력하게 반대하며 함께 하지 않고 있다.

그런데 터키에서는 이러한 한국의 주장을 계속 받아주고 행사도 함께 하고 있다. 지속적인 경주세계문화엑스포는 한국의 실크로드를 증명하기 위한 행사이다. 이러한 행사에서 터키는 항상 보조를 같이 해 주고 있다. 이것은 대단히 고마운 일이다. 거리 축제에서나 박물관 전시에 있어서나 한국을 위해 배려해준다. 형제국 인연이 그것을 가능케 한 것이다.

3. 터키콘텐츠 기획안 일 사례

지금까지 역사콘텐츠의 중요성을 언급하고 터키와의 형제국 정서를 역사적 연원에서부터 현재의 여러 사례를 들어 제시해 보았다. 이제 이러한 형제국 터키콘텐츠를 활용하는 역사콘텐츠 기획안에 대하여 설명해 보고자 한다. 먼저 다음의 기획안 도식화를 보자.

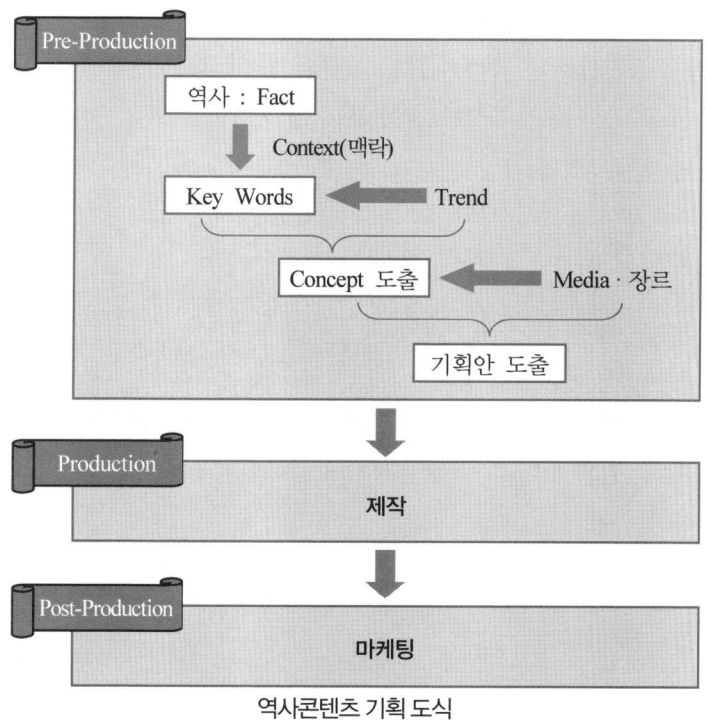

역사콘텐츠 기획 도식

앞서 역사는 사실(팩트)을 중시한다고 밝혔다. 문화콘텐츠의 스토리텔링도 이러한 사실에서 발아하는 것이다. 이러한 개별 사실들에 대한 맥락적(context) 이해를 통하여 키워드를 추출해내는 것이 역사연구이다.

터키의 사례를 예로 든다면 오랜 시간에 걸쳐 지속되어온 '형제국' 키워드를 추출해낼 수 있다. 그리고 그 형제국과 관련한 여러 에피소드들은 감동적이었다. 그렇다면 문화콘텐츠로 활용되기에는 아주 적합한 소재인 것이다.

이러한 역사적 사실과 맥락에서 추출된 키워드 '형제국'은 트렌드(trend)와 결합하여 문화콘텐츠의 핵심 소재가 될 수 있다. 현재의 트렌드는 한류이다. 한류는 크게 드라마 위주의 한류1.0, K-pop 위주의 한류2.0으로 구분한다. 그리고 한국의 생활문화, 전통문화 전반을 한류3.0으로 새롭게 제시하고 있다.

문화체육관광부에 의해 새롭게 제시된 생활문화와 전통문화에 바탕을 둔 한류3.0은 매우 적절한 정책방안이었다고 할 수 있다. 한국의 생활문화 및 전통문화와 가장 직결되는 것은 바로 역사학이라고 할 수 있다. 역사학이 활용될 분야, 활용을 위해 역사학을 요청되는 분야가 너무나 많다는 점을 인식해야 한다.

역사적 사실과 맥락에서 추출된 키워드(형제국)와 트렌드(한류3.0)가 만나 컨셉(concept)이 도출된다. 터키콘텐츠를 예로 든다면, 터키와 한국의 형제국 전통을 다양한 한국의 전통문화 및 생활문화롤 연결하는 것이 될 것이다. 필요에 따라 관련 유적지도 결부되어 문화유산 및 역사유적지까지 연결될 수 있다.

한류의 구분[12]

구분	한류1.0	한류2.0	한류3.0
시기	1997년~2000년대 중반	2000년대~2010년대 초반	2010년대 초반 이후
특징	한류의 태동 영상콘텐츠 중심	한류의 확산 아이돌스타 중심	한류의 다양화
핵심장르	드라마	K-POP	K-Culture
장르	드라마·영화·가요	대중문화 일부 문화예술	전통문화·문화예술·대중문화
대상국가	아시아	아시아·중동·아프리카·중남미·유럽 일부·미국 일부	전 세계
주 소비자	소수의 마니아	10~20대	세계 시민
주요매체	케이블TV·위성TV·인터넷	유튜브, SNS	모든 매체

　다음으로는 이러한 컨셉이 과연 어떤 미디어 그리고 어떤 문화콘텐츠 장르와 결합되는 것이 가장 유효할 것인가를 판단하는 것이다. 그런데 이것은 시작 차원에서 그렇다는 것이지 한번 제대로 활용이 되면 다른 문화콘텐츠 분야로 얼마든지 확산될 수 있는 것이다. 예을 들어 관광콘텐츠 장르에서 시작한 것이 영화, 테마파크, 음식, 만화 등등 다양한 분야로 확산되는데, 통상 이것을 OSMU(원소스 멀티유스)라고 한다.
　처음에는 가장 유효한 장르 및 매체를 염두에 두고 기획안이 도출될 필요가 있다. 여기까지를 문화콘텐츠 단계에서 전제작단계(pre-production)라고 한다. 전제작단계는 기획안과 관련 스토리텔링의 기본적인 시안까지

---

[12] 한류의 구분에 대해서는 문화체육관광부·한국문화관광연구원, 『한류백서』, 2013 참조.

를 포함한다고 보면 된다.

이러한 단계 다음에는 본격적으로 제작하는 단계(production)이며, 통상 기술적 요소가 개입하거나 특정 장르의 요소가 부가된다. 이렇게 해서 제작이 이루어지면, 다음으로는 그것을 홍보하고 비즈니스 하는 단계를 후제작단계(post-production)라고 한다.

인문학의 수준에서는 전제작단계까지 이루어지면 된다. 문화콘텐츠 전단계를 모두 한 사람이 할 수는 없다. 통상 인문학과 관련된 전공자가 개입하는 것은 전제작단계이며, 실상 이것은 전체 제작의 설계도와 같은 것으로서 가장 중요하다고 할 수 있다.

본 글에서는 역사의 중요성과 터키의 사례를 갖고 역사콘텐츠 기획안 사례를 제시하여 보았다. 물론 구체적인 기획안 자체는 제시하지 않았지만, 역사콘텐츠를 기획하는 대체적인 흐름과 방법은 전달되었으리라고 생각한다. 다시 한 번 수많은 문화콘텐츠 생산물들은 기본적으로 '역사적 사실'에서부터 시작한다는 점을 강조하고자 하며, 이 점에서 역사콘텐츠의 중요성이 있다고 할 수 있다.

참고문헌

김기덕, 「전통적인 인문학 관련학과에 있어서 '콘텐츠 교과목'의 보완 - 역사학 관련학과의 사례를 중심으로」, 『인문콘텐츠』 2, 2003.
김기덕, 「문화콘텐츠의 등장과 인문학의 역할」, 『인문콘텐츠』 28, 2013.
김기덕·이병민, 「문화콘텐츠의 핵심원천으로서의 역사학」, 『역사학보』 224, 2014.
김기홍, 「창의성의 사회적 본성과 문화와의 관계에 대한 연구」, 『인문학연구』 93, 충남대인문과학연구소, 2013.
김현, 「디지털인문학-인문학과 문화콘텐츠의 상생 구도에 관한 구상」, 『인문콘텐츠』 29, 2013.
문화체육관광부·한국문화관광연구원, 『한류백서』, 2013.

박상천, 「문화콘텐츠 개념 정립을 위한 시론」, 『한국언어문화』 33, 2007.
양상훈, 「우리 대통령이 '칸 카르데시' 할 차례」, 『조선일보』 2015. 9. 24.
이동배, 「중국의 문화정책 소고」, 『문화콘텐츠연구』 2, 2012.
전국역사교사모임, 『처음 읽는 터키사』, 휴매니스트, 2007.
바라(창조하다)에 대한 오해 그리고 보충설명, http://cafe.naver.com/olideo gloriafaith/4683, SDG개혁신앙연구회.

문인의 그림 콘텐츠

장 성 욱

1. 들어가는 말

작가들 중에는 글만으로는 자신의 심상을 표출하는 것이 충분하지 못하여 다른 여러 가지 수단을 사용하는 사람들도 있다. 빅토르 위고, 윌리엄 블레이크, 괴테, 카프카, 앙드레 말로, 귄터 그라스, 헤르만 헤세, 르끌레지오, 생텍쥐페리, 조병화, 이제하, 이외수 등등 모두 모두가 작가이면서 그림을 그린 사람들이다. 우리가 아는 위대한 작가들이 글뿐만 아니라 막대한 양의 그림을 그린 경우도 허다하다. 그러나 그 그림들에 대한 연구는 거의 전무한 상태이다.

아무리 훌륭한 작가라 하더라도 머릿속에 떠오르는 영상을 100% 그대로 글로 옮길 수는 없다. 단어는 너무나 한정적인 뜻만을 지니고 있어 항상 미진한 부분, 빠트린 부분이 있기 마련이다. 영상은 너무나 황홀하고 찬란하게 순간적으로 생겼다가 삽시간에 사라지지만, 그것을 표현하는 글을 쓰는 손의 속도는 너무나 느리다. 순간적으로 떠오른 환상을 정확하게 다 옮길 수는 없다. 또 언어는 질서와 규범의 틀을 벗어날 수가 없다. 반면에 점, 선, 색, 형태로 이루어진 그림은 얼마나 자유로운가? 표현의 자유로움과 다양성 측면에서는 글은 그림과 비교될 수 없다.

그러나 분석의 측면에서는 그 해석 가능성의 무궁무진함으로 인하여 그림 분석이 글 분석보다 훨씬 난해하다. 글은 아무리 추상적으로 쓰더라도, 단어라는 구체적인 뜻이 있는 그릇에 의하여, 어느 정도 분석이 가능하나, 색깔, 점, 선, 형태 등으로 이루어진 그림 속에서는 그 단위를 어디에서 어디까지 분절하며, 의미를 어떻게 파악해야 하는지를 정하기가 쉽지 않다. 그러나 글과 그림을 같이 연구하면 글에서 잘 나타나지 않는 것은 그림에서 보완하고, 그림에서 미비한 것은 글에서 보완할 수 있다. 이러한 글과 그림의 상호 보족적이며 보완적인 연구는 한 작가의 내면 세계나 문학 세계를 훨씬 더 심층적이고 다양하게 이해할 수 있게 한다. 이 논문에서는 작가들이 그린 그림, 글과 그림의 상호보족적인 연구에 관한 가능성과 의의를 탐색하고자 한다.

2. 글과 그림의 관계

먼저 글과 그림의 기원부터 따져보자. 인류가 문자를 사용하기 시작한 것은 B.C 3300년 경 메소포타미아 지역에서이다. 그림은 그 보다 훨씬 전인 22000년 전 라스코 동굴 벽화에서 부터이다. 수메르 인, 이집트 인, 히타이트 인, 크레타 인, 중국인 모두에게 있어서 문자의 시작은 그림이었다.

그림 문자는 사물뿐만 아니라 개념까지도 나타냈었다. 예를 들어 새와 알을 같이 그리면 풍요, 하늘에서 수직으로 떨어지는 선을 그리면 밤,

두 줄의 선을 엇갈려 그리면 적개심, 평형의 두 줄은 우정을 의미했다.

인류가 생긴 이래로 수많은 선화(線畵), 기호, 그림 등 간단한 의사소통의 수단은 많았다. 그러나 진정한 의미의 문자가 존재하기 위해서는 문자를 사용하는 집단의 생각이나 느낌을 분명하게 재현할 수 있는 공시적인 기호나 상징체계가 있어야 했기에 오랜 시간이 필요했다.

메소포타미아 지역에서 살던 수메르 인과 아카드 인에 의해서 발명된 최초의 문자는 물체의 전형을 단순한 선으로 나타낸 것이었다. 소는 소의 머리로, 여성은 역삼각형을 그리고 그 밑에 점을 찍는 것으로 나타냈다. 우르크 대신전 단지에서 출토된 진흙판에 새겨진 최초의 문자(B.C 4000년 말)는 농축산물의 수확량을 표시한 것이었다. 중국의 한자는 B.C 2000년경에 만들어졌고, B.C 1500년경에 기호로 되어 B.C 200 - A.D 200년 사이에 체제가 완비되었다.

이집트와 메소포타미아의 상형 문자와 설형 문자는 아라비아 문자로 대체되었지만, 중국 한자는 그 모습이 바뀌지 않았다. 한자는 그림문자를 단독으로 쓰거나 아니면 조합해서 사용했다. 한자는 상형문자이기에, 뜻을 그림으로 나타내고, 그림이 상징적 기호가 된다는 점에서, 글과 그림의 교묘한 조화가 깃든 문자인 것이다.

동양에서의 문인화는 글과 그림이 불가분의 관계에 있는 이코노텍스트였다. 소동파가 문인화의 시조라 하는 왕유의 작품을 보고 "詩 中 有 畵, 畵 中 有 詩"라 했다. 이것은 곧 王 維의 시에는 그림이 있고, 그림에는 시가 있다는 말인데, 쓰는 것과 그리는 것이 똑 같은 것 이라는 서화일치(書畵一致)의 사상에서 나온 말이다[1].

---

[1] 문인화에는 畵意通禪(화의통선)이라는 뜻이 있는바, 그림에서 뜻이 이루어지면 禪(선)과 통한다는 의미로써, 無爲淸淨思想(무위청정사상)이나, 장자가 설파한 心濟(심제)나 坐忘(좌망)과 맥을 같이하는 것이다.

동양에서의 이코노텍스트는 한국의 문인화나 민화에서도 나타난다. 한국의 민화 중에서는 특히 효제도가 그러한데, 이것은 효(孝), 제(悌), 충(忠), 신(信), 예(禮), 등의 글씨를 전적으로 그림을 통하여 나타내는 것이다. 이것은 비백화 또는 혁필화라고 불려지기도 했다.

현대의 문인은 시 소설 수필 비평 등을 쓰는 사람인데, 옛날의 문인은 그림도 그리고 시도 쓰는 사람이었다. 문인화는 붓으로 글씨를 쓰고, 글로 충분히 표현할 수 없는 것을 그림으로 그리며, 글씨의 조형성과 그림의 조형성을 화합하여 만든, 철학, 인생관, 세계관이 담긴 종합 예술이었던 것이다. 따라서 문인화는 아름다움만을 목표로 삼는 단순한 예술이 아니었다.

동양에서의 붓은 글과 그림을 동시에 쓰고, 그리는 사유도구였는데 반하여, 서양에서 펜과 붓은 완전히 분리되었었다. 붓이라는 사물을 통해서도 동양에서는 글과 그림의 긴밀성에 깊이 천착했었던 것이다. 그러나 시간이 지남에 따라서 동양에서는 그 두 장르의 상호 교환적인 교류가 미미해지고, 서양에서 오히려 글과 그림의 연관 교류가 활발해졌다.

그러면 서양에서 문학과 미술의 관계는 어떠한 것이었을까? 서양! 특히 프랑스에서는 문학과 미술이 상호간에 영향을 미치고 자극시키며, 쌍방에 영감을 불어 넣었다. 인상주의 화가들의 영상과 이미지는 당대의 작가들에게 새로운 시각을 일깨워 주었고, 미술의 낭만주의, 사실주의, 인상주의, 상징주의, 야수파, 입체파 등은 문학사조와 병행하며 발전했다.

18세기 중엽부터 금세기에 이르기까지 미술가에게 영감과 활력을 준 사람은 대부분 작가들이었다. 19세기에는 특히 문학과 미술이 밀접하게 맺어져, 빅토르 위고, 고티에, 콩꾸르 형제 등은 미술수업을 받았고, 프로망땡은 화가로 명성을 날리던 작가였고, 들라크르와는 수필과 일기를 통하여 문학 활동을 하기도 했다.

이태리의 엄청난 문물을 보고 감격에 젖어있는 괴테의 초상화를 그린 것은 무명의 독일화가 팃슈바인이었다. 그 그림에 괴테의 내면이 생생하게 표현되어 있다. 그 그림이 괴테의 고향인 프랑크푸르트의 시립 미술관에 전시되어 있다. 괴테 또한 16세 때 라이프찌히에서 법률공부를 하면서 미술사를 공부하고 그림도 그렸다.

무명의 영국화가 윌리암 터너를 알아주고 인정해 준 유일한 사람은 존 러스킨이었고, 러스킨 또한 그림 그리기를 좋아했다. 샤토브리앙의 많은 소설 들은 지로데-트리송(Girodet-Trison)이나 구스타브 도레(Gustave Doré)에 의해서 그림이나 판화로 제작되었다. 빅토르 위고는 글을 쓰다가 틈만 나면 그림을 그리곤 했다. 그는 여러 권의 화보로 만들 만큼의 많은 그림들을 남겼다. 그의 그림에는 깊은 역사성과 통찰력이 숨어 있다.

드레퓌스 사건으로 유명한 에밀 졸라는 인상파들을 대변했으며, 보들레에르는 마네의 올림피아나 와토의 그림을 보고 작시를 했으며, 특히 <Embarquement pour Cythère 시테르 섬에 상륙>이라는 그림을 보고는 <Un voyage à Cythère 시테르 섬으로의 여행>라는 작품을 만들었다. 보들레에르 자신도 간간이 그림을 그렸으며, 그는 당대 최고의 미술 비평가였다. 베를렌느 또한 그림을 그렸는데, 그 중 랭보를 그린 그림에서는, 랭보의 순수하고 맑은 영혼이 잘 나타나 있다. 베를렌느는 와토의 그림을 보고 영감을 얻어서 많은 시를 지었는데, 특히<CLAIR DE LUNE 달빛>이라는 시는 드뷔시에 의해서 똑같은 제목의 음악으로 만들어졌다. 그리하여 그림 - 글 - 음악으로 이어지는 예술의 통상관성이 이루어졌다.

뽈 엘리아르는 피카소의 대작 <게르니카>를 보고 시를 지었다. 후앙 미로는 100년 전의 위대한 영국 시인 윌리엄 블레이크의 시에서 영감을 받은 것을 그림으로 표현했다. 윌리엄 블레이크는 산업 혁명의 그늘에서 신음하는 어린아이나 민중들의 아픔을 시로 나타내는 동시에, 여러 가지

판화나 그림을 제작했다. 장 꼭또는 다방면에서 활동을 했고 다양한 족적처럼, 그림에서도 수수께끼같은 내면세계를 불가사이한 형상과 다양한 색채로 표현했다. 프란츠 카프카는 그 고뇌에 찬 내면을 글로만 표현한 게 아니라, 특이하고 기이한 형상의 그림으로도 나타냈다. 현대 독일의 위대한 작가인 퀸터 그라스는 본래 화가였다. 그의 그림에는 인간의 근본적인 문제, 환경문제 등이 표현되어 있다.

이렇듯이 글과 그림은 밀접한 관계에 있고 그림을 그린 문학 작가들도 많았다. 작가들이 그린 그림은 막대한 정보가 담겨있음에도 아직까지 연구가 거의 안 된 콘텐츠이다. 이 글에서는 헤르만 헤세, 생텍쥐페리, 르끌레지오의 몇몇 그림 분석을 통하여 작가들이 그린 그림이라는 미지의 콘텐츠의 가능성을 보고자 한다.

3. 헤르만 헤세 – 산

헤르만 헤세는 동서양의 철학과 종교를 두루 섭렵하고 그 원리에 맞추어 겸허하고 경건하게 생을 살았다. 그는 중국의 시를 즐겨 읽고, 선비의 집에는 대나무를 심어야 한다는 주장에 따라 집 뒤에 대나무를 심기도 했다. 비인간적인 세상에서 탈피하여 살려고 하면서도 꼭 필요할 때에는 생명의 위험을 무릅쓰고 현실 세계에 의견을 밝히기도 했다.

가볍고 자유롭게 떠다니는 아름다운 구름을 부러워하고 지극히 사랑했던 그는 구름 그 자체가 되고 싶었는지도 모른다. 그는 아름다운 나무와 꽃으로 둘러싸인 자연 속에 살면서 낙엽 태우는 행위와 그 향기를 좋아했다.

그의 자연 친화 사상은 작품 곳곳에 나타나고, 특히 꽃, 물고기, 새,

나무, 인간 등이 교감하는 『픽토르의 변신 Piktors Verwandlungen』의 글과 그림에 잘 나타난다. 그가 썼던 많은 문학 작품처럼 수시로 그림을 그렸다.² 그가 주로 그린 것은 풍경화였다.

그러나 의자 위에 놓인 책, 빙빙 돌아가는 실내 계단, 책장, 옷장, 바이올린, 등의 실내 정경 등을 그린 것도 약간 존재한다.

그는 풍경화를 그리면서 사물 하나하나의 선과 윤곽을 아주 세밀한 부분까지 뚜렷하게 그리는가 하면, 산, 호수, 구름, 하늘 등이 뒤섞여 구분이 안가는 추상화 같은 풍으로 그리기도 했다.

잎 하나하나까지 자세히 그려진 나무가 있는가 하면 나무 전체가 두루 뭉실하게 혹은 동그랗게 그려진 것도 있다. 유사한 풍경을 날카로운 선과 차가운 이미지로 한대 지방의 풍경화처럼 그리는가 하면, 넓은 잎사귀와 풍부한 원색으로 열대 지방의 풍경처럼 그리기도 했다. 모두가 그 당시 그의 심상에서 나온 것이다.

그가 마음이 내킬 때마다 무작정 그린 그림들이지만, 세월의 흐름과 함께 그 속에는 그 나름대로의 특징과 화풍이 존재한다.³

---

2 헤세는 그의 생애동안 2000여 장의 수채화를 그렸다. 현재 남아있는 것은 약 3백 점에 불과하며 그의 많은 그림들이 히틀러 치하에서 소실되었으며 남아 있는 것도 파악이 잘 안된 상태이다. 현재까지 현물이나 인쇄매체를 통해 알려진 그림 가운데 제작 연월일이 명기된 150여점의 그림을 분석해보면 1922년부터 1928년까지의 그림들이 가장 많다. 1919, 1920년에도 많은 그림을 그렸다고 했는데 몇 점 안 남아 있는 것은 참으로 유감스럽다.
홍순길, 헤세와 미술, 헤세 도서관(://home.mokwon.ac.kr/~hongsk/hesse-k.html)
3 1921년에서 1923년까지의 그림을 보면 그는 대략 입체파의 영향을 받았다. (꿈의 정원, 나무속의 집들, 해바라기 화랑) 헤세의 화풍은 또 한번의 변화를 겪는다. 삼각형, 사각형, 육각형의 형형색색의 모자이크로 입체감을 주는 그림을 그렸고 현대적 감각의 작품이 많이 나왔다.(야자수가 있는 오두막, 포도원 막사, 노란코 1) 1928년 이후의 그의 그림은 펜이나 연필로 윤곽선을 짙게 그렸던 화풍을 벗어나 색조의 대비를 통해 윤곽을 나타내고 색의 콘서트를 꾀하였다. (나무숲 속의 오두막, 비고그노) 1930년 이후에는 풀 잎, 꽃, 나무의 세세한 부분까지도 그리는

그의 그림에 사용된 색깔은 거의 모두가 선명하고 밝은 원색 계통으로 그가 얼마나 맑고 순수한 영혼의 소유자인가를 보여준다. 그는 호수, 산, 나무, 마을, 꽃 등이 등장하는 풍경화를 많이 그렸다. 그러나 그의 그림에는 사람이 거의 등장하지 않는다. 그리기가 어려웠기 때문일까? 사람들에게 지쳐서 일까?

그의 그림에 등장하는 산은 아주 중요한 요소로서 마을과 호수 나무, 꽃 등을 감싸주고 지켜주는 위엄 있고 듬직한 산이다. 그 산들은 대부분 날카로운 선들로 이루어져 강한 느낌을 준다.

헤세의 그림은 풍부하고 다양한 색깔과 형태, 세련된 기술로 그려진 풍경화이기에 그 속에서 정신분석에 적합한 요소를 찾아내고 숨겨진 의미를 발견한다는 것은 쉬운 일이 아니다. 그의 그림들이 편지나 일기 여백에 그려진 낙서[4]같은 종류가 아니고 정식으로 그려진 그림들이기에 더욱 그러하다. 그러나 그 난해한 여건에서 어느 정도 의미를 파악할 수 있는 것은 산 그림이다.

헤세의 그림 속에 등장하는 대부분의 산은 강하고 위압적으로 그려져서 그 앞의 마을, 들판, 나무, 꽃 등을 감싸주는 보호자로서 가부장적인 남성적인 산이다. 그런데 단지 몇몇 그림에서 둥글고 부드러운 곡선의 산이 등장한다.

대부분의 그림에서 그토록 위엄 있고 남성적이던 산이 특정 몇몇 그림에서 현저하게 둥글고 부드러운 곡선으로 나타나는 것을 어떻게 설명할 것인가?

다음 그림에서는 둥근 곡선을 연속적으로 사용하여 많은 산을 그렸다.

---

[4] 세밀한 스케치에 바탕을 두고 정밀함과 구도가 잡힌 사실적인 묘사를 시도해보고자 하였고 (카사로싸 앞의 포도나무, 포도나무가 있는 정원 계단), 또 대가적 경지의 수채화를 그리기도 하였다 (루가노 호수의 2월 아침, 포르레짜 조망). 같은 쪽. 낙서 속에 아무렇게나 그려진 그림에서 무의식의 흔적을 찾기가 더 용이하다.

다른 그림에서 호수, 나무, 꽃 등 여러 가지 요소가 동시에 등장하는데 비하여 이 그림에서는 등장 요소가 비교적 적고, 앞 쪽의 나무 그림도 상세한 부분은 생략된 체 둥근 곡선의 연속으로 되어 있다. 그 앞의 선도 언덕의 둥근 형태로 연속되어 있다. 따라서 이 그림은 부드럽고 둥근 곡선이 연속적으로 주종을 이룬다.

그의 산 그림에서 곡선은 거의 등장하지 않는다. 곡선을 사용하더라도 이 그림에서처럼 규칙적이고 또 균일하게 그려지는 것은 흔하지 않다. 어쨌든 이것은 의도적인 구성 하에 그려진 것이다.

이 그림에 숨은 작가의 의도는 거의 설명이 필요 없을 정도로 자명하다. 인간 마을을 감싸고 보호해 주는 산에서 대부분은 권위적이고 강인한 부성적인 이미지를 느끼다가, 어느 순간 갑자기 자애롭고 따뜻한 모성 이미지를 느꼈기 때문이 아닐까? 자식을 감싸듯 인간 마을을 둘러싼 모습에서 자애로운 어머니의 모습을 느꼈기 때문이 아닐까?

이 그림에 나타난 선과 형태, 전체적 이미지로 보아 헤르만 헤세가

이 그림을 그릴 당시에 유독 자연의 여성성, 모성성에 도취되어 있었음이 분명하다.

헤르만 헤세는 프로이트와도 몇 번 서신 교환을 하고 칼 구스타브 융과는 직접 만나서 토론을 하는 기회를 여러 번 가질 정도로 정신분석에 많은 관심을 표명했다. 정신 분석은 그의 인생에 지대한 영향을 끼쳤고 작품을 더욱 심도 깊게 만들었다.

위의 그림에서 연속적인 둥근 곡선으로 산을 그렸다면, 아래 그림에서는 단 몇 개의 곡선으로 인간 신체, 특히 여성의 신체를 표현했다. 위의 그림에서는 둥근 곡선의 연속으로 여성적, 모성적 이미지를 표현했다면 이 그림에서는 구체적인 여성, 어머니로서의 자연의 모습을 인간 신체처럼 형상화했다는 것이 특징이다.

헤세가 그리는 산의 수없이 다양한 색깔, 분위기, 형태를 고려할 때 이처럼 단 3개의 곡선으로 산을 그리는 것은 극히 희귀한 일이다. 이 그림에서 왼쪽의 둥근 두 곡선은 여성의 가슴, 오른 쪽 곡선은 복부로 볼 수도 있고 혹은 오른 쪽이 복부, 왼 쪽이 두 다리로 보일 수도 있다. 어쨌든 분명한 사실은 이 그림의 이미지는 원시인의 예술에서 보이는

과장된 여성의 형태 혹은 피카소의 그림에서 볼 수 있는 여성의 이미지 등이다.

뒷부분의 둥근 곡선에 비하여 앞 쪽에는 너무나 반듯하고 인공적인 사각형의 정원이 있고 나무와 집들이 있다. 이 그림에서는 인간이 만든 것과 자연은 너무나 대조적이다. 인간의 경직된 모든 사고와 행동들을 완화시키고 감싸줄 수 있다는 듯이 자애로운 자연이 존재한다.

헤세의 수많은 산 그림들을 보고 그 공통적인 특징을 고려할 때, 위의 그림들은 완전한 예외에 속한다. 그것은 이 그림을 그릴 당시의 헤세의 심상이 다른 때와는 판이하게 달랐다는 것을 말해준다.

4. 르끌레지오 – 바다

르끌레지오는 지중해 연안의 아름다운 도시 프랑스의 니스에서 태어났다. 마티스에게도그림을 그릴 새로운 영감을 불러일으켰던 리비에라의 햇빛을 만끽하며 르끌레지오는 지중해의 푸른 정기를 호흡했다. 푸른 하늘과 바다에 둘러싸여 행복한 날들을 보내고 니스 대학에 입학하여 본격적인 문학 수업을 받았다. 니스 대학은 언덕 위에 있어서 지중해를 바라보며 수업을 들을 수 있다.

르끌레지오는 작품 활동을 하면서 수시로 세계 방방곡곡을 여행하는 것을 좋아한다. 그는 보통 사람들이 거들떠보지도 않는 조그마한 섬이나 나라의 풍속, 언어, 민속문화에 관심을 기울이고 연구한다. 그래서 문화에 대한 평가도 서구열강 중심으로 되어 있는 현실에 강한 불만을 토로하고 자신의 새로운 의견을 피력하기도 한다.

여행에서 지치면 니스에 있는 그의 아파트에 돌아와 여독을 식히며 또 다른 작품을 구상한다. 그의 작품에서 현대 문명과 도시는 거의 항상 부정적인 것으로 그려지고 바다, 사막, 바람, 등의 자연에 관한 묘사가 많이 등장한다.

그는 특히 사막과 바다에 매료되어 많은 글을 썼다. 『사막』이라는 작품도 있을 정도로 사막의 매력에 몰입되어 그곳을 무대로 펼쳐지는 인간들의 모험과 사건을 그렸다. 또 그가 자라면서 보고 만끽한 바다의 이미지 또한 그의 작품을 범람한다. 특히 『L'inconnu sur la terre 지상의 한 무명인』에는 바다를 주제로 한 많은 삽화와 글이 존재한다.

르끌레지오가 그린 많은 그림 중에서 바다 그림에 모성적 이미지가 자주 드러난다. 그 이미지들을 추적해보자.

니스는 역사가 오래된 도시이다. 옛날의 조그마한 집과 길, 토산품을 파는 장소, 유서깊은 식당 등이 있는 지역이 아직도 존재하는데 그 곳을 구 니스(vieux Nice)라고 부른다. 그곳도 바다에 면해 있어서 운치가 있는 곳이다. 르끌레지오는 이 곳의 바다를 자주 산책하다가 다음과 같은 그림을 그렸다.

이곳은 단지 구 니스 부근의 방파제를 그린 것이다. 그러나 이 그림이 실린 책의 내용, 또 다른 그림, 이 그림의 이미지 등으로 르끌레지오가 이 그림에 부여한 의미가 단지 방파제로 끝나지 않는다는 것을 알 수 있다. 르끌레지오는 이 그림을 그리고 또 그 밑의 글을 통하여 천국이나 하늘로 가는 입구로서의 의미를 표현했다.[5]

---

[5] Le Clézio, [L'Inconnu sur la terre], Gallimard, 81-82쪽.

다음 그림에서 우주의 어머니로서의 바다, 본격적인 모성적 이미지로서의 바다가 나타난다. 새가 바다 쪽으로 떨어지고 있다.

여기서 새의 비행은 추락으로 이어진다. 본래 비행의 목적은 상승하는

것이고 비상하는 것이다. 그러나 여기서의 비행은 상승이 아니라 하강으로, 비상이 아니라 추락으로 연결된다.

르끌레지오에게 글쓰기는 세속으로부터의 초월, 영원의 세계로의 다가감, 범속으로 부터의 탈피 등의 의미를 담고 있다. 그의 그림에 등장하는 새는 그러한 염원을 담은 한 상징체이다. 원시인에게 난다는 것은 경이로운 꿈이었다. 짧은 다리로 아무리 걸어도 가기 힘든 거리를 가벼운 날개로 활강하며 단숨에 주파해버리는 새라는 존재는 무한한 부러움의 대상이었다. 또 온갖 비극이 펼쳐지는 지상에서 벗어나 영원한 천국이 있을 것 같은 하늘로 다가갈 수 있다는 사실도 인간에게는 대단한 매력이었을 것이다.

그러한 새가 바다 속으로 추락을 하고 있다. 르끌레지오에게 바다 속으로 떨어지는 새는 무엇을 의미할까? 새는 지상에서 솟구쳐 올라 하늘을 나는 존재이다. 그런데 왜 그 새가 상승이 아니라 하강, 하늘이 아니라 바다로 떨어질까? 새의 본래 기능이 나는 것이라 해도, 새의 비행 능력으로 하늘 나라에 갈 수 없다는 것은 자명한 사실이다. 그러나 추락은 가능하다. 그렇지만 아무 곳에나 추락할 수는 없다. 르끌레지오의 꿈인 우주와의 합일, 자연적 모태와의 결합을 달성하는 추락이어야 한다. 그것은 바다에의 추락이다. 왜냐하면 그에게 바다는 우주의 어머니이고 하늘과 동일한 이미지이기 때문이다.[6]

새의 바다로의 추락으로 우주적 어머니와의 합일이라는 르끌레지오의 꿈이 이루어지는 것이다. 그 사실은 바다의 형태가 잘 드러난다. 바다는 두발. 복부 등으로 영락없는 여성의 형태를 하고 있다. 더욱 특이한 것은 새의 추락 장소이다. 새는 여성의 사타구니 사이 즉 성기 쪽으로 진입을

---

[6] 위의 책, 150쪽.

하려고 한다. 이것은 바다라는 우주적 어머니의 몸, 즉 자연의 모태 속으로 진입하는 것이다. 이것은 본래 태어난 곳으로 다시 돌아가는 것이다

추락에 의해서 상승을 하는 것은 선과 악. 생과 사. 상승과 추락 등의 분별이 극복되는 절대의 세계에서 가능한 일이다.[7]

바다와 새의 결합으로 온 우주가 일체가 되고 조화된 이것이 르끌레지오의 세계이다.

르끌레지오에게 바다는, 전 작품을 통하여, 여신-여성, 어머니, 죽음, 궁극적인 목표이다.
Il est clair que pour Le Clézio la mer reste – tout au long de son oeuvre – la déese-femme, la mère, la mort, le but ultime[8]

이상의 분석을 통하여 이 그림에서 바다는 절대의 세계, 모든 것의 근본인 우주적 모태인 것이다.

5. 생텍쥐페리 – 사막

1944년 7월 31일 남부 프랑스 상공에서 실종된 이래 생텍쥐페리의 죽음은 오랫동안 미스테리였다. 몇 년 전에 마르세이유의 한 어부가 그가 차고 있던 팔찌를 바다에서 건져 올림으로써, 그의 비행기가 지중해에 추락했다는 것이 사실로 입증되었다.

---

[7] 장성욱, 「Le Clézio의 그림 분석」, 『프랑스 문화 연구』, 제 3집, 231쪽.
[8] Jennifer Waeliti-Walters, Icare ou l'évasion impossible, Editions Naaman, 1981, 16쪽.

비행기가 발명되고 난 뒤 초기의 항공로를 개척하는 작업에 참여했던 그는 일생동안 하늘과, 바다, 사막 등을 누볐다. 그 당시의 비행기는 속도가 아주 느려서 지상을 관찰하고 또 사색에 잠긴 체 비행하기에는 안성맞춤이었다.

생텍쥐페리는 대기권 밖을 나간 적이 한 번도 없다. 그러나 그의 공간 감각은 과히 우주적이다. 그의 작품 속의 공간에 관한 서술에서 우주 감각이 느껴진다. 특히『인간의 대지』에 서술된 여러 문장들은 마치 그가 우주탐험을 한 것처럼 느끼게 한다. "하늘의 웅덩이", "별의 반죽", "별 가루", "별의 식탁보" 등의 이미지들이 그러하다.

그의 우주 감각은 그림에도 나타난다. 어린 왕자가 자신의 혹성에 서서 활화산을 바라보고 있는『어린 왕자』의 표지 그림이 바로 그것이다. 지구가 둥글다는 것은 누구나 안다. 그러나 자신이 둥근 혹성 위에 어린 왕자처럼 서 있다는 것을 직접 체감하는 사람은 극히 드물다. 따라서 그 그림이 의미심장한 것이다.

생텍쥐페리는 비행이라는 직업을 통하여 사막을 알게되고 매료된다. 사막은 그저 황량한 모래더미가 아니었다. 야자수, 청량한 물, 셰라자드의 재미있는 이야기 등이 있는 신비의 공간이었다. 특히 사막에서 하늘을 보면 별들이 금방 밑으로 쏟아질 듯이 총총하고 아름답다 한다. 그 아름다운 별과 신령한 사막 사이에서 시인이 안될 수가 없다 한다.

생텍쥐페리는 그 사막에서 인생의 비밀과 진리를 알게된다. 어린 왕자가 진리를 깨닫는 곳도 사막이다. 그래서 "사막이 아름다운 것은 우물을 감추고 있기 때문이다."[9]라고 했다. 그의 작품에 수많은 공간이 등장하지만 여기서 다루려는 것은 사막이고 또 사막에 대한 그림이다. 사막 그림에 어떻게 모성적인 이미지가 내재되어 있는지 살펴보자.

『어린 왕자』의 주인공은 사막에서 먹지도, 마시지도 않고 살 수 있고, 사물의 본질을 볼 수 있는 신비한 왕자이면서 또한 장미와의 갈등으로 슬퍼하고 괴로워하기도 하는 약한 면을 지닌 이중적인 존재이다.

어린 왕자의 여러 가지 상황을 고려할 때 그는 부모나 보호자가 필요한 아이 이다. 그러나 그의 별에는 부모가 없다. 다른 동화에서처럼 왕과 왕비가 없다. 따라서 그의 혹성 자체가 모성성을 지니게 되고 또 이 작품의 주요 무대인 사막이 모성성을 띄게 된다.

특히 어린 왕자가 지구에서 사라지는 장면의 사막 이미지에서 그러한 특성은 확연하게 드러난다. 어린 왕자는 장미와의 갈등 때문에 혹성과 혹성 사이를 방황하다가 지구에 오게된다. 지구에서 비행기 조종사도 만나고 여러 가지 경험 끝에 여우를 만나 진리를 깨닫고 장미에게 돌아가려고 한다.

그는 지구에 떨어진 장소를 통해서, 꼭 1년째 되는 날에 돌아간다. 다

---

[9] Saint-Exupéry, [Le Petit Prince], Gallimard, 479쪽.

음 그림은 어린 왕자가 사막에 떨어진 장소를 찾고 있는 그림이다. 지구에 떨어진 장소는 지구에 태어난 장소라고 할 수 있다.

그는 두 팔을 모으고 발을 세운 채 걷고 있다. 몽롱한 눈은 환각 상태에 빠진 것 같고 점 같은 입은 초긴장 상태이거나 아니면 완전히 신경이 이완되어 풀린 상태를 말하는 것 같다.

얼굴, 상체, 하체, 발은 거의 삼각형의 형태를 지니고 있고 땅 쪽으로 지향하고 있어서 마치 땅으로 파고들려는 의지를 나타내는 것 같다.

사막 선이 지나치게 균일하고 규칙적이어서 특이하고 왼쪽 아래의 선을 지우거나 오른 쪽 위의 선을 지우면 여성적 형태가 뚜렷하게 부각된다.

힘차고 길게 날리는 목도리는 특정 장소에로의 강한 이끌림을 나타내는 것 같고, 죽음의 직전에 더욱 힘차게 날리는 것으로 보아 죽음과 목도리 사이에 어떠한 상관관계가 있는 것 같다. 그런데 죽는 순간에는 목도리가 사라지고 없다. 따라서 목도리는 이상적인 장소, 죽음을 통해서만 갈 수 있는 피안을 지시하는 것이었다.[10]

특이한 것은 모래 위를 발을 세우고 걸으면서 두 팔로 사타구니 부분을 가리고 있다. 발을 세우면, 두 팔을 벌려 균형을 잡아야한다. 그렇지

---

[10] 장성욱, 『어린 왕자와 장미』, 인간사랑, 393쪽.

않으면 걷기가 힘들다. 그런데 왜 두 팔을 모으고 있을까?

생텍쥐페리의 문학 작품 속에서 죽음은 단절이나 종말이 아니다.[11] 그 것은 따뜻한 어머니 품속으로 돌아가는 것이다.[12] 그의 일기에서도 똑같은 내용이 발견된다.[13] 따라서 그에게 죽음은 상징적으로 어머니 모태 속으로의 회귀를 뜻한다.[14]

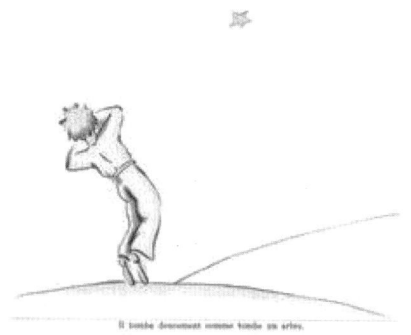

어린 왕자가 지구에 도착한 장소는, 지구에 태어난 장소이고, 그것은 어떤 면에서 어머니의 모태라고 할 수 있다. 따라서 굳이 그가 지구에 떨어진 장소를 통하여, 그 곳에서 죽음으로써, 자기 별(모국)로 돌아간다는 것이 특이한 것이다.

이러한 글에서의 의미와 특성은, 그가 사라지는 장소인 사막 그림이 여성적 형태라는 점, 어린 왕자의 세운 발이나 몸의 형태가 삼각형으로

---

[11] Saint-Exupéry, 『Terre des Hommes』, Gallimard, 257쪽.
　　Saint-Exupéry, 『Pilote de Guerre』, Gallimard, 347쪽.
　　Saint-Exupéry, 『Le Petit Prince』, Gallimard, 490쪽.
[12] 장성욱, 앞의 책, 368-369쪽.
[13] Saint-Exupéry, 『Ecrits de Guerre』, Gallimard, 466쪽.
[14] 장성욱, 앞의 책, 369쪽.

마치 여성적 사막 속으로 진입하려는 것 등으로 더욱 가중된다. 비행사가 어린 왕자를 구하려 해도 마치 "어린 왕자가 깊은 심연 속으로 빠져드는 것 같다."[15]고 서술하는 점이 위 내용과 연계된다.

따라서 이 그림을 상징적으로 해석하자면 작가에게 죽음은 상징적인 모태로의 회귀인데 그 과정이 연상시키는 근친상간적인 이미지 때문에 손으로 사타구니를 가리거나, 발을 세우고 걷는 등의 이상한 행동들이 나타나는 것이 아닐까? 어린이가 발을 세우고 살금살금 걷는 것은 금지된 행동을 할 때라는 사실도 이 그림 해석에 참조해야 할 사항이다.

생텍쥐페리의 문학 작품과 일기에서의 죽음의 의미와 또 모성적 이미지, 위 그림에서의 여러 가지 특성들을 통하여 이 장면에서 사막은 모성적 이미지의 총체라는 것을 알 수 있다.

헤르만 헤세의 산, 르끌레지오의 바다, 생텍쥐페리의 사막의 자의적으로 그려진 세 사람의 그림들을 통하여 모성적 이미지들을 추적해 보았다. 산, 바다, 사막이라는 공간의 차이에도 불구하고 모성적 이미지라는 공통 주제 하에서 세 그림 모두가 거의 유사한 형태를 하고 있다. 불과 3~4개의 선으로 모성적 이미지를 조성한다는 것이 놀랍고, 환경, 국적, 시대가 다른 세 작가가 그린 그림이 거의 흡사한 형태라는 것이 놀라운 점이다.

이 세 그림에 투여된 작가들의 심상과 사상이 상이함에도 불구하고 형태와 의미, 상징 측면에서 여러 가지 동일점이 존재한다는 것이 특이한 것이다. 이렇듯 여러 가지 점에서 다른 배경을 가진 작가들의 그림이 거의 유사한 양상을 보인다는 사실에서 칼 구스타브 융의 원형(archetype)개념과도 연계할 수 있을 것 같다.

---

[15] Saint-Exupéry, 『Le Petit Prince』, 앞의 책, 488쪽.

퀸터 그라스, 빅토르 위고, 괴테, 장 꼭토, 윌리암 블레이크 등 그림을 그린 작가들이 많이 있다. 이 문인들의 그림 콘텐츠는 문학 연구를 더 풍성하고 심도깊게 만들 것이다.

참고문헌

윤현섭, 『예술 심리학』, 을유문화사, 1994.
장성욱, 『어린 왕자와 장미』, 인간 사랑, 1994.
루돌프 아른하임, 『미술과 시지각』, 기린원, 1989.
_____, 『예술 심리학』, 이화 여대 출판부, 1995.
_____, 『시각적 사고』, 이화 여대 출판부, 1995.
레오나드 쉴레인, 김진엽 역, 『미술과 물리의 만남』, 국제, 1995.
엘리자베드 라이트, 권택영 역, 『정신 분석 비평』, 문예출판사, 1989.
장 뤽 살뤼모, 『미술의 읽기』, 미진사, 김현수 역, 1994.
장 마리 플로슈, 박인철 역, 『조형 기호학』, 한길사, 1994.
잭 스펙터, 『프로이트 예술 미학』, 풀빛, 1981.
존 버거, 『이미지』, 동문선, 1990.
크리스티앙 겔하르, 조정옥 역, 『파울 클레의 삶과 예술』, 책세상, 1995.
OEuvres complètes d'Antoine de Saint-Exupéry, Gallimard, 1953.
Bosetti (Gilbert), Le mythe de l'enfance, ellug, 1969.
Boulby(Mark), Hermann Hesse, His mind and Art, Cornell Univ.Press,1967.
Freud (Sigmund), Totem et tabou, Payot, Paris.
Hesse(Hermann), Hermann Hesse als maler, Zweite Auflage, 1984
_____, Hermann Hesse als maler, Museum im Schloss Bad Pyrmont, 1991.
Jung (Carl Gustave), Psychologie et Religion, Buchet-Chastel, 1958.
Le Clézio, SIRANDANES, SEGHERS, Paris. 1990.
_____, L'inconnu sur la terre, Gallimard, 1978.
Mileck(Joseph), Hermann hesse, life and art, Univ. of California press, 1978.

Nayrac(Paul), L'angoisse de Saint-Exupéry, Cahors, 1958.
Stora(Renée), Le test du dessin d'arbre, augustins, 1987.
Waeliti-Walters(Jennifer), Icare ou l'évasion impossible, Editions Naaman, 1981.

고전문학 콘텐츠화 현황과 방안

신 명 숙

1. 들어가는 말

　고전문학을 콘텐츠로 만든다는 것은 무엇을 의미하는가. 원래 콘텐츠 (Contents)라는 말은 미디어(Media) 또는 플랫폼(Platform)에 담기는 '내용물'의 의미로서, 매체와 결합하여 지식 정보 유통의 전체적인 체계를 이루는 것을 의미한다.[1] 따라서 고전문학 텍스트가 다양한 방식으로 매체와 결합하여 재생산되는 것을 '고전문학의 콘텐츠화'라고 명명할 수 있을 것이다.
　그런데, 디지털 정보기술에 의한 미디어의 혁신에 따라, 주로 도서 저작물의 형태로 생산된 콘텐츠 자원을 다양한 형태(Multi-Platform)의 콘텐츠로 이용하면서, 상대적으로 원본의 가치는 약화되고 무한 복제 시대가 출현했다. 콘텐츠 바람을 타고 한국 고전문학도 시대의 요구, 매체의

---

[1] 김영순·김 현 외, 『인문학과 문화콘텐츠』, 다홀미디어, 2006, 79쪽.

요구에 호응하는 방향으로 재해석되면서 더러 추구해야 할 가치를 잃고 혼란을 겪는 문제도 나타나고 있다.[2]

그러나 원본의 가치는 상실되는 것이 아니라 재생산되는 것이다. 우려를 갖기에 앞서, 원본의 가치를 유지하면서도 시대의 요구에 부응하는 새로운 가치 창출에 창의력을 발휘할 필요가 있다. 이에 고전문학의 콘텐츠화 현황을 검토하고, 문제점을 점검하며, 수용할 만한 방안을 찾아가는 구체적 작업이 필요하다.

인문학자들은 디지털 매체가 콘텐츠 생산 주체인 경우, 콘텐츠 부재라는 문제를 야기할 수 있다고 말한다. 하지만, 디지털 매체를 이용한 콘텐츠 생산에 참여하는 인문학자는 적다. 이미 콘텐츠 소스로서 한국 신화, 한국 인물, 우리 음악을 소개한 강좌가 개설되었고,[3] 문화 원형을 발굴하여 디지털화하는 작업도 이루어지고 있다. 그럼에도 불구하고 콘텐츠 산업 종사자들은 소스의 부재, 스토리의 부재를 토로하고 있다. 콘텐츠 원천 소재로서 고전문학의 활용도는 충분하기 때문에 지속적인 개발과 생산이 가능하다. 물론 디지털 시공간에 적합한 '이야기 방식의 재구성' [스토리텔링]이 필요하며 기술력도 필요하다. 그렇다고, 디지털 기술력까지 갖출 수는 없는 일. 적어도 자료를 발굴·소개하는 콘텐츠 발상이나 자료를 바탕으로 디지털콘텐츠 자료를 생산하는 적극적 자세를 가져야 한다.

---

[2] 백욱인, 『디지털이 세상을 바꾼다』, 문학과 지성사, 1998. "베토벤의 음악이 내 핸드폰 속으로 들어와서 새로운 의미와 분위기를 획득했지만, 작품을 만들었을 당시의 의미와 분위기를 만들어내지는 못한다."는 언급에서 원본으로서 고전문학의 가치와 복제로서의 콘텐츠의 가치를 생각해 볼 필요가 있다.

[3] 한국문화콘텐츠진흥원에서는 사이버문화콘텐츠아카데미를 개설하여 온라인 강의를 실시하고 있으며, 그밖에 오프라인 강의를 실시하여 콘텐츠 개발에 주력하고 있다. (http://contents.connect.or.kr.)

2. 21세기 화두 – 문화콘텐츠 산업

'문화산업은 협의의 문화적 가치를 경제적 가치로 극대화하는 재화 및 서비스의 생산 또는 분배'[4]라는 말처럼 문화콘텐츠는 경제적 가치를 가진 산업으로 성장할 수 있다는 점에서 이 시대의 화두가 되었다. 무한한 가치 창출이라는 매력을 가진 문화콘텐츠 산업에 세계가 앞장서는 지금, 한국은 그 어느 나라보다 유리한 입장에 있다. 반만년의 역사가 만든 문화와 첨단 기술력은 한국이 문화콘텐츠 강국으로 설 수 있는 가능성을 보여준다.

미국의 경제학자이자 미래학자인 피터 드러커(P. F. Druker)는 "21세기는 문화산업에서 각국의 승패가 결정될 것이고 승부처는 바로 문화산업이다."라고 단언했고, 프랑스의 경제학자이자 문화비평가인 기 소르망(Guy Sorman)은 "한국이 직면한 위기의 본질은 단순히 경제 문제가 아니라 세계에 내세울 만한 한국적 이미지의 상품이 없는 '문화의 위기'로 보아야 한다."고 진단했다.[5] 유네스코에서는 문화산업을 "형체가 없고 문화적인 콘텐츠를 창조, 생산, 상업화하는 산업"이라고 정의하고 있는 바, 콘텐츠 없는 문화산업은 불가능한 일임을 알 수 있다. 이렇게 문화산업이 부상하게 된 것은 정보통신기술의 발달 때문이다. 컴퓨터와 디지털 미디어의 발달은 세계를 인식하는 방식과 행동하는 방식에 변화를 가져왔고, 이러한 변화에 부응하는 문화 형태는 문화원형의 재생산이나 창조 과정을 거쳐 생성되고 있다.

세계 각국이 문화콘텐츠산업을 정책적으로 집중 투자하고 있는 것도

---

[4] 김주호, 문화기획과 문화콘텐츠(16차시), 문화콘텐츠론, 문화콘텐츠 아카데미 온라인 강좌, 2007.
[5] 박재복, 『한류, 글로벌 시대의 문화경쟁력』, 삼성경제연구소, 2005, 프롤로그.

이와 같은 진단에 부응하는 현상이다.[6] 세계 문화콘텐츠산업 선도기업도 발 빠르게 움직이고 있다. 거대 미디어들이 전략적 제휴나 합병을 추진하고 있는 것은 단적인 예이다.[7] 우리는 한국문화콘텐츠진흥원 주도로 문화콘텐츠 개발에 주력하고 있다.

IT기술의 발달로 문화콘텐츠가 문화산업의 핵심으로 부상하고 있다. 테크놀로지의 지속적인 발달은 디지털 미디어의 사용 증가를 가져오고 디지털콘텐츠는 생활의 중심이 되어가고 있다.[8] 비단 디지털콘텐츠만이 문화콘텐츠 산업에 중요한 역할을 담당하는 것은 아니다. 방송콘텐츠, 교육콘텐츠, 문화관광 사업에 이르기까지 문화산업 전반에 문화콘텐츠의 중요성은 부각되고 있다.

그런데, 기술의 비약적 발전에 발맞추어 콘텐츠 개발과 활용이 활성화되지 못한 것은 한계라고 볼 수 있다. 특히 잘 만든 콘텐츠[Killer Contents]를 다양하게 활용할 수 있는 OSMU(One Source Multi-Use)의 시너지 효과를 발휘하지 못한 것은 아쉽다.

고전문학을 공부하는 필자 입장에서, 21세기 문화콘텐츠 산업의 중요성 대두는 기회로 인식된다. 고전문학은 우리 문화 원형이 온전히 살아있는 텍스트이다. 대중적 텍스트도 있지만 전공자들만이 향유해 오던 텍스트도 있다. 이런 텍스트를 디지털 환경에 적합한 콘텐츠로 개발할 수 있다면, 한국 문화산업에 일조를 할 것이고 세계 시장에 고전문학을

---

[6] 미국은 미디어, 엔터테인먼트산업을 군수산업에 이은 2대 산업으로 삼고 있으며 가까운 일본의 경우 'IT기본법'(2000), '문화예술진흥기본법'(2001), '지적재산기본법'(2002), 'e-Japan' & 'e-Japan2'(2001.1. & 2003. 5)를 제정하고, 경제산업성은 '신산업창조전략' 7개 신산업 분야에 콘텐츠산업을 포함시켰다.
[7] AOL(America On Line)과 Time Warner의 합병(2000.1.), Walt Disney가 ABC방송국을 인수(1996)하여 디즈니채널을 만든 예가 있다.
[8] 함복희, 『한국문학의 문화콘텐츠화 방안』, (주)북스힐, 2007, 3쪽.

알릴 수 있는 기회가 될 수도 있다. 보편성을 획득한 신화는 여러 형태의 콘텐츠로 개발될 수 있다. 오로지, 그리스 로마 신화만이 세계 신화를 대표한다는 발상도 전도될 수 있다. 디지털 환경의 열린 시공(時空)이 세계 속에 한국 문화를 알릴 수 있는 기회를 제공할 것이며, 고전문학 역시 콘텐츠 산업을 매개로 세계 속에 존재 가치를 발현할 것이라 믿는다.

3. 고전문학 콘텐츠화 현황

1) 콘텐츠 소스로서의 고전문학

고전문학은 그 나라 문화의 정체성을 함의한다. 따라서 한국 고전문학에는 한국 문화의 원형(Archetype)이 살아있다. 그런데 원형이란 것은 시공을 초월하는 모든 인간에게 유전되며, 여전한 가치를 갖는 집단 이미지다. 그런 까닭에 단순화하면 할수록 세계인의 정서에 보편적인 공감을 줄 수 있다. 반면, 문학은 시대에 따라 다른 모습을 하게 마련이다. 원형은 살아있고 형태는 바뀌기 때문에, 21세기 문학은 고전문학과 같은 원형을 갖지만 모양새는 다른 것이다. 이러한 추세를 반영한 예가 아래의 표다.[9] 구술시대, 인쇄시대, 디지털시대 콘텐츠의 흐름을 살펴 볼 수 있다.

---

[9] 김형수, 문화표현기법Ⅲ(8차시), 문화콘텐츠 아카데미 온라인 강좌, 2008.

구술시대	인쇄시대	디지털시대
구술성	문사성	영상언어
구술 문화	문학	디지털 문화
순환적	선형적	비선형적
공동의 가치	개인의 창조성	집단적 작업
공동 소유	사적 소유	대중의 영역
구술성	텍스트의 구성	상호적 텍스트
지식의 수행성	지식의 완결성	지식의 운동성

디지털시대 콘텐츠는 영상언어로 말하며, 디지털 문화를 형성한다. 입체적이며, 대중적이고, 상호성을 갖고 있어서 그 영역이 고정되지 않고 활발하게 운동한다. 그렇기 때문에 무엇보다 참신한 발상을 바탕으로 하며, 환경에 적합하게 만들어지고, 제작자와 소비자는 열린 관계를 맺고 있다. 이런 추세에 맞추어 구비문학과 기록문학이 발상에 동기를 부여하고, 새로운 환경에 맞게 재창조 되면서 콘텐츠 소스로서 중요한 역할을 담당하는 것이다.

2) 고전문학 콘텐츠화 사례

(1) 방송 콘텐츠 : 드라마, CF 등

2005년 <쾌걸 춘향>이란 드라마가 방송되었다. 전면에 건 제작 의도는 '갑갑한 한복과 쓰개치마를 벗어버리고, 배꼽티에 청바지를 입은 엽기발랄, 쾌걸 춘향이가 되어 돌아왔다. 왜? 하필 춘향인가? 참을 수 없는 가벼움의 시대… 우리의 청춘들은 사랑도, 인생의 무게도 깃털처럼 너무 가볍다. 춘향은 변학도의 수청을 거부하고, 꿋꿋하게 정절을 지킨 열녀의 본보기이다. 한 남자를 향한 일편단심. 태산처럼 무겁게 사랑의 정절을 지킨 춘향… 요즘에 그런 사랑이 어디 있냐고? 그렇다. 2004년의 사랑은 다르다. 그때와 달라도 한참 다르다. 태산처럼 무거운 사랑도 없고, 열녀 춘향도 없다. 사랑은 움직이는 거라고, 모두들 이구동성으로 외치는 시대. 그래서 어쩌면 우리는 춘향이가 그리운지도 모른다.'[10]는 것이다. 한 마디로 시대가 춘향의 정절을 높이 살 수밖에 없도록 만들었다는 것이다.

그런가하면, 2008년 벽두부터 첫 방송을 탄 <쾌도 홍길동>은 <홍길동전>을 바탕으로 제작된 퓨전 사극이다. 제작의도에서 밝히고 있듯, ① 국내 최초 코믹사극! 사극에서 기름기와 무게감을 빼면서, 더욱 친근하게 다가가는 사극을 지향하고, ② 천하무적 슈퍼맨 일색의 영웅담이 아닌 보다 현실적이고 인간적인 새 시대 새로운 영웅담을 선보이며, ③ 젊고 현대적인 성격의 인물들을 전면에 내세워 밝고 젊은 사극을 선보이고 있다.[11]

재미난 것은 두 작품 모두 동일 작가가 집필한 것이라는 점이다. 홍정은·홍미란 자매가 재생산한 춘향과 길동은 시대의 요구에 부응하면서도 고전적 인물 전형(典型)은 크게 벗어나지 않는다. 그런 가운데 감동과 재미를 주고 있는 것이다.

무엇보다 고전을 적극 활용한 콘텐츠 사례의 성공작은 <주몽>이다. 이규보의 <동명왕편>, 『삼국사기』와 『삼국유사』 등을 바탕으로 만들어진 <주몽>은 방송콘텐츠에서 출발했지만 모바일게임으로 만들어졌으며, 피겨[12]가 만들어지기도 했다. 또한, 주몽 세트장은 나주에서 삼한지

---

[10] http://www.kbs.co.kr/drama/qgirl/about/plan/index.html
[11] http://www.kbs.co.kr/drama/honggildong2008/about/plan/index.html
[12] 피겨[figure]: 영화·만화·게임 등에 나오는 캐릭터들을 축소해 거의 완벽한 형태로 재현한 인형. 프라모델(플라스틱모델)의 일종이다. '피규어', '피큐어'로 부르기도 하는데, 정확한 명칭은 피겨이다. 넓게는 영화·만화·게임 등에 등장하는 캐릭터를 축소해 만든 인형(상품)을 말한다.

테마파크로 개발하여 관광자원으로 활용되고 있으니, 성공적 OSMU 사례가 될 만하다. 한편, 이규보의 <동명왕편>에서 크게 부각되지 않았던 '소서노'나 '예씨 부인'의 활약과 한나라 철기군과의 대립, 철기문화 형성과정 등은 문학적 상상력과 역사 재인식의 차원에서 의미가 있다. 문학과 역사가 미처 말하지 못한 부분을, 스토리텔링 과정에서 상상력으로 채워나가는 것은 콘텐츠화 과정에서 필수적이다.

광고 역시 고전문학에서 모티프를 찾는다. 낙농조합에서 만든 우유 마시기 캠페인 광고에 <신춘향전>이 있다. 우유를 꼬박꼬박 마신 향단이가 춘향이의 미색을 능가해서 몽룡의 마음을 사로잡았다는 내용인데, 주동 인물인 '춘향과 몽룡' 중심의 세계관을 제3 인물인 '향단'에게 옮겨서 탈구조주의적 관점에서 고전문학의 구조적 한계를 재해석한 콘텐츠이다. 콘텐츠가 실현할 수 있는 '재창조'라는 장점이 극대화된 생산물이다.

물론, '재창조'[13]만이 의미 있는 콘텐츠 실현은 아니다. 엄동설한에 어디서 노트북을 살 수 있냐며 찾아온 흥부네 가족을 냉대하는 놀부 처의 심사가 재미있었던 하이마트 광고는 콘텐츠 '재생산'이라 볼 수 있다.

광고는 콘텐츠가 차지하는 비중이 크다. 전달하려는 핵심을 30~40초 광고에 담아내기 위해서는 소비자가 익숙하게 알고 있는 내용을 콘텐츠로 이용할 필요가 있기 때문이다. 이런 점에서 광고 콘텐츠는 익숙한 문학적 소재를 활용할 수 있는 좋은 매체가 될 것이다.

---

[13] 기왕의 문학 원형을 비판적으로 수용했거나, 여타의 원형을 복합적으로 수용한 경우를 '재창조'로 볼 수 있고, 캐릭터 원형이나 이야기 구조를 그대로 따라간 경우는 '재생산'으로 볼 수 있다.

(2) 디지털콘텐츠: 게임, 디지털 애니메이션

게임 영역에서 고전 콘텐츠 사용 예를 찾기란 어렵지 않다. 무속신화인 <바리데기>를 콘텐츠화한 '바리공주의 전설(이하 바리게임)'이란 게임을 예로 들어 보자. 획일적인 서양 판타지를 벗어나 고유의 바리데기 신화를 바탕으로 만들어진 액션 게임이며, 탄탄한 스토리를 갖췄다. 바리게임의 줄거리는 다음과 같다.

고대에 불라국과 그 북서쪽 끝에 자리 잡은 서역국(지금의 지옥)이 존재했다. 서역국의 지배자이자, 악의 근원인 염로왕은 모든 생명체의 마음 한 켠에 자리 잡은 악을 끄집어내 왕국 전체를 악의 소굴로 만들려 한다. 불라국을 중심으로 한 세 개의 마을은 염로왕이 보낸 세 괴인들로 인해 악한 마음을 가진 자가 들어가면 미물로 변하는 어둠의 숲으로 둘러 싸였다. 악의 세력이 더 이상 커지는 것을 막기 위해 성신할배와 성신할매는 서천서역으로 통하는 입구를 봉인하고 순수한 영혼을 가진 사람을 찾게 된다.

이 때 예언에 따라 순수한 영혼을 가진 오귀대왕의 막내딸 바리가 태어났다. 성신할배는 바리에게서 극한의 선을 얻기 위해 그 아버지가 바리를 버린 것처럼 일을 꾸몄다. 류사강에 버려진 바리는 연화부인에게 맡겨지고 5살이 되던 해, 태양마을의 무공일신 하에서 무술수련을 시작한다. 15살이 된 바리공주는 오귀대왕에게 버려진 사실을 알고 충격을 받지만, 여자도 왕위에 계승할 수 있음을 증명하기 위해 무술 수련에 매진한다. 그 즈음 오귀대왕은 성신할배의 계획대로 자식을 버린 죄로 천신(天神)의 노여움을 사 수심환이라는 병에 걸린다. 오귀대왕의 경호대장인 공손대인은 오귀대왕의 병을 고치기 위해서는 바리공주가 서천서역의 생명수를 떠와야 한다는 것을 알게 되고, 바리공주를 찾아나선다. 힘겹게 바리를 찾은 공손대인은 지금까지의 이야기를 들려주고, 바리는 자신을 버린 부모를 위해 생명수를 찾아 먼 여정을 시작한다. 바리공주는 서천서역까지의 멀고 험난한 길 끝에 생명수를 지키는 무장선인과 사투를 벌인다. 그리고 악마들을 무찌르고 영혼을 인도하는 과정에서 인간이 아닌 영혼의 존재로 변한다. 생명수를 구하기 위해 인간이기를 포기한 바리의 결정은 바리의 몸에서 선한 영혼을 이끌어내고, 결국 극한의 선에 이르게 되는데….[14]

우선, 신화 <바리데기>와 게임 <바리공주의 전설>의 시공간을 살펴보면, 서천서역국과 불라국, 류사강은 가상의 공간이며, 환상적 공간이기 때문에 동일 공간으로 설정된다. 반면에 별, 태양, 달 마을은 신화 <바리데기>에는 없는 공간이다. 마당에서 마당으로 넘어가기 위한 투쟁 과정이 게임의 연속성을 보장하기 때문에, 보다 구체적인 공간의 설정이 필요했을 것이다. 사건이 일어나는 시간은 크게 문제되지 않는다. 어차피 시간의 영속성을 보장 받은 갈래가 신화이기 때문에 게임 속 시간 개념과 충돌을 일으키지 않는다.

그러나, 사건 발생 동인(動因)은 다르다. 신화 상에는 선과 악의 대립이 없다. 굳이 반동적 인물을 찾는다면, 딸을 버린 죄로 병이 든 오구대왕을 들 수 있으나, 바리가 별다른 저항 없이 길 떠나기 모티프를 수행한다는 점에서 대립으로 볼 수는 없다. 게임이 악을 우선 설정함으로써 바리공주의 탐색 동인을 뚜렷하게 제시한 것과 다른 점이다. 게임이란 매체의 특성상, 악에 저항하는 선한 자의 '통과의례' 설정이 효율적인 까닭에, 스토리텔링 과정에서 재구성된 것으로 볼 수 있다.

등장인물 역시 신화와 게임 상에서 차이가 있다. 오귀대왕이나 염라대왕[염로왕] 설정은 비슷하나 무공일신, 공손대인은 새롭게 등장한 인물

---

[14] 한 게임 <바리공주의 전설>, nhn(주), 2007. 8.

이다. 특히, 새로운 인물의 명명 방식이 무협지에 주로 등장하는 인물 명명과 유사한 까닭에 자칫 이야기의 무대를 중원으로 옮겨 놓은 듯한 느낌을 준다. 기왕에 성공을 거둔 게임 '삼국지'의 영향 때문일 수도 있지만, 한국 고전보다 중국 무협에 익숙한 생산자와 소비자의 암묵적 인정으로 보여 아쉽다.

또한, 비교적 단순한 2D게임인 바리게임 줄거리는 <바리데기>가 내포한 신화적 상상력의 발현을 기대할 만큼 탄탄하지는 않다. 또한 신화가 추구하는 삶과 죽음의 문제에 대한 고민도 없다. 그러나 "바리공주가 아니어도 되는 이야기를 구성하는데 바리공주의 이름을 팔아버린 것이라 할 수 있다"는 비판보다는 "신화의 게임화에는 원전의 가치 보전을 위해서 보다 세심한 검토와 접근이 이루어져야 할 것이다"[15]는 지향점을 찾아가는 것이 필요할 것이다.

이렇게 고전문학을 이용해 고전의 틀에서 크게 벗어나지 않은 콘텐츠를 생산하는 경우도 있지만, 새로운 인터페이스(Interface)[16]를 이용해 전혀 새로운 콘텐츠를 생산해 국제무대에 진출하는 경우도 있다. 디지털 애니메이션 <꼭두각시>는 꼭두각시놀음을 새롭게 이해하고 있다. 그 과정을 제시하면 다음과 같다.[17]

    1. 구술성의 꼭두각시 - 소리의 활용과 기록
    2. 문자언어로서의 꼭두각시 - 텍스트 구성

---

[15] "건국대 <고전문학과 콘텐츠> 강좌, 장경민 학생의 신화의 게임화 사례분석" (http://gubi.co.kr)
[16] 인터페이스: 사물 간 또는 사물과 인간 간의 의사소통이 가능하도록 일시적 혹은 영속적인 접근을 목적으로 만들어진 물리적, 가상적 매개체를 의미한다. (네이버, 위키사전)
[17] 김형수, 문화표현기법Ⅲ(9차시), 문화콘텐츠 아카데미 온라인 강의, 2008.

3. 물리적 공간의 이해와 활용 - 마당극에 대한 문화적 분석
4. 실제공간과 디지털 공간의 접목 - 공간의 전환/확장/변형
5. 문화표현기법과 매체 - 디지털 문화표현매체의 활용방안
6. 꼭두각시의 변형과 확장 - 인터랙션과 인터페이스의 활용

문화원형을 소비함으로써 콘텐츠를 창안(Ideation)하고, 디지털솔루션과 테크놀로지를 결합하여 친근한 애니메이션 매체를 이용해 창조(Creation)한 디지털 애니메이션 <꼭두각시>는 고전문학이 콘텐츠로 재생산될 때 세계 시장과도 소통이 가능함을 보여주는 대표적 사례가 된다.[18]

<천년기린> 캐릭터
2007 | Animation | HD | Color | 17min 10sec

비슷한 예로 2007년 안시국제애니메이션페스티벌 경쟁 부문에 올랐던 원종식 감독의 <천년기린>을 들 수 있다. 원종식 감독은 "백년의 효심, 천년의 그리움, 만년의 사랑"이란 부제로, 고전에서 자주 발견할 수 있는 요소들에, 생각지도 못한 고전 캐릭터들을 엮어서, 발칙하면서

---

[18] <꼭두각시 놀음>을 고전문학으로 보려면 텍스트에 한정해야 할 것이나, 구술(청각)과 극(시각)이 고려된 디지털 애니메이션 <꼭두각시>은 포괄적 의미로 고전문학 콘텐츠화 사례가 될 수 있다.

도 재미있는 한국만의 색채를 가진 전래동화 같은 애니메이션을 만들어냈다.

'내 다리 내놔' 설화를 중심 모티프로 두고, 그 속에 '금도끼 은도끼' 이야기, <심청전>의 '인신공양과 효' 등을 요소요소 배치하고 있다는 점은 원형의 '재생산'에 가깝지만, 예상치 못한 방향으로 사건을 비틀어 전개시키고 있는 점은 독특하다. 예를 들면, '단지(斷指)'를 통해 어머니를 살리고자 한 아들의 행동이 뜻밖에 결과를 낳아서, 어머니가 병이 든 채 죽지만 않는다는 설정도 흥미롭다. 이런 면은 원형의 '재창조'에 가까운 유쾌한 발상이다. 또한, 작품 속에 숨겨놓는 요소들, 가령 숨어있는 앙드레김, 대통령, 타임지, 그 안에 있는 사진들을 찾아내는 재미도 제공한다. 다양한 것을 엮으면서도 중심을 유지하고 재미를 숨겨놓는 세밀함도 지녔으며 기존의 것들을 살짝 다른 방향으로 비트는 발칙함이 돋보이고 그것이 큰 재미를 제공한다.[19]

<천년기린>처럼 고전콘텐츠를 적용한 디지털콘텐츠 제작이 이루어지는 것이 현 추세이다. KBS '이야기발전소'는 이런 콘텐츠를 소개하는 프로그램이다. 한 노인이 18만 년을 살았던 '삼천갑자 동방삭'이라고 주장하며 사기를 치고, 주워 기른 여동생이 온 뒤로 가축이 하나씩 죽어 나간다는 '여우누이' 전설을 심리 공포극으로 탈바꿈시킨다. '트리토마 크로커스 증후군'은 숙명여대 인문학부 재학생이 창작한 이야기로, 선덕여왕을 짝사랑하는 마음을 가누지 못하다 불길에 휩싸인 '지괴 설화'를 모티프로 삼았다. 이 학생은 자린고비와 망부석 전설을 재해석한 '밧줄, 소금, 매달린 사람', '소금기둥'으로 2연속 우승을 차지하기도 했다.

익숙하거나 생소하거나 간에, 고전문학을 발굴 소개하는 작업이 활발

---

[19] KBS 이야기 발전소

하게 진행되고 있으며, 이런 작업을 요구하는 매체도 있고, 더 나아가 디지털콘텐츠 제작에 참여할 기회가 열려 있음을 보여주는 사례이다.

(3) 테마파크 · 지역 축제 · 관광 콘텐츠 산업

지방자치가 되면서 재원 마련을 위한 지방 행정 당국의 행보가 빠르다. 방송콘텐츠와 연계하여 대규모 테마파크를 만들고, 이것을 이용하여 연계 가능한 관광지를 잇는 관광 콘텐츠를 개발하는 사업이 줄을 잇고 있다.

장성 홍길동축제는 전라남도 우수축제로 선정되었다. 홍길동문화콘텐츠사업과 접목한 차별화된 프로그램을 운영함으로써 민·관·군이 참여하는 화합축제로 승화하며, 경영 축제의 기반을 구축하겠다는 야심한 계획도 세웠다. 1999년부터 매년 어린이날을 전후해 개최되는 장성 홍길동축제는 홍길동의 진취적이며 미래지향적인 정신을 기리고 홍길동 고장으로서 관광 장성의 이미지를 창출하고 있다. 홍길동 테마파크를 중심으로 홍길동 콘텐츠를 사업화한 이 축제는 해를 더하면서 활성화되고 있다.

홍길동 생가를 복원하고, 홍길동 추모제와 홍길동 길놀이, 홍길동 부활 축하공연, 홍길동과의 만남 자료전, 홍길동 백일장대회, 전국홍길동캐릭터공모전, 전국홍길동선발대회 등 홍길동 콘텐츠를 살린 행사가 펼쳐지는 장성은 인근에 동학기념공원, 필암서원, 봉암서원, 축령산휴양림, 백양사 등 관광 자원도 풍부해서 문화콘텐츠산업에 유리한 지역이다.[20]

남원에는 춘향제가 있다. 대한민국을 대표하는 전통문화 예술축제인 춘향제는 현재 '춘향문화의 세계화(Glovalization of chunhyang culture)'에 주력하면서 전통문화축제의 격조를 회복하고 창조적 계승을 목표로 힘쓰고 있다. 특히, 신관사또 부임행차 퍼레이드를 한다거나, 어사출두

---

[20] http://tour.jangseong.go.kr/2006/festival/festival_1_01.html

장면을 체험할 수 있는 점이 흥미롭다.[21]

울산에는 처용문화제가 있다. 매년 10월 처용설화를 테마로 열리는 시민축제인 처용문화제는 처용이 나타난 개운포(開雲浦)에 제단을 마련하고, 처용신을 모시는 의식을 시작으로 3일간 처용무, 처용가면 페스티벌 등 향토색 짙은 다양한 문화행사를 벌인다. 행사 내용은 처용제의, 전국탈춤경연대회, 국제민속춤페스티벌, 처용무 시연, 선사문화 학술심포지엄, 물 당기기 놀이, 신화와 설화전, 처용촌 개장, 처용 관련 연극공연 등이 있다.[22]

문화콘텐츠산업은 지역 경제를 살린다는 점에서 가치 있는 일임에 틀림없다. 또한 자랑스러운 지역 문화를 알릴 수 있다는 점에서도 의미 있는 일이다. 그러나, 특성화된 콘텐츠가 없이 그만그만한 행사를 진행한다면 가치를 잃게 될 우려가 크다. 문화콘텐츠에 대한 이해와 풍부한 자료 확보, 다양한 접근 방법 모색이 필요하다.

언급한 몇 군데 지역만이 아니라, 여러 지역에서 지역축제를 개최하고 있다. 서동설화를 바탕으로 익산과 부여에서 각각 주최하는 축제가 있기도 하다. 지역축제가 본래적 성격을 상실하여 상업화되면 문화 가치는 손상된다. 지역축제가 문화를 올바르게 알리는 장이 될 수 있도록 세심한 주의를 기울여야 할 것이다.

(4) 교육 콘텐츠 산업

한국의 정보통신 환경은 탁월하다. '세계 최고 수준의 인터넷 인프라와 스마트기기 보급률'을 자랑하는 한국은 이를 기반으로 한 이러닝

---

[21] http://www.chunhyang.org/
[22] http://www.cheoyong.or.kr/newhome/index.php

(E-Learning), 사이버 가정학습 등 다양한 방식의 교육에 도전하고 있다. 각종 디지털기기 사용에 능숙한 '디지털 키즈'를 위한 교육 프로그램은 종전과 다른 방식으로 운영되고 있다.

명확한 보상과 피드백이 가능한, 판타지 세계를 현실만큼 중시여기는, 컴퓨터 기술을 친근한 도구로 느끼는 디지털 키즈의 특성을 반영한 '에듀테인먼트(Edutainment)' 사업도 문화콘텐츠사업의 일환으로 이해할 수 있다. '에듀테인먼트'는 '에듀케이션(Education)+엔터테인먼트(Entertainment)'의 합성어로 이해할 수 있는데, 출판물이나 교구, VCR, 디지털 콘텐츠 매체를 이용한 학습법이며, 놀이 형식을 통해 자연스럽게 교육의 목적을 성취한다는 의미이다.

교육 영역의 통합적인 설계를 통해 지속적이고 자발적인 교육 참여와 조작을 유도하는 에듀테인먼트 콘텐츠 개발은 고전문학 교육에도 긍정적 영향을 미칠 수 있다. <마법 천자문> 콘텐츠의 성공은 어려운 한자도 디지털 환경에서 재미있게 학습할 수 있음을 보인 예이다. 손오공을 중심으로 한자 학습을 통한 게임 진행이 이루어지도록 만들어진 <마법 천자문>은 한자를 쉽게 접할 수 있고, 게임을 통해 학습을 완성해 나갈 수 있도록 구성되어 있어서 2004년 10대 히트상품에 선정되기도 했다.

<마법 천자문>의 인기에 부응해 KBS가 만든 <태극천자문> 콘텐츠도 발상이 참신하다. 호족과 용족이 살고 있는 선계에 우주의 질서를 유지하는 이천 개의 '태극천자문'이 새겨진 '마도비석'이 있다. 그런데 용족의 반란으로 비석이 깨지면서 천자문이 인간계로 흩어진다. 흩어진 이천 개의 '천자문'을 찾기 위한 호족과 용족의 싸움이 인간계에서 계속되는 가운데 한자의 원리를 이해할 수 있는 각종 사건이 연속된다. 한자 학습이 가능한 전형적 에듀테인먼트 콘텐츠 개발사례로 볼 수 있다.

또 <KBS 애니멘터리 한국설화>란 프로그램은 설화적 소재를 개발해

서, 환상성과 다양한 표현 방법이 가능한 애니메이션이라는 매체를 이용하여, 문혁가는 이야기를 많은 사람들이 흥미로우며 교육적으로 공감할 수 있는 소재로 개발한 예다.[23] 다큐멘터리 형식을 빌린 애니메이션이라 '애니멘터리'라 명명한 이 프로그램은 한국설화를 교육콘텐츠로 개발한 예이지만 설화만이 아니라 소설이나 시가문학도 대상이 될 수 있다는 점에서 활용 가능성이 크다고 할 수 있다. 과거 '배추 도사와 무 도사의 옛날 옛적에'와 유사한 콘텐츠 발상이다.

이런 논리로 고전문학 역시 교육 환경을 디지털로 바꾸고, 디지털 환경에 적합한 교육콘텐츠를 개발함으로써, 학습이 보다 용이하게 이루어질 수 있도록 접근 방법을 모색할 필요가 있다.

4. 고전문학 콘텐츠화 방안

인문학은 인간 삶에 대한 성찰과 인간다운 삶에 대한 제안이다. 인문학적 자산이 배제된 정보기술의 발달은 한계가 있기 마련이다. 그런 면에서 인문적 지식과 정보가 문화콘텐츠화 됨으로써 무한대의 가치와 효용성을 기대할 수 있고, 이는 산업적 측면뿐만 아니라 인간의 정신을 한 쪽으로 매몰되지 않도록 균형을 잡아주는 데도 한 몫을 한다는 지적[24]은 시사하는 바가 크다.

한국 문화콘텐츠 산업은 콘텐츠 제작을 위한 필수적인 요소인 디지털 환경에 적합한 스토리를 개발하지 못하는 문제를 갖고 있다. 전략적 차원에서, 인문학의 위기를 기회로 바꿀 수 있는 한국 문화콘텐츠 산업

---

[23] 함복희, 앞의 책, 45쪽.
[24] 위의 책, 8쪽.

활성화를 위한 인문학의 콘텐츠화 방안은 모색되어야 한다. 하필 고전문학에 한정할 것은 아니지만, 신화, 민속, 역사 등 여러 분야에서 일련의 작업이 진행되는 것을 볼 때, 상대적으로 고전문학 콘텐츠 활성화 방안이 자료적 가치에 비해 미흡하다. 이것이 고전문학 콘텐츠화 방안을 집중 모색해 보아야 하는 이유이다.

1) 디지털 스토리텔링(storytelling)하기

고전문학은 노래 부르거나 이야기하거나 보여주는 양식을 포괄하고 있다. 그런데 노래를 부르면서도 마음을 이야기하고, 이야기하면서 끊임없이 말을 건네고, 보여주면서도 말을 쏟아낸다.[25] 이런 문학의 속성은 디지털 콘텐츠로 재생산된다고 해도 별반 차이가 없다.

다양한 매체를 이용해 한 가지 이야기를 서로 공유하는 일련의 과정이 디지털 스토리텔링이다. 디지털 스토리텔링은 이야기를 멀티미디어 작업으로 전환해서, 보는 사람의 관심을 끌어내고, 정서적인 경험을 제공하는 능력을 가지고 있다. 창작자가 자신을 자유롭게 표현할 수 있고, 누구든 이야기를 만들 수 있으며, 다양한 이미지·음악·사운드를 통해 정서적인 경험을 만들어낼 수 있다는 점에서 디지털 스토리텔링은 가치 있는 작업이다.[26]

우선 고전문학 한 작품이 원천 이야기를 제공하면 이것을 바탕으로 미디어 환경에 적합한 디지털 스토리텔링이 이루어질 수 있다. 사람들의 입에서 입으로 오르내리는 이야기가 디지털 세계에서 회자되면, 자연스

---

[25] 설화나 소설만이 아니라, 민속극과 시가문학, 한시까지도 스토리텔링 과정을 통해 이야기를 만들어 낼 수 있다. (함복희, 앞의 책, 제4부 한국문학의 문화콘텐츠화 방안)
[26] 송정란, 『스토리텔링의 이해와 실제』, 문학아카데미, 2006, 31~32쪽.

럽게 이야기는 지속된다. 둘 다 이야기 한다는 공통점이 있다. 이야기하는 공간이나 이야기 방식에서 오는 차이를 인정한다면, 언제든지 고전문학은 디지털 공간에서도 이야기될 수 있다.

스토리텔링은 장르를 관통하는 이야기를 도출하여, 전체적으로 개별적 발전이라는 시너지 효과를 기대할 수 있다. 디지털 정보기술의 발달로 일방적이고 수동적이었던 이야기를, 상호 작용하며 함께 만들어가는 이야기로 만들고, 무한한 상상력의 자유를 얻는 것이 디지털스토리텔링의 장점이다.[27]

그런데 스토리텔링은 서사 형식의 원질(原質)로, 각각의 장르들은 스토리텔링이란 공통점을 지니면서도 매체의 특성 때문에 형식상의 차이를 띠게 된다. 예를 들어, 이야기가 종이 매체에서 표현될 경우 문학이 되고, 영상 매체로 표현될 경우 영화가 되며, 디지털 매체에서 표현될 경우 게임 등 디지털 서사가 된다.[28]

구전되던 이야기는 변화가능성, 변이성, 유동성의 불안정성이라는 대가를 치르고 자유를 누렸으나, 문자가 등장하면서 이야기는 '작가'의 의도에 따라 정교하게 디자인된 작품이 되어야했다. 소리라는 매체에서 문자라는 매체로 변화하면서 스토리텔링의 내용과 전개방식 전반에 걸쳐 혁신적인 변화가 생긴 것은 물론이다.

그런데, 새로운 이야기 방식이 출현했다. 디지털 기술의 발전은 디지털 기술을 매체 환경 또는 표현 수단으로 사용하는 새로운 스토리텔링을 필연적으로 요구하게 된 것이다. 온라인 게임과 모바일 영화, 웹 광고, 웹 엔터테인먼트, 그리고 인터랙티브(Interactive) 드라마나 인터랙티브

---

[27] 송정란, 위의 책, 31쪽.
[28] 김영순·김 현 외, 앞의 책, 116쪽.

논픽션 등 서사와 이미지, 동영상과 음향이 결합되고, '상호작용성', '네트워크성' 등 다양한 기술과 기능이 통합되어 종전의 관습적 방식으로 온전히 설명하기 어려운[29] 디지털 이야기 방식이 나타났다.

디지털미디어 시대 이야기하기 양식은 반드시 한 명의 화자가 말할 필요도 없고 화자와 청자의 구분도 무의미하다. 그래서 정해진 결말이 있을 수도 없다. 또, 인간의 오감(五感)을 모두 자극할 수도 있다. 서사(narrative)를 중요한 요소로 포함하기는 하지만 음악, 음성, 이미지, 비주얼, 그리고 곧 후각과 촉각까지도 포함하는 다양한 요소들을 엮어낼 수 있다. 항상 서사가 중심이 되는 것도 아니다. 이미지가 서사를 불러일으키고, 서사가 음악 혹은 비주얼을 찾아내고, 이것이 다시 서사를 만들어내는 식으로 이야기의 고리는 이어질 수 있다. 디지털 스토리텔링은 전통적 의미에서의 이야기하기보다 훨씬 더 포괄적이며, 언어적 요소 이외의 다른 요소들을 모두 아울러서 다시 새로운 이야기를 만들어낸다.[30]

전통적 의미의 스토리텔링과 디지털 스토리텔링의 차이

	전통적 스토리텔링	디지털 스토리텔링
매체	구술 / 문자	디지털 미디어
화자와 청중	화자/저자 1인 : 다수 청중	다수 화자 : 다수 청중
서사구조	선형성	비선형성, 다기성
엔딩	종결성	개방성
구성요소	서사	서사, 비주얼, 음향의 결합
감각기관	청각 / 시각	다감각성, 다매체성
전달방식	일방적	상호적

---

[29] 최예정·김성룡, 『스토리텔링과 내러티브』, 글누림, 2005, 18~23쪽.
[30] 위의 책, 28~31쪽.

역사 이래 이 땅에 살아온 수많은 사람들의 입에서 입으로 전해져 오던 이야기들, 그 오래된 것들이 콘텐츠라는 이름을 달고 새로운 양식으로, 새로운 스타일로 이야기되는 스토리텔링 시대를 살고 있다. 바꾸어 말해, 옛 것과 새 것이 융합되는 컨버전스(convergence)의 시대, 콘텐츠와 콘텐츠가 융합되는 퓨전의 시대를 살고 있는 것이다.[31]

그렇다고 고전문학에서 이야기하던 방식이 디지털미디어 환경에서 그대로 적용될 수는 없다. 따라서 새로운 매체에 맞는 이야기하기 방식이 요구되는 것이다. 콘텐츠 원형을 발굴하고 디지털 환경에 적합한 이야기로 재구성해 문화콘텐츠의 리소스로 제공하는 것은 인문학자들의 몫이다. 어떤 플랫폼을 이용해, 어떤 인터페이스 환경을 구현할 것이며, 이에 적합한 기술을 어떻게 개발할 것인지 고민하는 것은 기술 분야의 몫이다.

여기 <연오랑 세오녀>를 텍스트로 한 박제천의 현대시 <日月>의 스토리텔링 사례를 보자.

> 옛날 옛적에 한 부부가 살았습니다 동쪽 바닷가에 머물며 지아비는 고기를 잡고 지어미는 길쌈을 하였습니다 어느날 바다에 나간 지아비가 미역이랑 다시마를 거둬들이다가 바위 위에 올라앉아 땀을 들였습니다 그러자 그만 그 바위가 이 사내를 등에 태운 채 먼 섬나라로 가 버렸습니다 지어미는 돌아오지 않는 지아비를 찾아 바닷가를 헤매다가 그 사내가 남겨두고 간 신발을 보고서는 마음에 짚이는 것이 있어 저도 얼른 바위에 올라섰습니다 지아비 때와 마찬가지로 이번에도 바위는 물결을 타고 흘러가 섬나라로 그 여자를 데려다 주었습니다 그런데 참으로 이상한 일이 일어났습니다 이 부부가 섬나라로 떠나간 뒤부터 이 나라의 해와 달은

---

[31] 김영순·김 현 외, 앞의 책, 125쪽.

희미해졌습니다 그래서 사람들은 의논 끝에 섬나라로 그 부부를 찾아가 까닭을 물었더니 사내는 걱정없다는 듯 아내가 짠 고운 비단을 주면서 하늘에 제사를 드리면 된다는 것이었습니다 그리고 그 말대로 하였더니 과연 해와 달은 다시 정기를 찾았습니다 이렇게 옛날 옛적에는 해와 달이 사람으로 그 모습을 보이기도 하고 혹은 이쪽에서 해와 달이 되거나 산으로 서 있기도 하고 강물로 흘러가기도 하였습니다 꿈결같은 한 시절이었습니다

현대시가 설화를 스토리텔링 할 수 있는 것처럼 설화는 디지털콘텐츠로 스토리텔링 할 수 있다. 이 과정에서 연오랑과 세오녀 캐릭터는 해와 달이란 신화적 상상력에 맞는 인물로 재생산되어야 할 것이고, 시간은 딱히 신라 8대 아달라왕 때(157)로, 공간은 동해 바닷가로 한정하지 않아도 좋다. 신화적 상상력을 기반으로 디지털 스토리텔링을 하고자 한다면, 미지의 시간과 공간을 설정해도 좋은 것이다.

국가를 이루기 위해 다툼이 있던 시기, 두 나라가 있었다. 이때 제의에서 빛을 가진 신물(神物)을 얻어야 한다는 교시를 받은 ○○나라에서 신물을 찾는 모험을 시작한다. 결국 연오랑에게서 신물을 찾은 모험단의 수장은 그를 데리고 길을 떠난다. 홀로 남겨진 아내 세오녀도, 사실은 신물을 만들 수 있는 능력을 가진 인물이다. 사라진 남편을 찾아 나선 세오녀는 결국 오랜 시련 끝에 연오랑과 만나게 되고, 두 사람의 결합으로 세상의 질서에 일대 혼란이 일어난다. 그러나, 제의를 통해 신의 계시가 내리고 세오녀가 만든 '빛의 비단'이란 신물을 공유하면서 세상은 다시 질서를 회복한다.

이렇게 <연오랑 세오녀>는 애니메이션 콘텐츠나 판타지 게임 콘텐츠, 영화나 드라마 콘텐츠가 될 수 있는 이야기 형태로 바뀔 수 있다. 비단

설화만이 아니라 이야기 방식을 디지털 환경에 적합하도록 재구성함으로써 고전문학은 언제라도 다양한 이야기를 만들어낼 수 있는 이야기 자원 역할을 담당하는 것이다.

입사(入社), 변신, 꿈, 낙원 상실, 금기 위반, 희생양/속죄양, 방황, 길 떠남(추구, 모험), 경쟁, 귀환(귀향), 거울, 부모 찾기[심부(尋父), 심모(尋母)], 형제 갈등, 공모(共謀), 기아(棄兒), 구출, 탈출, 유혹, 복수, 수수께끼, 성숙, 의적(義賊), 근친상간 등은 설화 스토리텔링에서 자주 활용되는 모티프이다. 이 모티프들은 오늘날의 여러 가지 스토리텔링에서도 지속되는 생명력과 보편성을 가지고 있다.[32] 활용 가능한 문화원형이며, 스토리텔링의 소재인 것이다.

이렇게 원형이 되는 1차 콘텐츠의 경쟁력이 확보되어, 1차 콘텐츠의 스토리텔링이 경쟁력을 가지면, 디지털 컨버전스를 통해 2차, 3차 콘텐츠의 스토리텔링으로 이어지면서 상업적 성공을 기할 수도 있다.[33] 이런 점에서 콘텐츠의 스토리텔링 과정이 충실하게 이루어질 필요성이 부각되는 것이다.

2) 콘텐츠 원형 개발 : 원천자료 채취

원천자료 채취는 기초적이고 핵심적 부분이다. 채취된 원천자료에서 콘텐츠 원형을 개발하는 일련의 과정은 일차적이며 근원적인 작업이라는 점에서 다른 분야 종사자보다 고전문학 분야에서 두드러진 활동을 할 수 있다.

현재 고전문학을 콘텐츠물로 창조하는 단계 이전에 콘텐츠 소스를 개

---

[32] 류수열 외 5인, 『스토리텔링의 이해』, 글누림, 2007, 28쪽.
[33] 위의 책, 46쪽.

발·제공하는 사업이 활발하게 진행되고 있다. 한국문화콘텐츠진흥원은 콘텐츠 개발자를 지원하고, 개발된 콘텐츠를 해당 유통센터에 등록해서 지원자와 소비자가 상호 손쉽게 매매가 가능하도록 함으로써 문화콘텐츠 소스를 사업 실체로 만들어 주고 있다.

1. 조선시대 유산기(遊山記) 디지털콘텐츠 개발 / (재) 한국국학진흥원
2. 구전신화의 공간체계를 재구성한 판타지 콘텐츠의 원소스 개발 / 건국대학교 산학협력단
3. 한국인귀설화의 원형콘텐츠 개발 / 한양대학교 문화재연구소
4. 서사무가 바리공주의 하이퍼텍스트 만들기 및 그 샘플링 개발 / 한국예술종합학교
5. 오방대제와 한국 신들의 원형 및 인물 콘텐츠 개발 / 국민서관 주식회사
6. 조선시대 대하소설을 통한 시나리오 창작 소재 및 시각자료 개발 / (주)엔브레인
7. 한국 신화 원형의 개발 / 동아시테크(주)
8. 신화의 섬, 디지털 제주21 -제주도 신화 전설을 소재로 한 디지털 콘텐츠 개발 / 서울시스템(주) 등[34]

이 가운데 대하소설 18편[35]을 대상으로 시놉시스, 단위담 전형, 에피소드 전형, 시각 자료 등을 제공하는 '조선시대 대하소설을 통한 시나리오 창작 소재 및 시각자료 개발'을 중심으로 콘텐츠 원형 개발의 의미를 살펴보자.

---

[34] 한국문화콘텐츠진흥원 문화원형과제 문학·문헌 소재 문화원형
[35] 『명주보월빙』, 『창란호연록』, 『명주옥연재합록』, 『유효공선행록』, 『위씨오세삼난현행록』, 『소현성록』, 『유씨삼대록』, 『옥원재합기연』, 『임하정연』, 『천수석』, 『옥원전해』, 『옥수기』, 『화산설계록』, 『현씨양웅쌍린기』, 『쌍성봉효록』, 『보은기우록』, 『명주기봉』, 『옥란기연』

이 과제물은 고전문학 전공자가 중심이 되어 개발된 까닭에 고전문학계에서 공인된 서사단락 위주로 스토리를 정리하고 있으며, 방대한 이야기의 서사구조를 간결하게 이해하고 문화산업 창작에 활용하기 쉽게 배려하고 있다. 개발된 원형은 소설·드라마·영화 창작과 애니메이션 제작, 게임[36]·캐릭터·악세사리 산업, 관련 산업 고증에 활용될 수 있으며, 기대할 수 있는 효과는 다섯 가지로 정리할 수 있다. ① 세계대중문화 시장에 내놓을 수 있는 경쟁력 있는 문화콘텐츠 창출 가능, ② 현대 문화 산업물의 무의미한 폭력지향성과 비윤리성 문제 해결 가능, ③ 한국 전통 문화에 기반한 문화콘텐츠의 창작 모티브 및 창작 방법론 확보 가능, ④ 한국 고유의 문화적 아이템에 대한 세계 문화산업 시장과의 호환성 제고 가능, ⑤ 신구 세대에 문화적 자부심과 전통문화에 대한 애호심 함양이 그것인데 기대 효과를 얻을 수 있는 다양한 콘텐츠가 창작된다면, 고전소설을 바탕으로 극적 효과를 갖춘 탄탄한 콘텐츠 생산이 가능할 것이다.

신화, 전설, 소설, 실기(實記)에 이르는 여러 분야의 고전문학이 콘텐츠 원형으로 개발되어 시장에 제공됨으로써 테크놀로지와 결합하여, 다양한 매체로 생산된다면 OSMU를 실현할 수 있을 것이다. 고전문학 콘텐츠 원형 개발은 OSMU가 가능한 킬러콘텐츠 창조를 위한 튼튼한 밑그림이 될 것이다.

한국문화콘텐츠진흥원이 진행한 '2006년도 신규 문화원형과제' 가운데, 다음 두 가지 과제는 문화콘텐츠닷컴에서 활용되고 있다. 고전문학 전 영역에서 콘텐츠 원형 개발이 가능하다는 것을 입증하는 사례가 될 수 있다.

---

[36] 예를 들어 '독살사건 범인을 찾아라!!!'란 게임으로 활용할 수 있다. 부인 화씨, 부인 석씨, 부인 여씨 가운데 누가 독살을 한 것인지 범인을 찾아가는 과정에서 게임이 가능하다.

1. 표해록을 통한 시나리오 창작 소재 및 캐릭터 개발 → <표해록>
2. 한국적 감성에 기반한 이야기 문화원형 디지털콘텐츠화 → <한국적 감성에 기반한 이야기콘텐츠>

다만, 안타까운 것은 고전서사문학이 활발하게 콘텐츠 원형 개발을 하고 있는 반면에 고전시가문학은 전혀 활동이 이루어지지 않는다는 점이다. 서사구조를 갖춘 문학 작품이 콘텐츠 소스 가능성이 높은 것은 사실이나, (1) 향가와 배경서사에 짙게 나타난 서사적 성격, (2) 사랑과 이별의 과정을 노래한 고려속요, (3) 왕조 창업의 과정을 노래한 <용비어천가>나 불교사상의 요체를 석가의 일대기에서 찾은 <월인천강지곡>과 같은 서사시를 콘텐츠 원형으로 개발할 수도 있고, (4) 시조[37]나 (5) 다양한 성격을 가진 가사문학[38] 역시 충분히 가치 있는 콘텐츠 원형이 될 수 있을 것이다.

3) 교육콘텐츠 개발

학습용 CD-ROM, 혹은 이러닝 형태로 교육 환경을 바꾸고 흥미로운 학습을 유도하는 에듀테인먼트 콘텐츠는 대체로 저학년 학생들을 대상으로 활성화되고 있다. 학습 프로그램도 점점 다양해지고 있다.

고전문학은 어렵다는 선입견을 갖고 있는 고학년 학생들이 쉽게 고전문학에 접근할 수 있는 방법을 모색하는 방식으로 교육콘텐츠 개발은 필요하다. 텍스트, 그래픽, 이미지, 오디오 등 다양한 매체가 통합된 환

---

[37] 예를 들어 '시조놀이'라는 전통 민속놀이를 바탕으로 '시조' 에듀테인먼트 콘텐츠 개발도 가능하다.
[38] <노처녀가>의 '노처녀' 콘텐츠, <용부가>의 '어리석은 지어미' 콘텐츠도 좋고, <관동별곡>에 그려진 '관동8경'이 콘텐츠가 될 수도 있다.

경을 제공함에 따라 학습자가 입체적으로 내용을 이해하고 또한 즐겁게 몰입할 수 있게 만든다는 점, 학습자의 흥미와 수준에 따른 개별화 교육이 가능하다는 점, 엄청난 교육 내용 중 선별적 접근 가능성이 확대된다는 점, 무한정의 완벽한 재생을 기대할 수 있다는 점 등의 장점을 가진[39] 에듀테인먼트 콘텐츠를 개발하는 데는 개발자의 지식과 학습 방식에 대한 도전적 접근 자세가 요구된다.

기꺼이 학습하고자 하는 학습자의 적극성을 얻기 위해서는 콘텐츠 내용을 디지털 환경에 맞도록 흥미롭게 구성하는 것도 필요하지만, 무엇보다 학습이라는 본질을 만족시킬 수 있는 교육과정에 맞는 학습목표 선정, 해박하고 정확한 학문 지식 제공, 학습목표 달성 여부를 판단할 수 있는 평가방식 개발 등이 요구된다. 이 분야는 학자의 몫이다. 사이버아카데미가 활발하게 만들어지면서, 단순히 디지털 기기를 이용해 강의 현장을 녹화하여 온라인에 등록하는 교육콘텐츠는 쉽게 찾을 수 있다. 하지만 진정한 의미의 교육콘텐츠 활용 단계에 이르렀다고 볼 수 없는 실정이다.

예를 들어 <한림별곡>을 교육콘텐츠로 개발한다고 가정하자. 먼저 서사성을 획득할 수 있도록 시간과 공간과 사건을 한정해 보자. <한림별곡> 제1장은 고려 고종(1192~1259) 때 과장(科場)을 시·공간으로 설정하고, 훗날 한림제유(翰林諸儒)가 될 인물들이 모여 과거를 치르는 모습을 플래시 애니메이션을 이용해 만든다. 2D로 형상화된 각 인물 캐릭터를 지목하면 생애와 정치적 활동, 저작물이 화면에 나타나게 돼서 동시에 학습 영역을 넓힐 수 있다. 이렇게 2장에서 8장에 이르는 환경을 여러 방식으로 만들되 마지막에 가서는 노래문학이란 특성을 확실하게

---

[39] 최예정·김성룡, 앞의 책, 196쪽.

알 수 있도록 음악콘텐츠를 만들어 통합하는 것도 가능하다. 이런 방식으로 경기체가의 효시인 <한림별곡>을 이해했다면 여타의 경기체가를 창작연대에 따라 순차적으로 보여줌으로써 고려 경기체가와 조선 경기체가의 계승과 변이를 총체적으로 이해할 수 있다.

이런 전개방식을 바탕으로 무대가 바뀌면 고려 궁궐 밖으로 음악소리가 들린다. 궁궐을 엿보니 당악(唐樂)과 속악(俗樂)이 번갈아 연주되며 정재(呈才)가 한창이다. 충렬왕과 여러 행신(幸臣)이 들어선 가운데로 춤과 노래가 들리는데, 노래 가락은 다름 아닌 <쌍화점>이다. 음란하기가 그지없으나, 한창 흥에 취한 그들은 마냥 즐겁다. 차례로 망국(亡國)의 노래는 연주되고 날은 어두워진다. 특히, 속요는 여성화자 중심의, 서사가 있는 시가문학이다. 앞서 언급한 스토리텔링 과정을 통해 어려운 어휘를 쉽게 이해할 수 있도록 재창조한다면 학습자가 쉽게 이해할 수 있을 것이다.

고등 교육콘텐츠가 주로 동영상 강의 위주로 미미하게 사용되는 것은 수요가 없기 때문이다. 그러나 공급되는 콘텐츠의 질이 높고 학습 효과를 충분히 기대할 수 있다면 언제라도 이용 가능한, 준비된 수요자는 많다. 따라서 우량한 교육콘텐츠 개발을 위한 노력이 현장에 있는 교수자가 중심이 되어 이루어진다면 잠재적 시장은 무척 넓다고 예측할 수 있다.

5. 고전문학 콘텐츠화를 위한 제언

고전문학을 전공하면서 고전문학을 역사의 유물(遺物)이라고 생각해 본 적이 없다. 현재도 적용 가능한 지식의 산물이 고전문학이기에, 유효성은 항상 있다는 믿음을 갖고 있다. 그러나 환경에 맞는 변화는 필요하다고 생각한다. 그렇다고 학문이 본질을 벗어나서 산업의 도구가 될 수는 없는 노릇이다. 콘텐츠 발상이란 측면에서 인문학이 가진 기회를 살릴 수 있는 방법을 모색해야 한다.

이를 위해 고전문학 콘텐트화 사례를 찾아보았다. 문제는 기대 이상의 활용 사례를 찾기는 어렵다는 점, 이미 대중적으로 알려진 문학 작품만이 콘텐츠로 개발된 한계가 있었다. 고전문학의 폭이 고작 몇몇 작품에 한정될 수는 없고, 문학적 의미가 일방적으로 해석될 수는 없는데도 말이다.

그렇기 때문에 구체적 방안을 모색할 필요가 있다. 텍스트 콘텐츠를 디지털 콘텐츠로 바꿀 수 있는 '이야기 다시 쓰기'가 필요하고, 콘텐츠 원형 개발도 필요하다. 잘 만들어진 콘텐츠 원형을 활용하는 것은 문화콘텐츠 산업 종사자의 몫이다. 무엇보다 고전문학을 교수하는 입장에서 교육콘텐츠를 개발하여 직접 활용해야 한다. 새로운 학습 환경에 맞는 교육콘텐츠 개발은 교육 현장에서 바로 이용 가능하다.

문화산업의 콘텐츠를 만들어 낼 수 있는 힘의 원천이 되는 상상력이나 창작력은 다름 아닌 인문학에 있다. 특히, 고전문학은 콘텐츠 원형이 온전히 살아있는 문화자원이다. 문화자원을 축적하는 일 못지않게 문화자원을 개발하는 일도 필요하며, 시대의 부름에 응할 수 있는 형태로 재생산할 필요도 있다. 따라서 고전문학 전공자는 텍스트 콘텐츠를 발굴하고 연구하는 기본적 자세는 물론이고, 변화하는 시대에 맞는, 계승과 발전을 도모할 수 있는 자세도 필요하다.

여전히 인문학자들은 기초학문을 중시 여긴다. 실효성을 중요시하는 사회 분위기에 의해 학문이 산업화되어 가는 것을 경계하기도 한다. 하지만 새로운 창작력과 상상력의 모태가 될 문화유산을 수집·정리하는 작업에서 출발하여, 꼼꼼한 텍스트 읽기를 통해 원형을 채취·개발해야 한다. 이로써 문화콘텐츠 소재를 지원하여, 문화산업으로 발전할 수 있는 여건을 마련해야 한다. 무엇보다 이와 같은 일을 담당할 기초인력이 필요한 시대가 지금인 것이다.

참고문헌

김영순·김 현 외,『인문학과 문화콘텐츠』, 다홀미디어, 2006.
류수열 외 5인,『스토리텔링의 이해』, 글누림, 2007.
박재복,『한류, 글로벌 시대의 문화경쟁력』, 삼성경제연구소, 2005.
백욱인,『디지털이 세상을 바꾼다』, 문학과 지성사, 1998.
송정란,『스토리텔링의 이해와 실제』, 문학아카데미, 2006.
최예정·김성룡,『스토리텔링과 내러티브』, 글누림, 2005.
함복희,『한국문학의 문화콘텐츠화 방안』, (주)북스힐, 2007.

증강현실(AR)과 어린이디지털콘텐츠

서 동 수

1. 어린이의 발견과 디지털콘텐츠

　일반적인 생각과 달리 '어린이'라는 개념은 '태초'부터 존재했던 것이 아니다. 오늘 우리가 생각하는, 즉 보호와 양육의 대상이자 동심으로 가득 찬 순백의 존재인 '어린이'는 사실 근대의 시작과 함께 만들어진 것이다. 역사학에서도 근대적인 의미의 어린이의 발견을 농업의존형의 사회에서 공업화 사회로 전환하기 시작한 17~18세기의 서구사회로 보는 것을 정설로 하고 있다. 일본의 경우도 에도(江戶:1590~1868) 시대에 비로소 '아동관이 태동하기 시작했다.[1]
　우리의 경우도 예외는 아니었다. 일반적으로 개화기라고 알려진 1876년 개항으로부터 1910년 한일병탄에 이르는 시기에 '어린이'에 대한 새

---

[1] 혼다 마스코, 구수진(역), 『20세기는 어린이를 어떻게 보았는가』, 한림토이북, 2002, 16쪽.

로운 발견이 시작되었다. "당시 한국이 독립국가가 되고 제국주의 열강과 어깨를 나란히 할 수 있기 위해서는 타자에 대한 확실한 인식이 필요했다. 그렇다면 당시 조선의 지식인들의 눈에 비친 문명의 실체는 무엇이었을까? 광폭한 굉음을 내며 대지를 육박해 가로지는 철도, 쏜살같이 해면을 가로지르며 미끄러지는 함선 등이 문명의 실체 중의 하나였을 것이다. 하지만 이보다 더 강렬하게 그들의 눈을 사로잡은 것이 있었다. 그것은 다름 아닌 혈기 왕성하고 기질이 견확하며 장대한 근골을 지닌 서양 인종의 건강함이다. 당시의 한국은 서양 인종의 강건함 속에서 철도와 함선 등의 문명을 창출할 수 있는 원동력을 보았다. 한국인을 서양 인종과 같은 건강한 신체로 만드는 것, '무쇠 골격과 동 근육을 지닌 충렬사의 더운 피로 살아가는 소년 남자'(「소년 남자가」, 1907)를 동력으로 해서 문명을 창출하고 모든 민중을 국민국가의 구성원으로 새롭게 재배치하는 것이 목표였다."[2]

특히 어린이(아동)는 새롭게 주목받기 시작했다. 이전까지만 해도 어린이는 그저 어리석은 존재였다. 그들은 무지하며 절제할 줄 모르는 그저 사고뭉치로 인식되었다. "'어리다'라는 의미도 연령 개념이라기보다는 지적인 측면을 가리키는 용어이다. 훈민정음에 나오는 '어린 백성'도 나이가 어린 것이 아닌 '어리석다'의 의미가 더 강하다. 17세기 이전 프랑스를 비롯해 유럽에서는 어린이라는 관념이 의존이라는 관념과 결부되어 있었다. 주인(master)에 대해 의존을 필요로 하는 모든 사람들, 예로 들면 종복, 직공, 군이 등이 모두 어린이로 불렸다."[3]

---

[2] 이승원, 오선민, 정여울, 『국민국가의 정치적 상상력』, 소명출판, 2003, 18~19쪽.
[3] 조형근, 「'어린이기'의 탄생과 근대적 가족모델의 등장」, 『근대성의 경계를 찾아서』, 사회과학연구소 편, 샛길, 1997, 135~136쪽, 김행숙, 『문학이란 무엇이었는가』, 소명출판, 2005, 235쪽 재인용.

하지만 근대로 진입하면서 어린이는 의존과 무지의 존재가 아닌 새 시대의 새 인물로 새롭게 등장한다. 새로운 형태인 근대국가는 백성이 아닌 국민을 필요로 했고, 그런 측면에서 어린이는 새로움을 표상하기에 가장 적합한 대상이었다. 구습에 물들지 않은 아동의 '새로움'이 근대국가라는 형식의 '새로움'에 자연스럽게 연결되는 계기가 되었다. "어린이에 대한 기대는 호칭에서도 보이는데, '소년 한반도', '소년 대한' 등의 말이 유행하고 '大韓으로 하야곰 少年의 나라'가 되게 하라는 언명이 등장한다. 이러한 명명법은 제국의 침탈이라는 위기의 시점에 외세를 막아내 힘 있는 문명국가를 건설할 새로운 주체, '국민의 한 分子' (「시스평론-責亡骨」, 『대한매일신보』, 1908. 10. 17)로 경험하는 방식이었다."[4]

새로운 세상에 새로운 주인으로 선택받은 아동에게는 이제 '국민'이 되기 위한 중요한 임무가 부여된다. 국민이 된다는 것은 근대 국가의 구성원으로서 갖춰야 할 요건들을 학습하고 실천하는 즉, '국민의 기억'을 저장하는 작업이다. 당시 지식인들은 아동의 신체에 '국민의 기억'을 새기기 위한 작업에 몰두하는데 바로 담론의 생산이었다. 아동을 둘러싼 담론의 모습은 명명법, 질병과 위생, 신체와 건강, 애국적 영웅 등 근대적 인간으로의 전환을 담고 있었다. 어린이에 대한 새로운 인식과 교육을 위해 활용된 것이 바로 문화콘텐츠에 해당하는 책과 신문, 연극 등이었다. 개화기 당시 발행되던 신문 안에는 어린이를 계몽의 대상이자 주체로 세우려는 내용들로 가득 차 있었으며, 최남선은 대한제국의 소년을 길러내기 위해 『소년』, 『청춘』과 같은 잡지를 간행하기도 했다. 조선총독부에서는 채록한 민담을 번역, 개작한 최초의 전래동화집 『조선동화

---

[4] 조은숙, 「한국 아동문학의 형성과정 연구」, 고려대 박사논문, 2005.6, 30쪽.

집』(1924)을 간행한다. 이후 1926년에 출간된 나까무라 료헤이(中村 亮平)는 43편의 동화와 2편의 고소설, 17편의 전설이 수록된『조선동화집』을, 시부사와 세이카의『조선민화집』, 다나까 우메키치(田中 梅吉)의『일본석화집』(1929), 송금선이 조선민담을 모아 동화로 다듬은『조선동화집』이란 제목으로 1930년『경성일보』에 총 22편을 연재하였다.[5]

특히 1920년대는 아동물 발간이 폭증하기에 이른다. 총독부 경무국의 <조선어 출판물 허가건수>(1929)에서 드러난 것처럼, '동요', '동화', '아동독물'의 종수를 합치면 어린이 책이 신소설의 발간 종수에 육박하는 수준에 이른다. 방정환의 번안 동화집『사랑의 선물』은 1920년대 전체 책 중에서 최대의 베스트셀러였다. 1925년 4월에 6판 총 12.000부에 이어 7판 2.000부가 매진되어 간다는 광고가 발견되며, 1925년 8판 총 16.000부 판매, 1926년 7월에 10판이 발행되었다는 광고가 나와 거의 20.000부가 팔린 것으로 보인다. 단행본뿐만 아니라 어린이 잡지도 1920년대 중반부터 크게 증가하였으며, 1930년대 초에는 이미 쏟아져 나온 아동물 가운데 적절한 선택을 하는 것이 중요한 관심사가 되기도 했다.[6] 읽을거리가 전무했던 그 시대에 어린이들은 신문과 잡지, 동화책 등을 통해 시대와 변화를 읽어갈 수 있었고, 자신이 어떠한 존재인지, 어떠한 존재여야 하는지를 깨달아갈 수 있었다.

---

[5] 서동수,「아동의 발견과 '식민지 국민'의 기획」,『동화와번역』16집, 건국대학교 동화와번역연구소, 2008.12.
[6] 천정환,『근대의 책읽기』, 푸른역사, 2003. 참조.

이렇게 어린이에 대한 새로운 인식이 바뀌기 시작된 지 100여 년이 지나면서 어린이 관련 문화콘텐츠는 그 시간만큼이나 더욱 다양해지고 복잡해지고 있다. 어린이 관련 콘텐츠는 그 다양성과 종류를 넘어서서 시장의 블루오션이 되고 있다. 서적의 경우만보더라도 특유의 교육열과 결합하여 다양한 형태와 내용의 서적들이 쏟아져 나오고 있다. 당장 기억 나는 것만 적어 봐도, Y시리즈, 마법천자문, 나타한 부수한자, 노아X엑스 에코가디언, 메이플스토리 소문난 도둑시리즈(수학, 한자, 과학도둑) 등의 학습만화들이 있으며, 그 외에도 각종 다양한 동화책, 그림책들을 합하면 수 없이 많은 종류의 서적들이 나오고 있다. 어린이 서적들은 일종의 원소스 멀티유즈의 출발점이 되어 영화나 애니메이션, 게임, 에듀테인먼트 등으로 확장되고 있다. 특히 디지털 시대에 접어들면서 기존의 아날로그 콘텐츠뿐만 아니라 IT기술과 접목된 새로운 디지털콘텐츠들이 등장하기 시작했다. 어린이 디지털콘텐츠는 특히 학습과 관련된 에듀테인먼트 쪽에서 강세를 보이고 있다. 교육과 놀이 그리고 IT 기술이 결합된 에듀테인먼트 콘텐츠는 이러닝, 게임 등의 모습으로 확산되고 있다.

다음 장에서는 최근 들어 디지털콘텐츠 중 각광 받고 있는 증강현실을 중심으로 살펴보도록 하겠다.

2. 가상과 현실의 중첩-증강현실(Augmented Reality)

1) 증강현실의 개념과 특성

인간은 이미 오랜 시절부터 가상과 밀접한 관계를 지니고 있었다. 좀 더 엄밀히 말하면 인간은 현실과 가상의 중첩 속에서 살아왔다. 선사시대 인류들은 깊은 동굴 속의 벽에 그림을 그리곤 했다. 그들은 동굴의 벽에 동물들을 사냥하는 모습을 그렸다. 왜 그들은 그 어둡고 축축한 동굴 속까지 들어가서 그림을 그려야 했을까? 만일 오늘날처럼 만인에게 보이기 위한 '작품'이었다면 굳이 관람이 어려운 그곳까지 들어갈 이유가 없었을 것이다. 그들의 그림은 결코 감상용이거나 미적 충동의 산물은 아니었다. 선사의 인류에게 동굴은 가상의 세계를 펼칠 수 있는 일종의 '장'이었고, 동굴의 어둠은 마법의 물감이었다. 그들은 집단의 혹은 개인의 욕망을 어둠 속에 풀어놓았다. 도망가는 동물을 향해 창과 화살을 날리자 거대한 동물이 맥없이 쓰러지고 그 덕에 가족들이 오늘도 배불리 먹을 수 있는 행복한 가상을 그림 속에 풀어 놓는다. 그리고 이 가상은 현실과 연동된다. 사냥이 성공하면 그것은 곧 가상이 실현된 것이라고 굳게 믿었기 때문이다. 이처럼 행복한 가상은 척박한 현실을 살아가는 힘이 된다. 고전소설이나 판타지문학이 보여주는 환상성, 고달픈 현실을 잊기 위해 뛰어드는 디지털 가상의 세계처럼 우리의 삶이란 늘 냉혹하고 어김없이 인과율에 둘러싸인 현실만 존재하는 것은 아니다. 현실과 가상이 중첩되는 그 길 위에서 우리의 삶은 지속되고 있는 것이다. 이처럼 인류의 삶 속에서 현실과 가상은 단절 없이 매끄럽게 이어져 있었다. 이처럼 가상과 현실이 중첩되어 있는 상태를 파타피지컬(pataphysical)이라고 부른다. 파타피지컬한 상황은 디지털 시대를 통해 더욱 현실감 있게 다가오는데 증강현실(Augmented Reality)이 대표적이다.

오늘날 현실과 가상의 중첩이 과학기술과 결합하고 있는데, 이것이 바로 증강현실이다. "아즈마(Ronald T. Azuma)에 따르면 증강현실은 실세계와 가상세계를 '이음새없이(seamless)' 실시간으로 혼합해 사용자에게 좀 더 향상된 몰입감과 현실감을 제공하는 기술로 알려져 있다. 증강현실은 세 가지 조건을 충족시켜야 하는데, 첫째는 현실과 가상이 함께 존재해야 하며, 다음으로는 실시간 상호작용이 이루어져야 하며, 마지막으로 3차원 환경의 필요이다. 현실과 가상 사이에 존재하는 환경의 연속성은 현실, 증강현실, 증강가상, 가상현실의 순이며, 이 네 가지 차원 모두를 혼합현실(mixes reality)라고 부른다. 증강현실의 차원은 궁극적으로 현실과 가상 사이에 실시간으로 존재하는 세계이다. 그리고 실시간이라는 점은 현실세계와 가상세계 사이의 연속성을 형성하는데, 이는 가상현실에 비해 증강현실의 몰입감과 사용성을 향상시키는 동시에 현실과 분리된 공간으로서 하나의 독립된 공간을 형성하는 가상현실과 뚜렷하게 구분되는 점이기도 하다."[7]

증강현실을 이해하기 위해 다음의 이야기를 들어보자.

"중국에는 이미지의 마술에 관한 전설이 세 가지 있다. 그중 첫째 전설은 벤야민을 통해 우리에게 전해진다. 예술작품에 집중하는 사람은 그 안에 침잠한다. 어느 중국 화가가 자신의 완성된 작품을 보고 그렇게 했던 것처럼 그림 안으로 들어간다. 둘째 전설은 <수형기(水衡記)>(1628~1639)의 고사(故事)이다. 양(梁)나라의 장승요가 금릉에 있는 안락사(安樂寺) 벽에 그려진 용의 눈에 눈동자를 찍자 용이 벽에서 나와 승천했다고 한다. 마지막 전설에 따르면, 언제인가 중국의 한 황제가 궁정 수석 화가에게

---

[7] 하상희, 「증강현실 책 일러스트레이션 이미지의 사용자 경험요소」, 『일러스트레이션 포럼』37, 한국일러스트레이션학회, 2013.12.30, 127쪽.

그가 궁궐에 그렸던 벽화를 지워버리라고 하명했다. 그 벽화 속의 물소리가 잠을 설치게 한다는 이유로 지우라고 했다는 것이다.

첫째 전설에서는 인간이 가상으로 걸어 들어가고, 둘째 전설에서는 가상이 현실로 튀어나오고, 셋째 전설에서는 가상이 살아 움직인다. 이 세 가지는 이미 기술적으로 실현되었다. 우리는 이 첫째 마술을 '가상현실(virtual reality)'이라 부른다. 이른바 '몰입기술'을 통해 현실의 주체는 가상의 세계에 입장한다. 둘째 마술은 '증강현실(augmented reality)'이라 불린다. 여기서는 영상인식, 위치추적 등을 통해 가상의 좌표를 현실적 좌표와 매치함으로써 가상이 현실의 공간에 중첩된다. 셋째 마술은 '인공생명(artificial life)'이라 부른다. 오늘날 이미지는 '진화 알고리즘'을 통해 스스로 증식하고 진화한다."[8]

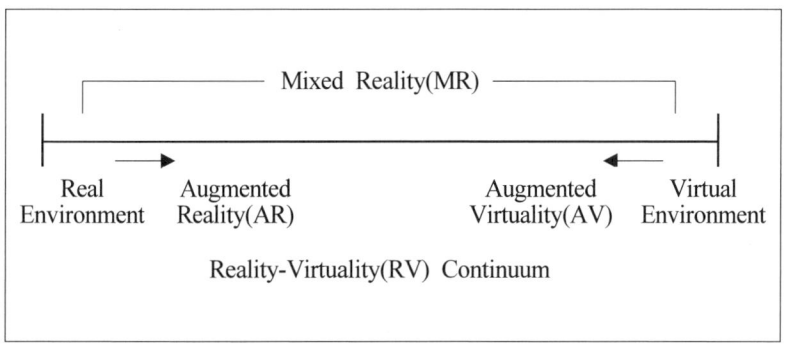

---

[8] 진중권, 『이미지인문학1』, 천년의상상, 2014, 62~66쪽.

위 그림에서 보듯 증강현실과 가상현실(Virtual Reality) 간에는 분명한 차이가 있다.[9] 가상현실이 컴퓨터가 만들어낸 가상의 환경을 경험하는 것이라면, 증강현실은 실재의 환경에 프로그램이 생성한 이미지와 정보를 겹쳐 만든 세계이다. 이른바 증강현실은 환상과 실재 사이의 간극을 봉합선 없이 매끄럽게 이어주는 역할을 한다.

하지만 이러한 매체적 특성을 효과적으로 살릴 수 있는 콘텐츠의 개발을 위해서는 비디오카메라, 웹캠 등의 입력장치가 필수적이며, HMD(Head Mounted Display)나 모니터 등의 디스플레이 장치들이 필요하다. 그런데 여기에도 문제가 있다. 입력장치나 디스플레이 장치가 뛰어날수록 현존감과 몰입감은 증대하지만 일반 사용자가 고가의 비디오카메라나 HMD를 이용하기란 현실적으로 쉽지 않기 때문이다. 그래서 현실적인 대안으로 등장한 것이 웹캠과 모니터 등을 이용한 모니터 기반 증강현실이다. 이를 위해서는 컴퓨터와 이를 이용한 네트워크 환경이 제공되어야 하는 기술적 문제해결이 필수이다. 최근 모바일 환경에서의 증강현실 구현기술이 이에 대한 대안으로 주목받는 이유가 여기에 있다.

모바일 증강현실 서비스는 모바일 기기를 통해 가상의 콘텐츠를 현실 공간에 정합(registration)하고 상호작용을 가능하게 하는 서비스이다. 모바일 플랫폼은 시간과 장소에 상관없이 언제 어디서나 활용할 수 있다는 이동성과 함께 이동통신 및 인터넷 활용을 위한 정보 네트워크 구축, 다양한 애플리케이션 콘텐츠 표현 및 영상 콘텐츠 출력을 위한 고해상도 디스플레이와 고성능 정보처리장치(CPU), 디지털 카메라, 전자 나침반, GPS, 위치표시 등 다양한 기술을 하나에 융합한 집적성의 특징 때문에

---

[9] 위 그림은 Mark Billinghurst, Hirokazu Kato, Ivan Poupyrev, "*The MagicBook: A Transitional AR Interface*", Computers & Graphics, Volume 25, Issue 5, October 2001 참조.

높은 활용성을 보장할 수 있다. 실제 국내 스마트폰의 보급률은 60%에 달하며 스마트폰의 다양한 기능을 이용할 수많은 애플리케이션 콘텐츠들이 개발되어 보급되고 있다. 모바일 플랫폼을 이용한 모바일 증강현실은 모바일 기기에 내장된 디지털 카메라를 통해 수용된 실세계 정보와 콘텐츠 제공자가 제공하는 가상정보를 모바일 유무선 네트워크를 통해 빠르게 교류할 수 있으며 두 정보를 혼합하여 증강된 정보를 고해상도의 디스플레이에 실시간으로 표시해 줌으로써 사용자에게 효과적으로 증강현실을 체험할 수 있도록 해준다.[10]

2) 증강현실 콘텐츠의 사례

(1) 증강현실을 이용한 광고

- 비타500

① 메인디자인 화면   ② 멤버 선택

---

[10] 이인숙, 「스마트러닝에서 모바일 증강현실의 효과적인 활용 방향성 제안」, 『한국디자인포럼』, 한국디자인트렌드학회, 2013.8, 200~201쪽.

③ AR마커 선택   ④ 증강현실 재현장면

  비타500은 가수 소녀시대를 모델로 삼아 '나는 너의 비타민'이라는 콘셉으로 한 증강현실 광고이다. 먼저 비타500 홈페이지에서 어플을 다운 받아 실행하면 9명의 멤버들이 등장하는데, 이때 자신이 원하는 멤버를 선택한 후 제품의 AR마커를 비추면 선택한 인물이 등장해 노래를 부른다. 이 광고는 자신이 좋아하는 연예인을 언제 어디서나 실제 공간 위에 재현시킬 수 있다는 판타지에 초점을 두고 있다. 제품이 놓이는 공간이라면, 즉 자신의 사적인 공간 속에서 자신이 좋아하는 연예인을 호출할 수 있다는 즐거운 상상이 증강 기술을 통해 실현되고 있는 것이다.

■ 기아자동차 레이

　증강현실을 구현하려면 먼저 신문 속 기아 레이 광고 면을 펼친다. 그 다음 신문광고에 있는 QR코드를 스캔한 후 RAY앱을 다운받아 실행하면 증강현실 광고가 시작된다. 레이 자동차가 광고 사진을 뚫고 등장하는 장면이 스마트폰 화면 속에서 펼쳐진다. 세 대의 각기 다른 색을 지닌 레이 자동차는 회전하면서 다양한 모습을 보여주는데, 손동작으로 자동차를 회전시켜 여러 측면에서 관찰할 수 있다. 또 화면 하단부에 있는 색깔을 선택하면 거기에 맞춰 차량의 색이 변한다. 부분적인 측면

도 확대하여 볼 수 있어 직접 매장에 가지 않고도 손바닥 안에서 차량의 기능이나 특징들을 확인할 수 있다. 레이의 경우 지하철의 광고지나 PC를 통해서도 증강현실 광고를 경험할 수 있도록 해 놓았다.

■ 이케아(IKEA) 광고

가구 브랜드인 IKEA의 증강현실 광고는 가구를 설치하고 싶은 자리에다 IKEA 잡지를 놓은 후 스마트폰이나 테블릿으로 보면 그 자리에 가구가 증강되는 방식이다. 이 광고의 장점은 실재로 가구매장을 방문해

야 하는 불편을 해소하는데 있다. 뿐만 아니라 실재 가구가 집과 얼마나 잘 어울릴 수 있는지 확인해 볼 수도 있다. 유저(user)는 집 안의 곳곳에 자신이 원하는 가구를 배치해 볼 수 있는데, 이미지가 실재 가구와 동일할 뿐만 아니라 집 안에 놓일 공간에 맞도록 크기도 비례하기 때문에 더욱 현실감을 증폭시킨다. 따라서 유저(user)는 다양한 가구를 다양한 공간에 배치해 볼 수 있으며, 심지어 여러 사람이 함께 실행하면 거실 전체를 다양한 가구들로 배치할 수도 있다.

(2) 증강현실을 이용한 게임

증강현실 기술을 활용한 게임들도 활발하게 등장하고 있다. 아마도 증강현실 기술은 게임과 에듀테인먼트에서 가장 활발히 사용될 것으로 보이는데, 흥미성과 몰입도를 높이는데 매우 효과적이기 때문이다. 현재 시중에 나와 있는 증강현실 게임 가운데 주목할 만한 것으로는 <포켓몬 고>와 <나이트 테러즈>이다.

<포켓몬 고>는 유명한 애니메이션을 원작으로 한 디지털 게임이다. <포켓몬 고>의 경우, "2014년 만우절 깜짝 이벤트로 구글 지도 앱에 등장했던 포켓몬스터로서 2016년에 현실화할 전망이다. 포켓몬 컴퍼니와

닌텐도 그리고 인그레스를 개발한 나이안틱이 뭉쳐서 제작하기로 한 <포켓몬 고>는 위치 정보를 이용해 지구상 어딘가에 나타나는 포켓몬스터를 잡고 교환하며 싸울 수 있도록 고안한 게임이다. 증강현실 기술을 적용해 카메라를 비추면 화면 안에 포켓몬스터가 나타난다. 운영체계는 구글 안드로이드와 애플 iOS를 모두 지원한다. 스마트폰 화면을 보지 않아도 게임을 즐길 수 있는 주변기기인 '포켓몬 고 플러스'도 함께 개발된다. 이 기기는 블루투스 통신을 통해 스마트폰과 연결되며 주위의 포켓몬스터를 발견하면 LED 램프나 진동을 통해 알려준다. 이때 버튼을 누르면 포켓몬스터를 잡을 수 있다. 시계처럼 손목에 차거나 배지처럼 가슴에 달고 다닐 수도 있다. 2016년 일본과 미국을 포함한 전세계를 대상으로 서비스를 실시할 계획이다."[11]

<나이트 테러즈>는 증강현실 기술을 활용한 호러 게임이다. LED 빛으로 어두운 집안을 돌아다니면 갑자기 유령이나 괴물이 튀어나오는 게임이다.

 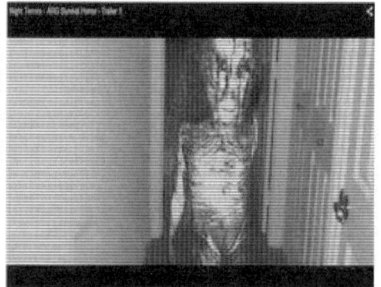

---

[11] https://brunch.co.kr/@matt/79

스마트폰이 건물 구조를 인식하며 으스스한 효과음으로 인해 긴장감을 극대화시킨다. 그러다 갑자기 귀신이나 좀비가 등장하여 유저(user)의 혼을 쏙 빼놓는 게임이다. 이 게임의 가장 큰 장점은 바로 자신의 집이 곧 호러의 세계가 될 수 있다는 점이다. 흔히 공포 영화를 보고 집에 들어오면 왠지 으스스한 느낌이 드는데, 이 게임은 바로 영화 속 감정을 자신의 집으로 그대로 옮겨올 수 있다는 데 있다. 가장 편안하고 안전하다고 생각했던 자신의 집이 갑자기 원혼과 악령들이 살고 있는 공포의 장소로 변한다는 점, 그리고 게임 이후에도 이 느낌들이 지속되어 현실과 가상 간의 구별이 모호해질 수 있다는 효과가 있다. 이러한 느낌을 극대화하기 위해 귀신과 괴물들을 컴퓨터 그래픽으로 하지 않았다. 사실감을 높이기 위해 분장한 배우들이 직접 연기하는 것을 모션캡쳐로 촬영했으며, 화분, 액자 등의 사물도 인식하여 스마트 폰 화면 속에서 움직이는 것처럼 보이도록 제작하였다. 스마트폰보다 구글 글래스로 게임을 즐기면 웬만한 공포영화는 아마도 시시하게 느껴질 것이다.

(3) 전시기관[12]

한성백제박물관은 증강현실(AR)과 3D트래킹 기술을 도입하여 참여형 서비스 위주로 콘텐츠를 구축한 서비스를 제공하고 있다. 증강현실을 이용해 백제 칠지도를 왜에 전달하는 이야기, 고구려와의 전쟁을 승리로 이끈 근초고왕의 모습 등 8가지 재미있고 의미 있는 이야기를 제공하고 있다. 기존 전시안내시스템에서 벗어나 증강현실 기반의 IT기술과 스토리텔링, 스마트폰을 통해 재미와 흥미적 요소를 강화시켜 관람객에게 보다 새롭고 신선한 방법으로 한성백제의 역사와 문화를 알리고 있다.

---

[12] 전시기관의 사례는 정희경, 김경훈의 「에듀테인먼트 콘텐츠를 위한 증강현실 전시기반(ARD) 인지학습 연구」(『한국과학예술포럼』17, 2014.9)의 내용을 참고함.

　국립고궁박물관에서 관람객들이 증강현실(Augmented Reality) 태블릿PC로 동궐도를 바라보고 있다. 국립고궁박물관은 한국과학기술연구원(KIST), 한국콘텐츠진흥원과 함께 증강현실 기술을 동궐도에 적용해 관람객들이 창덕궁과 창경궁의 생활을 생생하게 볼 수 있도록 했다. 우선 발표지판에서 전시작을 스캔한 후 AR 드라마를 감상할 수 있으며 문화해설도 들을 수 있다. 풍납토성 성벽단면(좌, 우), 몽촌토성, 나루터, 동명사당, 칠지도, 백제선박(내, 외부) 등을 3D 동영상으로 제공하고 있다. 또 스마트폰에 부착된 태그를 전시실 안에 있는 RFID 리더기에 터치하면 자동으로 현재위치와 유물정보 영상을 볼 수 있다.

멀티미디어를 이용한 증강현실 기반의 고궁안내정보 탐색체험

3. 증강현실과 그림책의 만남 : AR-Book

어린이 관련 콘텐츠 중에서 가장 많은 부분을 차지하고 있는 것을 고르라고 한다면 아마도 '책'일 것이며, 그 중에서도 동화책이 압도적일 것이다. 기존의 동화는 인쇄물의 형태가 지배적이었다. 하지만 미디어환경의 급변은 자연스럽게 독서환경의 변화까지도 가져왔다. 특히 디지털 기술의 발달은 기존의 종이책에서 멀티미디어북(multimedia book), e-book, u-book, 전자북 등 다양한 텍스트로 전환하는 계기가 되었다. 그 중에서도 최근 새롭게 각광 받고 있는 AR북은 증강현실 기술을 통해 아날로그 책의 한계를 극복할 수 있는 대안 텍스트로 주목받고 있다. 기존의 종이책은 그 유용성에도 불과하고 정해진 분량과 지면의 공간, 정보량의 한계 등 여러 문제점을 지니고 있었다. 하지만 AR북은 기존의 한계들을 극복하고 그동안 경험할 수 없었던 새로운 세계를 보여줄 수 있다는 점에서 주목받고 있다. AR북은 말 그대로 AR 기술과 아날로그의 책이 만난 디지털콘텐츠이다. 일반 e-Book이 모니터를 통한 독서행위라면, AR북은 실제의 책 위에 가상의 장면들이 모니터를 통해 실현되는 방식이다. 일종의 팝업북의 디지털버전인 셈이다.

AR-Book 제작원리[13]

"2010년 광주과학기술원 산하의 실감·상호작용형 차세대 U-Book 저작 툴 키트 개발팀은 특수 안경으로 보면 홀로그램처럼 책 위에 이야기가 구현되는 일종의 3차원(3D) 그림책인 '디지로그북' 기술을 내놨다. 디지로그북은 일반 책과 모양은 비슷하지만 군데군데 특수 코드를 입력해 놓은 책이다. 스마트폰 카메라나 3D 전용 안경 등으로 바라보면 단순히 글자뿐만 아니라 생동감 넘치는 동영상이 눈앞에 펼쳐진다.

최광욱 연구원은 디지로그북 <홍길동전>에선 용의 울음소리도 생생하게 들을 수 있다고 설명했다."[14] 이 책을 소개한 동영상에 의하면, 책을

---

[13] 그림은 Azfar Bin Tomi, Dayang Rohaya, Awang Rambli, *An Interactive Mobile Augmented Reality Magical Playbook: Learning Number with the Thirsty Crow*, Procedia Computer Science, Volume 25, p.125.에서 인용함.

펼치는 순간 책 속의 배경이 3차원 그래픽으로 재현되고 등장인물이 3D로 나타난다. 인물들은 책 속의 그림과 이야기를 바탕으로 움직임을 보여주며 배경의 효과음과 인물들의 간단한 음성이 지원된다. 책을 움직여도 입체감이 유지가 된다. 하지만 그래픽이나 인물들의 움직임은 매우 초보적인 형태라서 지금의 독자들에게 만족감을 주기에는 한계를 지니고 있다. 이 작품의 의미는 본격적인 AR북을 향한 시도라는 점에서 의미를 지니고 있다. "이처럼 디지털 기술과 아날로그가 결합된 새로운 형태의 책이라는 의미에서 디지로그북(digilog book)이라고 부르기도 한다. 디지로그북이 추구하는 최종 목표는 종이책에는 담을 수 없는 정보들을 IT 기술을 통해 새로운 형태로 독자에게 제공함과 동시에 기존의 읽기 중심의 독서에서 보고 느끼고 만질 수 있는 형태로까지 나아가는 것이다."[15]

2011년 12월 삼성당출판사와 삼성전자가 1년간의 공동개발로 AR북 '둥둥이 시리즈를 내놓았다.

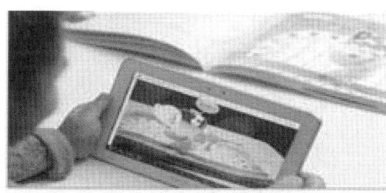

---

[14] 「스마트폰으로 문화재 비췄더니 안내원이 나타나 설명을…」, ≪한국경제≫, 2010.5.26.
[15] 김영욱, 「증강현실(AR) 기술이 접목된 그림책으로 보는 상상력의 진화」, 『인문콘텐츠』제19호, 2010.12.30, 471쪽.

둥둥이 시리즈는 <둥둥이는 못 말려>, <둥둥이는 꿈이 많아>, <둥둥이와 함께 그리기>, <둥둥이와 함께 미로 탐험> 등으로 주로 5~7세 미만의 아동을 대상으로 하고 있다. 책을 펼치면 AR북이란 표시가 있는 페이지에서 증강현실이 작동된다. 아주 간단한 학습내용과 AR기술로 구현된 캐릭터들 그리고 음악이 섞어 아동들이 흥미를 갖도록 제작했다. 미취학 아동을 대상으로 한 콘텐츠라 복잡성보다는 흥미성에 초점을 맞추고 있다. 둥둥이를 체험한 여러 동영상에도 아동들이 둥둥이를 보면서 즐겁게 반응하는 모습을 쉽게 볼 수 있다. 현재까지 나와 있는 AR북으로는 <쥬라기 월드 공룡백과 증강현실 체험북>, <새로운 바다동물>, <블루래빗 3D체험 증강현실 동물세계>, <움직이는 태양계>, <헨젤과 그레텔>, <살아있는 3D 기상과 우주> 등 주로 과학학습을 위한 에듀테인먼트가 가장 많다.

초등학교 교재에도 AR기술이 적용되고 있는데, 이지런에서 개발한 <비춤초등과학> 3~6학년 교재가 그것이다. 교과서를 웹캠으로 비추면 모니터에 3D 실험 및 관찰 콘텐츠가 나타난다. 종이책의 사진을 넘어서 실물과 같은 3D 콘텐츠의 증강으로 인해 학생들의 흥미와 몰입감을 높여줄 수 있다는 것이 제작자들의 설명이다. 또 실험에 따르는 장비준비 등의 번거로움이나 위험요소가 거의 없어 안전하게 시험을 할 수 있다는 장점도 있다.

AR Book <아기돼지 삼형제>   AR Book <세계명작동화>

    초등학교 교재에도 AR기술이 적용되고 있는데, 이지런에서 개발한 <비춤초등과학> 3~6학년 교재가 그것이다. 교과서를 웹캠으로 비추면 모니터에 3D 실험 및 관찰 콘텐츠가 나타난다. 종이책의 사진을 넘어서서 실물과 같은 3D 콘텐츠의 증강으로 인해 학생들의 흥미와 몰입감을 높여줄 수 있다는 것이 제작자들의 설명이다. 또 실험에 따르는 장비준비 등의 번거로움이나 위험요소가 거의 없어 안전하게 시험을 할 수 있다는 장점도 있다.

    <매직북POP생태동화> 역시 초등학생을 위해 제작된 과학교과서이다. 교과서에 웹캠을 비추면 모니터에 3D로 구현된 자연환경이나 동물들이 등장하여 약간의 움직임과 함께 생생한 모습을 보여준다. 나레이션을 통해서는 해당 동물이나 자연에 관한 정보를 제공해준다. 몽고청동풍뎅이에 관해 설명을 할 때는 소리와 불빛에 반응하는 것을 시현하기 위해 모니터 상에 스피커와 책상용 스텐드가 등장한다. 물론 스피커와 책상용 스텐드는 마커가 부착된 동전크기의 종이로써, 유저(user)의 손놀림에 따라 모니터 속의 스피커와 스텐드도 움직이며 이때 몽고청동풍뎅이도 함께 반응한다.

모야와 파비　　　　　각시붕어

메꽃과 나팔꽃 비교　　　황소개구리
매직북POP생태동화

비춤초등과학교과서[16]

4. 스토리텔링과 기술적 상상력의 결합

증강현실의 기술은 지금 이 순간에도 놀라운 속도로 발전을 거듭하고 있다. "현재 판매되고 있는 스마트안경 신제품(모델명: R-7 글래스: ODG(오스터하우트 디자인그룹) 제작)은 말 그대로 '요술안경'이다. 험난한 계곡에서 래프팅을 즐기는 남자가 거센 물길을 이기지 못하고 보트에서 떨어지는데 마치 나와 부딪칠 듯 튕겨 나와 흠칫 놀란다. 3D 영화다. 카메라 모드로 바꿔서 공원 한가운데 오리들이 물장구치는 모습을 담는다. 오토포커스 렌즈가 1080p 60fps의 고화질로 튀는 물방울까지 잡아낸다. 이번엔 게임센터에 들어가 '앵그리버즈'를 클릭, 3판의 결전을 치룬다. 친구들은 뭘 할까. SNS 모드로 전환, 접속 중인 친구에게 말을 건다.

퀄컴의 스냅드래곤805 프로세서를 두뇌로 한 이 기기는 가속도 센서는 물론 자이로스코프, 자력계, 고도 및 습도 측정 센서도 탑재하고 있으며, 렌즈 중앙 하단부에는 16:9 비율로 720p 화질을 보여주는 별도의 투과형 디스플레이가 있다. 가격은 2천750달러, 우리 돈으로 300만원이 훨씬 넘어가는 금액이지만 각국의 바이어들이 몰리는 바람에 제품을 체험하려면 20분은 족히 기다려야 할 정도라고 한다.

2016년 1월 7일 미국 라스베이거스에서 열린 세계 가전쇼 CES 전시장에서 만난 ODG 관계자는 "이제 증강현실 기기는 개인의 일상은 물론 대중교통, 헬스케어, 보안, 물류 등 다양한 산업군에서 응용할 수 있는 도구가 돼 가고 있다"고 말했다. 소니 관계자는 "스마트아이 글래스는 길을 걸을 때는 만능 길잡이, 요리를 할 때는 레시피를 알려주는 훌륭한

---

[16] <매직북POP생태동화>와 <비춤초등과학교과서> 사진은 원용태, 김하동의 「3D 실감 체험학습을 위한 증강현실 저작도구 및 해양생물 문화콘텐츠」, 『한국콘텐츠학회논문지』 12, 2012.5, 73쪽에서 가져 옴.

셰프가 돼 줄 것"이라며 "증강현실 기기는 앞으로 개인 일상생활에 상상할 수 없는 편리함을 주는 마술 도구가 될 것"이라고 말하고 있다.[17]

하지만 현재의 AR 콘텐츠들은 그 기술적 능력을 상상력이 따라 잡지 못하고 있는 실정이다. 디지털 기술은 끝을 모르고 발전하고 있지만 그 기술을 뒷받침해줄 만한 콘텐츠가 나오지 않아 기술의 진짜 모습을 보여주지 못하는 아쉬움이 있다. AR북도 마찬가지이다. 기존의 AR북이 주로 기술적 흥미성과 신기성 위주로 제작되다 보니 금방 식상할 수 있는 위험이 도사리고 있다. 현재까지는 증강현실이 주는 기술적 흥미성에 반응하고 있지만 소비자들이 증강현실 기술에 익숙해지는 순간 AR북도 위기가 시작될 것이다. 따라서 현재 필요한 것은 IT 기술에 걸맞은 콘텐츠에 대한 상상력, 이른바 스토리텔링의 개발이다. 다양한 스토리텔링을 통해 기술적 새로움을 새롭고도 유의미한 콘텐츠에 담아낼 때 비로소 기술적 흥미성을 넘어설 수 있을 것이다.

참고문헌

「세상밖으로 나온 증강현실..CES 다크호스로 '우뚝'-ODG·소니 AR 스마트안경 주목. "2020년 시장규모 144조원"」, ≪연합뉴스≫, 2016.1.8.
「스마트폰으로 문화재 비췄더니 안내원이 나타나 설명을…」, ≪한국경제≫, 2010.5.26.
Azfar Bin Tomi, Dayang Rohaya, Awang Rambli, *An Interactive Mobile Augmented Reality Magical Playbook: Learning Number with the Thirsty Crow*, Procedia

---

[17] 「세상 밖으로 나온 증강현실..CES 다크호스로 '우뚝'-ODG·소니 AR 스마트안경 주목. "2020년 시장규모 144조원"」, ≪연합뉴스≫, 2016.1.8.
http://media.daum.net/economic/industry/newsview?newsid=20160108072413182

Computer Science, Volume 25.

https://brunch.co.kr/@matt/79

Mark Billinghurst, Hirokazu Kato, Ivan Poupyrev, "*The MagicBook: A Transitional AR Interface*", Computers & Graphics, Volume 25, Issue 5, October 2001.

김영욱, 「증강현실(AR) 기술이 접목된 그림책으로 보는 상상력의 진화」, 『인문콘텐츠』제19호, 2010.12.30.

김행숙, 『문학이란 무엇이었는가』, 소명출판, 2005.

서동수, 「아동의 발견과 '식민지 국민'의 기획」, 『동화와번역』16집, 건국대학교 동화와번역연구소, 2008.12.

원용태, 김하동, 「3D 실감 체험학습을 위한 증강현실 저작도구 및 해양생물 문화콘텐츠」, 『한국콘텐츠학회논문지』12, 2012.5.

이승원, 오선민, 정여울, 『국민국가의 정치적 상상력』, 소명출판, 2003.

이인숙, 「스마트러닝에서 모바일 증강현실의 효과적인 활용 방향성 제안」, 『한국디자인포럼』, 한국디자인트렌드학회, 2013.8.

정희경, 김경훈의 「에듀테인먼트 콘텐츠를 위한 증강현실 전시기반(ARD) 인지학습 연구」, 『한국과학예술포럼』17, 2014.9.

조은숙, 「한국 아동문학의 형성과정 연구」, 고려대 박사논문, 2005.6.

진중권, 『이미지인문학』1, 천년의상상, 2014.

천정환, 『근대의 책읽기』, 푸른역사, 2003.

하상희, 「증강현실 책 일러스트레이션 이미지의 사용자 경험요소」, 『일러스트레이션 포럼』37, 한국일러스트레이션학회, 2013.12.30.

혼다 마스코, 구수진(역), 『20세기는 어린이를 어떻게 보았는가』, 한립토이북, 2002.

21세기 사회문화적 상황과 고전문학 연구의 과제 *
―자본과 욕망의 시대, 존재와 가치의 근원으로―

신 동 흔

1. 들어가는 말

산업혁명 이후 급속도로 발달한 과학기술 문명은 20세기를 거쳐 21세기로 넘어오면서 가속을 거듭하여 세상살이의 풍경을 하루가 다르게 바꿔놓고 있다. 사회경제적 환경과 생활조건의 변화 속에 문화의 행태가 속속 바뀌고 있으며, 사람들의 내면세계에도 부지불식간에 커다란 변화가 나타나고 있다.

어떤가 하면 오로지 기술과 자본, 물질과 욕망뿐이라 해도 과언이 아닐 정도가 되었다. "부자 되세요~"와 "대박 나세요~"가 아무런 쑥스러움

---

* 이 글은 『고전문학과 교육』 제22집(한국고전문학교육학회, 2011.8)에 실린 동명의 논문을 재수록한 것임.

이나 거부감 없이 이 시대 최고의 인사로 자리 잡았다. 얼마나 큰 부(富)를 이룩하는가 하는 것이 능력과 행복의 우선적 기준이 되어 있는 상황이다. 자본주의의 극치, 물신(物神)의 절정이다. 그 자본은 갖가지 화려한 욕망(慾望)을 향해 쏟아 부어지고 있거니와, 자본과 욕망이 맞물려 휘도는 거센 회오리는 블랙홀과 같은 막강한 힘으로 세상만사를 빨아들이고 있다.

첨단 기술문명과 자본주의적 욕망에 포섭된 이 세기에 '구시대'의 유산이라 할 고전문학을 논한다는 것은 어떤 의미를 지니는 것일까? 시대의 거침없는 물살 속에서 고전문학 연구는 지금 어디에 서 있으며 어떠한 길을 가야 하는 것일까? 이 글은 이 원론적인 의문에 대한 하나의 거칠고도 주관적인 답변으로서 씌어진다.

그 기본 화두가 무엇인가 하면 하나는 '콘텐츠'이고 다른 하나는 '철학'이다. 먼저 현단계 사회문화적 상황과 깊은 연관을 지니는 화두로서 고전문학과 문화콘텐츠의 결합 문제를 축으로 하여 최근의 고전문학 연구의 단면을 반성적으로 점검한 다음, 고전문학 연구의 근원적 가치요소이자 미래적 대안으로서 고전에 깃든 '삶의 철학' 내지 '문학철학'의 위상과 의미맥락을 살펴볼 예정이다. 이어 두 화두를 종합하는 가운데 문학철학이 깃든 콘텐츠, 삶의 철학이 깃든 문화의 길에 대한 전망을 찾아보게 될 것이다. 전체적으로 논제가 포괄적이고 추상적인 성격을 지니는 바, 핵심 논제인 문학철학을 다룸에 있어 <바리데기>의 사례에 주목함으로써 논의가 다소나마 구체화될 수 있도록 할 생각이다.

이 글은 고전문학 연구와 관련되는 새로운 의미요소를 찾아내는 논의라기보다는 이미 알려진 의미요소의 재조명과 재구성을 추구하는 논의에 가깝다. 그럼에도 굳이 이러한 문제를 제기하는 것은 현시점에서 고전문학 연구 및 교육의 방향을 가늠함에 있어 원점으로 돌아가 기본과 상식을 점검할 필요가 있다고 보기 때문이다. 다분히 비평적 성격을 띠게 될 이 글이 타자에 대한 비판이나 계몽이 아닌 스스로에 대한 성찰을 위한 것으로 받아들여질 수 있기를 기대한다. 이 논의가 우리의 학문적 입각점을 돌이켜 확인해 보는 하나의 계기가 될 수 있다면 의미 있는 일이 될 것으로 믿는다.

2. 21세기, 고전문학 논의의 단면 – 문화콘텐츠 바람의 허와 실

우리 근대 학문이 출범한 이후 고전문학은 국어국문학의 기본 연구 분야로서 그 자리를 꾸준히 지켜왔다. 하지만 돌아보면 그 연구에는 하나의 원천적인 장벽 같은 것이 놓여 있었다고 할 수 있다. 시대의 첨단이 될 수 없는 '과거의 것'에 대한 연구라고 하는 사실이 그것이다. 근대정신이 추구하는 과학적 합리성과 리얼리티, 또는 반봉건적 자유와 평등 같은 가치관에 비추어 볼 때 고전문학은 그것을 제대로 발현하지 못한 미성숙의 것으로 자리매겨질 수밖에 없었다. 고전문학 속에도 근대적 요소가 깃들어 있다고 하는 식의, '내재적 발전론'이 제시하는 논리가 고전문학의 가치를 옹호하는 최선의 논법이었던 터였다.[1] 고전문학에 내재한 전근대성에 피치 못하고 부딪힐 때마다 연구자는 무력한 존재가 되기 마련이었다.

---

[1] 내재적 발전론은 김윤식·김현의 『한국문학사』(민음사, 1972)에서 영·정조시대를 근대문학의 기점으로 삼는 논의를 통해 본격 제기된 이후 조동일의 『한국문학통사』(지식산업사, 제1판, 1982-1988)에서 조선후기를 '중세에서 근대로의 이행기'로 보는 논리체계가 수립되는 과정을 거치면서 고전문학의 역사적 흐름과 가치를 가늠하는 두드러진 관점으로서 학계 전반에 큰 영향력을 미쳐 왔다.

어떤가 하면 고전문학의 역사적·문화적 가치란 근대성의 담론체계를 '따라가는' 지점이 아니라 그것을 '넘어서는' 지점에서 찾아야 하는 것이었다고 할 수 있다. 근대가 역사의 종점이 아닐진대 그것을 넘어서서 열릴 새로운 미래에 대한 비전이 필요하며 그 비전이 '오래된 미래'로서의 고전문학 속에 의미 있게 담겨 있다고 하는 관점이다. 하지만 그러한 관점이 현실적으로 힘을 발휘하는 것은 수월한 일이 아니었다. 고전문학을 현실문화와 연결시키기 위한 다양한 시도가 이루어졌던 것이 사실이지만, 고전에 담긴 현대적 가치의 발현이라는 과업은 대개 추상적인 '이상(理想)'에 가까운 것이었다고 할 수 있다.

고전문학에 내재한 미래적 가능성은 20세기를 넘어 21세기로 접어드는 시점에서 갑작스레 '현실'의 문제로 다가왔다. 21세기 문화적 흐름을 대변하는 첨단 멀티미디어와 문화산업의 세계에서 고전문학이 유의미한 요소로 불쑥 솟아오른 것이었다. 그것을 대변하는 화두가 무엇인가 하면 바로 '문화콘텐츠'이다. 문화를 기술과 산업의 차원에서 재조명하고 그를 위한 콘텐츠를 탐색하는 과정에서 전통문화가 새롭게 주목을 받게 되었거니와, 그간 세상의 관심 밖에 밀려나 있던 고전문학이 첨단 문화콘텐츠의 산출에 기여할 핵심적인 자원으로 인식되는 역전이 펼쳐졌다.

어떤가 하면 그 일은 별다른 예고도 없고 필요한 준비가 되어 있지 않던 상황에서 '밖으로부터' 닥쳐온 것이었다. 어디로부터인가 하면 자본과 기술, 제도와 권력으로부터. 그 상징적 사건이 무엇인가 하면 2002년에 시작된 한국문화콘텐츠진흥원(KOCCA)의 '우리 문화원형의 디지털콘텐츠화 사업'(이하 '문화원형 사업')이었다. 문화원형 사업은 신화와 전설, 민담, 서사무가 고전소설 등을 첨단 디지털 콘텐츠를 위한 핵심 자원으로 명시하며 그것의 적극적 활용을 위한 대규모의 재정적 지원을 제안했는바, 고전문학이 세상으로부터 현대적·산업적 가치를 공인받는 순간이었다. 고전문학이 첨단 멀티미디어 문화산업의 총아가 될 수 있다는 것은 전공자 입장에서 흥분되는 일이 아닐 수 없었다.

그 뒤의 상황은 길게 서술하지 않아도 될 것이다. 많은 고전문학 연구자들이 콘텐츠 전문가로 변신하여 문화원형 사업에 뛰어들었으며, 문화콘텐츠는 단번에 고전문학 전 분야의 뜨거운 이슈가 되었다. 고전소설과 고전시가, 구비문학과 한문학에 이르기까지 고전문학 관련 주요 학회 가운데 문화콘텐츠를 기획특집으로 삼아 공동의 논의를 펼치지 않은 곳이 없었다. '우리 분야가 문화콘텐츠를 위한 최적의 영역이다' 하는 논리가 다투어 개발되는 가운데, '남보다 앞서 콘텐츠 전문가로 인정받아야 한다'는 논리가 작동하는 가운데 많은 연구자들이 다투어 고전문학의 콘텐츠적 가능성에 대한 논의를 펼쳐놓았다.[2] 돌아보면 고전문학 전 분야에서 하나의 화두에 이렇게 관심을 집중한 것은 근래에 없던 일이었으니, 문화콘텐츠는 21세기 고전문학 분야 최고의 화두였다고 해도 지나치지 않을 것이다.

하지만 큰 기대와 의욕 속에 진행된 그 작업이 얼마나 의미 있는 성과를 낳았는지는 의문이다. 콘텐츠가 뜨거운 이슈가 된 지 10년이 지난 현재의 상황을 살펴보자면 문화콘텐츠에 대한 고전문학계의 관심과 기대는 크게 꺾인 상태에 있다. 콘텐츠 기획개발 참여에 대한 의욕과 기회가 크게 잦아들었으며, 콘텐츠 관련 연구 또한 동력을 잃어가고 있는

---

[2] 관련 연구사를 점검한 윤종선의 논의에 의하면, 문화콘텐츠로서의 고전문학을 화두로 삼은 논의가 2008년까지 약 50편 가량 제출된 것으로 나타난다. 구비문학과 한문학, 시가와 소설 등 고전문학 각 분야에 걸쳐서 총론형과 분석형, 개발형 등 다양한 형태의 논의가 펼쳐졌음을 확인할 수 있다. 윤종선, 「문화콘텐츠로서 고전문학 연구 현황과 전망」, 『어문학』 제103집, 2009.

상황이다. 기대했던 바와 다르게 고전문학 연구자들이 문화산업 내지 콘텐츠 세계에서 별다른 역할을 찾지 못하면서 기획개발은 물론이고 관련 연구에 대한 의욕까지 약화된 상황이라 할 수 있다. 지금의 추세로 본다면 학계를 들썩이게 했던 콘텐츠 바람은 스쳐 지나간 한때의 유행으로 귀결될 공산이 커 보인다.

이에 대해 고전문학이 애초에 첨단 문화콘텐츠와는 짝이 맞지 않는 것이었다고 말할 수도 있을 것이다. 하지만 문화현상을 보자면 꼭 그리 볼 일이 아니다. 영화와 드라마, 만화, 애니메이션, 컴퓨터게임 등의 여러 문화산업 분야에서 전통과 고전의 활용이 활발히 이루어지고 있는 중이다. 어떤가 하면 그들은 문화산업 고유의 체계와 동력에 의해 그 자신의 길을 가고 있는 중이다. 그 속에서 연구자를 포함한 고전문학 전문가들이 수행하고 있는 몫은 거의 없다고 해도 좋다. 문화산업은 여전히 활발히 돌아가고 있되 고전문학 연구자들은 그 속에서 길을 잃은 형국이라 할 수 있다.

고전문학 연구자가 왜 길을 잃었는가에 대한 하나의 유력한 진단은 그들이 경험이나 능력 면에서 콘텐츠 분야의 전문성이 부족했던 때문이라고 보는 관점일 것이다. 연구자적 전문성과 콘텐츠적 전문성은 서로 다른바, 후자를 온전히 갖춤으로써 비로소 의미 있는 역할을 찾을 수 있다고 하는 입장이다. 콘텐츠의 체계와 맥락을 제대로 이해하고 그에 맞추어 고전문학을 잘 적용한다면 길은 결국 열릴 수 있으리라고 하는 희망이 배어 있는 관점이다.

콘텐츠와 관련한 일련의 논의를 살펴보면, 실제로 대다수 논의가 기본적으로 이러한 입장에 서있었음을 보게 된다. 콘텐츠의 체계와 맥락을 이해하고 거기 맞는 고전을 탐색하여 적절히 재구성하는 일에 논의가 집중되어 왔다. 한 예로 이지양은 '콘텐츠적 고전 읽기'의 방향을 제시하면서 문학작품 자체의 감동이나 미적 완성도보다 '정보적 가치'에 주목하면서 생활 문화적인 상황을 이해할 수 있는 모든 정보에 관점을 열어두는 방향의 텍스트분석을 진행할 필요성을 제기하고 있는데[3], 전형적으로 문학의 논리보다 콘텐츠 논리를 앞세운 논법이라 할 수 있다. 신화의 문화콘텐츠화 전환을 논의한 박기수가 콘텐츠의 기본 전략으로서 OSMU를 강조하면서 '재화적 가치의 극대화를 위한 다양한 전략적 요소들의 삽입'이 필요함을 역설하고 그 구체적인 전략을 제시한 것도 같은 맥락에서 이해할 수 있다.[4] 최원오는 무속신화를 대상으로 삼아 문화콘텐츠 스토리 개발을 위한 구체적인 방안을 제시한 바 있는데, 이 또한 문화콘텐츠에서 요구하는 방향에 부합하는 방식으로 화소나 캐릭터 등의 서사 요소를 재구성하여 활용성을 높인다고 하는 것을 기본적인 방법론으로 삼은 것이었다.[5]

고전문학을 콘텐츠로 연결하는 논의를 수행함에 있어 콘텐츠의 체계를 이해하고 거기 맞추어 나가야 한다는 것은 당연한 요구일 것이다. 문제는 그 과정에서 중심이 해체되면서 주객전도의 양상이 나타날 수 있다고 하는 사실이다. 콘텐츠의 재료는 있으되 핵심 가치는 해체되어 버리는 현상을 두고 하는 말이다. 콘텐츠에 대한 연구의 관점에서 엿보이는 이러한 함정은 실제로 고전문학 연구자들이 참여하여 산출해낸 문화원형 사업 결과물에서 광범위하게 확인되고 있다. 여러 사례 가운데 신화 관련 콘텐츠를 통해 그 양상을 간단히 짚어본다.

---

[3] 이지양, 「문화콘텐츠의 시각으로 고전텍스트 읽기」, 『고전문학연구』 제30집, 2006.
[4] 박기수, 「신화의 문화콘텐츠화 전환 연구」, 『한국문예비평연구』 제20집, 2006.
[5] 최원오, 「한국 무속신화의 문화콘텐츠 활용 방안 점검」, 『한국문학논총』 제46집, 2007.

신화는 여러 고전문학 장르 가운데도 문화원형 사업에서 일찍부터 관심 대상이 되어 콘텐츠 소재 개발 작업이 이루어진 대상이었다. 사업 첫 해인 2002년에만 '한국신화'(http://myth.culturecontent.com), '신화의 섬 제주'(http://jeju.culturecontent.com), '바리공주 서사창작'(http://bahrie.culturecontent.com) 등 세 과제가 진행되었으며, 2004년에 '건국설화 이야기'(http://sulhwa.culturecontent.com), '새롭게 펼쳐지는 신화의 나라'(http://koreamyth.culturecontent.com) 등이 추가되었다. 그 기획의 방향이나 작업 내용을 살펴보면, 이들은 예외 없이 콘텐츠의 체계에 맞추어서 신화를 재구성하여 제시하고 콘텐츠를 위한 재료를 제공하는 방식으로 작업이 이루어졌음을 확인할 수 있다. 신화의 스토리를 알기 쉽게 분류하고 가공하며 시나리오를 제공하는 등의 작업과 신화의 서사요소로부터 캐릭터와 공간배경, 애니메이션 등의 시각적 이미지를 창출하는 작업이 중요한 두 축을 이루고 있다. 어떤가 하면 그 결과는 신화를 신화답게 살려낸 쪽이라기보다는 그것을 서사요소와 캐릭터, 이미지 등으로 '해체'한 쪽에 해당한다는 것이 우리의 판단이다. 신화 본연의 숨결과 생명력이 사라진 채로, 문학적 정체성과 가치가 몰각된 채로 뼈대나 껍데기에 해당하는 요소만 남은 형국이다.[6]

신화를 콘텐츠 소재로 구성한 위의 작업들은 실제의 산업적 활용으로 제대로 연결되지 못했거니와, 어찌 보면 이는 당연한 결과라고 할 수 있다. 그것은 어디에 어떤 집을 지을 것인지에 대한, 거기서 어떠한 삶을

---

[6] 열거한 사업 가운데 '새롭게 펼쳐지는 신화의 나라' (http://koreamyth.culturecontent.com)는 필자가 책임을 맡아 수행한 사업이다. 필자는 이 사업의 진행과정에서 신화라는 핵심을 잃게 된 맥락을 반성적으로 점검하는 논의를 제출한 바 있다. 자세한 논의는 신동흔, 「민속과 문화원형, 그리고 콘텐츠」, 『한국민속학』 제43호, 2006, 268-274쪽 참조.

살 것인지에 대한 기본 개념이 없는 상태에서 집을 짓기 위한 재료를 어설프게 가공하여 쌓아놓고서 그걸 이용해 집을 지어보라고 하는 것과 같은 일이었다고 할 수 있다. 집을 지을 사람이 그 재료를 선뜻 이용할 리 없으며, 또한 그것을 이용한다고 해도 좋은 집이 나올 리가 없다. 결과적으로 문화원형을 위해 쓴 많은 재원과 노력은 대개 소모적인 것이 되었고 거기 참여한 연구자들은 학문도 놓치고 콘텐츠도 놓친 처지가 되고 말았으니, 기본이 서 있지 않고 중심이 흔들린 작업의 필연적인 결과였다고 할 수 있다.[7]

돌이켜보면, 고전문학 연구자들이 문화콘텐츠 관련 연구나 기획개발 작업에 나섬에 있어 은연중에 자본과 욕망의 패러다임에 침윤되었던 측면이 있었음을 실감한다. 모종의 산업적 성공을 통해 이익과 영예를 얻고자 하는 욕망이 강하게 작용했다는 사실을 부인하기 어렵다.[8] 어떤가 하면 이는 학문에 반하는 일이며 문학에 반하는 일이라 할 수 있다. 주지하듯이, 학문의 기본 가치는 진리 탐구에 있고 문학의 기본 가치는 예술성에 있다. 그것이 상업성 의해 대치될 때, 고전문학이 길을 잃을 뿐 아니라 콘텐츠가 길을 잃고 현실문화가 길을 잃게 된다. 자본과 기술의 논리에 따라 움직이는 콘텐츠가, 물질과 욕망의 논리에 종속된 문화가

---

[7] 돌아보면 문화원형 사업이 낳은 이러한 결과는 콘텐츠에 초점을 맞춘 사업체계 및 인식체계에 따른 측면이 크거니와, 문제는 고전문학 연구자들이 여전히 그 체계에 의하여 움직이고 있다고 하는 사실이다. 앞서 살폈듯 많은 연구자들이 여전히 문화산업의 패러다임을 따라가는 방식으로 고전문학과 콘텐츠라는 화두에 접근하고 있으며, 그를 통해 무언가 의미 있는 역할을 부여받을 수 있다는 막연한 기대를 나타내고 있는 중이다. 하지만 그러한 기대란 기실 환상에 가까운 것이다. 문학 연구자로서 문학이라는 중심을 내려놓을 때 전문가로서의 역할은 자동으로 해소되는 것이 정해진 결과라 할 수 있다.

[8] 이는 필자 자신이 그러하였으니, 문화원형 사업을 수행함에 있어 마치 '연구자'가 아닌 '사업가'인 양 움직인 측면이 컸음을 실감한다. 위의 논문, 272-273쪽 참조.

우리 삶을 진정으로 건강하고 행복하게 해줄 수는 없을 것이기 때문이다.

그리하여 지금 우리가 할 일이 무엇인가 하면, 본연의 자리로 돌아가 고전문학이 지니는 근본 가치를 지키고 발현하는 일이 곧 그것이라고 할 수 있다. 자본과 기술, 물질과 욕망의 패러다임에 젖어들어 방황한 측면이 있었다면 그것을 결연히 떨쳐버리고 그 반대의 길로 나아갈 필요가 있다. 자본과 욕망의 논리에 대한 반명제로서 인간의 가치, 자기실현의 가치를 찾아내고 발현하는 일에 적극 나서야 한다.

이러한 주장은 자본과 욕망의 논리를 외면하자는 것이 아니며 현실문화에 관심을 끊자는 것도 아니다. 자본과 욕망의 패러다임은 세상을 움직여 나가고 있는 엄연한 현실적 실체이자 역사적 동력이다. 문제는 그것이 지상적 가치로서 전일적으로 세계를 지배하는 상황이다. 그러한 일방통행이 전면화될 때 삶과 문화의 균형은 한순간에 무너지게 될 것이다. 지금 그와 같은 흐름이 강력히 펼쳐지고 있는바, 인간적 가치를 담당한 인문학 연구까지 그 흐름에 이끌려간다면 그것은 심각한 문제가 아닐 수 없다. 그것은 연구의 정도(正道)가 아니며, 시대적 과제에 역행하는 일이다. 자본과 욕망의 거대한 물결에 맞서서 인간과 삶 본연의 가치를 추구하고 실현하는 일이야말로 현재를 감당하고 미래를 열어내기 위한 현단계 고전문학 연구의 역사적 소명이 된다고 할 수 있다.

3. 근원적 탐구로서의 고전문학 연구 – 문학에 깃든 삶의 철학을 중심으로

1) 고전문학과 '삶의 철학'

본연의 자리로 돌아가 고전문학이 지니는 근본 가치를 탐색하고 인간과 삶의 가치를 발현해야 한다고 했다. 고전문학에 담긴 본원의 가치요소란 과연 무엇인가 하는 것이 문제인데, 이 글에서 특히 주목하고자 하는 것은 존재와 가치에 대한 근원적 인식 내지 태도로서의 '삶의 철학'이라는 화두이다. 문학작품의 바탕에 깃들어 작품을 움직여 나가며 의미 구현의 기본 축 역할을 하는 문학철학적 요소에 주목할 필요가 있다는 입장이다.

문학과 철학의 관련 양상을 탐구해온 박이문은 문학이 지니는 철학적 성격을 (1) 문학 속의 철학, (2) 철학의 문학적 표현, (3) 문학작품 자체가 철학인 경우 등으로 나누어 설명하면서[9] '철학적 깊이'가 문학이 지니는 주요한 가치요소임을 강조한 바 있다.[10] 그리고 국문학 연구자인 조동일과 임재해, 김헌선 등도 문학과 철학의 관련성을 논구하면서 문학에 깃든 철학적 요소가 지니는 예술적·사상적 가치에 깊은 관심을 나타낸 바 있다.[11] 이 글에서는 이와 같은 문제의식의 연장선상에서 고전문학이 지니는 핵심 가치를 짚어보고자 하는데, 특히 철학과 문학의 개념적 구

---

[9] 박이문, 「문학은 철학적이어야 하는가」, 『철학과 현실』 29호, 1996, 49-52쪽.
[10] 위의 논문, 53쪽.
[11] 조동일, 『한국문학사상사시론』, 지식산업사, 1978; 임재해, 「문학과 철학의 관련 양상」, 『한민족어문학』 제11집, 1984; 조동일, 「한국문학 속의 철학」, 『철학과 현실』 29호, 1996; 김헌선, 「구비문학과 철학의 상관성」, 『구비문학연구』 제13집, 2001; 조동일, 「구비문학과 구비철학」, 『구비문학연구』 제23집, 2006.

별을 넘어서서 보다 근원적이고 통합적인 지점에서 문학의 철학성에 주목하고자 한다. 문학은 어떤 식으로든 삶에 대한 인식과 태도를 담지하기 마련이거니와 그 인식이 인간과 세계, 존재와 가치에 대한 근원적이고 본질적인 통찰의 형태로 깃들어 있을 때 그것을 일컬어 '문학철학'이라 할 수 있다. 그 철학은 문학작품의 근저에서 살아 움직이면서 문학적 재미와 감동을 실현하는 기본 동력으로 작용하게 된다. 그것은 추상적인 논리나 관념 차원의 인식이 아니라 총체적인 예술적 형상으로 육화된 인식이니 그 자체 문학인 동시에 철학이 되는 것이라 할 수 있다. 풀어서 말하면 '서정의 철학'이나 '서사의 철학', '극의 철학'이 되며, 포괄하여 말하면 '삶의 철학'이 된다. 그것은 문학 가운데도 가장 본질적인 문학적 요소로서, 융이 말한바 원형(原型)이나 집단무의식에 가까운 무엇이라 할 수 있다.

삶의 철학으로서의 문학철학은 각 시대의 수많은 문학에 두루 깃들어 있는 것으로 그 성격이나 양상은 장르나 작가, 작품 등에 따라 다양하게 변주되기 마련이다. 삶의 철학을 근원적 차원에서 깊이 있게 담아낸 작품이 있는가 하면, 철학적 깊이를 거의 지니지 못한 작품도 있을 수 있다. 그리하여 무엇이 우리의 과제가 되는가 하면, 작품에서 옥석(玉石)을 정확히 가려내면서 진정한 고전 작품의 밑바탕에 깃들어 있는 핵심적인 삶의 철학을 깊이 있게 꿰뚫어보는 일이 그것이라고 할 수 있다. 특히 그 중에도 과거를 넘어 현재와 미래에 있어서도 삶과 문화의 핵심 동력이 될 만한 원형적 가치요소를 짚어내는 것이 주요한 과제가 된다고 할 수 있다.[12]

---

[12] 최근 정병헌은 고전문학 연구와 교육의 과제에 대해 논하면서 '비본질적 연구'로 나아가고 있는 연구경향을 돌이켜서 문학의 본질을 회복하는 방향으로 연구와 교육이 이루어져야 함을 역설한 바 있다(정병헌, 「고전산문 연구와 교육의 전망」,

문제는 고전문학 속에 깃든 삶의 철학의 핵심적 실체가 무엇이며 어디에서 그것을 찾을까 하는 문제이다. 어떤가 하면 이는 한 개인의 작은 논의로써 오롯이 감당하기에는 크고도 벅찬 논제라 할 수 있다. 그에 대한 다각적이고도 본격적 탐구는 여러 연구자들이 함께 나서서 수행해야 할 과제이거니와, 여기서는 문제제기 차원에서 몇 가지 화두를 간략하게 제시해 보는 데 그치고자 한다.

첫째, 우주자연과의 원초적 소통과 존재의 근원에 대한 통찰이라는 요소이다.

문학이란 그 근원에 있어 인간을 그가 속한 세계와 연결하는 통로의 기능을 한다. 문학을 통해 연결되는 세계는 가정이나 마을로부터 광활한 대자연에 이르기까지 그 편폭이 무한히 넓다. 고전문학은 인간을 둘러싸고 있는 우주자연에 대하여 몸과 마음을 여는 가운데 원초적이고도 전면적인 소통을 추구하는 것을 주요한 특징으로 삼아 왔다. 그것은 자신을 둘러싼 세계를 인식하는 과정인 동시에, 존재의 근원을 통찰하고 삶의 의미를 탐색하는 과정이기도 했다. 근원적 힘을 지닌 문학적 언어를 매개로 하여 인간과 세계가 서로 만나 원초적 조화를 이루는 모습은 고전문학이 펼쳐 보이는 가장 인상적인 철학적 장면 가운데 하나라고 할 수 있다.

인간과 세계를 근원적 차원에서 소통시키고 조화시키는 문학의 힘은 초창기 문학에서 특히 잘 드러난다. 대다수의 고대가요와 신화는 '우주와 소통하는 언어'로 기능하며 삶의 중심을 잡아주는 역할을 수행했다. 천신이 지상으로 내려올 수 있도록 하는 힘을 발휘한 노래 <구지가(龜旨

『고전문학과교육』, 18, 2009). 그가 말하는 본질적 요소 가운데도 특히 본질적인 지점에 관심을 집중할 필요가 있다는 것이 곧 우리의 입장이 된다.

歌)> 같은 작품이 단적이 사례가 된다. 그 노래가 있음으로써 신이 강림하고 그럼으로써 새 역사가 창조되었으니, 그것은 삶을 창조하는 노래이자 삶을 실현하는 노래였다고 할 수 있다. 언어와 문학이 지니는 근원적 가치의 단면적 모습이다. 그러한 특성은 용이나 태양으로 상징되는 우주적 존재와의 소통과 조화를 추구한 <해가(海歌)>나 <도솔가(兜率歌)> 같은 노래에서도 핵심적인 문학적 의미를 이루고 있다.

고전문학에 있어 우주자연과의 근원적 소통을 지향하는 전통은 여러 방향으로 연면히 이어져 왔다. 비근한 예로 건국신화나 무속신화는 신으로 상징되는 근원적인 힘과 소통하고 감응하는 것을 본질적 지향으로 삼는 문학이었으며, 사대부의 강호문학(江湖文學)은 자연을 매개로 하여 인간과 세상의 근본을 응시하며 존재의 의미를 통찰하는 문학이었다. 몸과 마음을 여는 가운데 그 자신 대우주의 일부가 되는 신성발현이나 물아일체(物我一體)의 미적 체험이란 고전문학의 오랜 전통이면서 근원적 지향에 해당하는 것이었다. 그 이야기와 노래들이 인간과 세계를 어떻게 연결하여 사유하고 형상화했는지를 밝혀내는 일은, 어떻게 몸과 마음을 열어서 존재를 확장하고 실현했는지를 밝혀내는 일은 고전문학 연구의 주요한 철학적 과제에 해당한다고 할 수 있다. 오늘날의 문화가 제반의 일상적이고 주변적인 요소들에 갇혀서 맴도는 가운데 소아(小我)에 대한 집착 속에 삶을 소진시키는 양상을 보이고 있음을 생각할 때, 이와 같은 연구의 의의는 더욱 커진다고 할 수 있다.

둘째, 미적 존재론이자 실천론으로서의 천도(天道)와 정명(正名)의 윤리학이다.

사람이 세상을 살아나감에 있어 타인과 어떤 관계를 맺으며, 어떠한 정신 어떠한 태도로 한 몸을 움직여 갈 것인가 하는 것은 삶의 근본적 문제에 해당하거니와, 고전문학은 이 물음에 대한 답을 다양한 방식으로 찾아 왔다. '천도(天道)에 대한 믿음'이나 '정명(正名)의 행동방식'은 그 가운데도 핵심에 해당하는 것이라 할 수 있다. 많은 작품의 밑바탕에 그러한 철학적 가치관이 작동하면서 문학적 의미의 기본 축을 이루고 있다.

천도에 대한 믿음과 관련하여 <심청전>을 한 예로 살펴보자면, 인물의 행동과 서사적 전개가 무엇 하나 천도(天道) 아닌 것이 없다고 할 만하다. 사람들이 '천지신명'이라 부르는 근원적인 그 무엇이 삶의 이면에 도사리며 세상사를 움직여 나가는 형국이다. 작품에 의하면 심청이 태어난 것도 하늘의 힘이었으며, 그를 되살리고 또 심봉사의 눈을 뜨게 한 것도 하늘의 힘이었다. 하늘이 무심할 리 없으니 세상만사는 그에 합당한 응보를 낳으며 불행 끝에는 행복이 오고야 만다고 하는 믿음이 밑바탕에서 작품을 움직여 나가고 있다. 어찌 <심청전>뿐이겠는가. '천도'로 상징되는 근원적 섭리에 대한 믿음과 그에 바탕을 둔 윤리적 삶에 대한 의지는 <흥부전>과 <춘향전>, 기타 수많은 고전서사 작품의 핵심 축을 이루는 삶의 철학이었다.[13]

<구운몽>이나 <옥루몽>, <삼한습유> 같은 지식인 문학은 또 어떠한가. 이들 작품의 주동인물들이 움직이는 양상을 살펴보면, 무엇 하나 명분(名分)에 가 닿지 않는 것이 없음을 보게 된다. "이럴 때 나는 어찌 해야 하며, 왜 그리 해야 하는가?" 하는 질문이 삶의 항상적 요소로 작동하고 있는 모습이다. 인물의 말과 몸짓 하나하나가 그 질문에 대한 실천적 응답의 형태로 펼쳐지니, 온전한 '정명(正名)'의 삶이다. 그러한 삶이란 얼핏 윤리규범에 의해 규제되고 억압된 답답한 삶처럼 보일 수도 있

---

[13] <심청전>과 <흥부전>에 깃든 '천도'에 대한 믿음과 그것이 지니는 문학적·철학적 가치에 대한 논의는 신동흔, 「판소리문학의 결말부에 담긴 현실의식 재론」, 『판소리연구』 제19집, 2005 참조.

으나 실상은 그 반대이다. 나아갈 바를 알지 못하고 막혀 있을 때 오히려 몸과 마음이 무거워지는 법이니, 이치에 맞추어 정도(正道)로 움직인다는 것은, 방향을 찾아 당당히 움직인다는 것은 그만큼 삶을 자유롭고 의미 있게 하는 일이었다고 할 수 있다.

고전문학 속의 주인공들이 현시해 보이는 천도에 대한 믿음이나 정명의 삶의 방식이 오늘날의 우리에게도 여전히 합당할까에 대해서는 쉽게 답하기 어렵다. 시대적 차이에 따른 거리감이 클 수 있다. 중요한 것은 그렇게 삶을 추동해 나가는 방식 그 자체이다. 자신의 존재적 정체성에 대한 신념을 견지하며 그것을 실천으로 옮기는 삶의 방식은 자본과 물질에 휘둘리며 욕망에 종속되어 있는 현대인의 삶을 근본적으로 되돌아보게 하는 거울의 역할을 할 수 있다는 것이 우리의 믿음이다.

셋째, 상처의 근원적 치유와 낙원의 추구라는 지향성이다.

우주자연과 근원적으로 소통하며 존재의 근본을 통찰하며 보편적 규준에 따른 삶을 실천해 나가는 것이 고전문학의 주요한 가치요소라 했다. 이러한 지향이 궁극적으로 어디로 귀결되는가 하면 삶의 상처와 고통을 넘어서 행복을 실현하는 일이 그것이라고 할 수 있다. 그리고 그것은 이 세상을 존재의 가치와 행복이 실현되는 하나의 낙원으로 만들어가는 일로 결된다. 그와 같은 가치론적 지향의 원형적 모습을 고전문학에서 폭넓게 찾아볼 수 있다.

인간은 태생적으로 상처와 고통을 지닐 수밖에 없는 존재이거니와, 그것을 잘 감당하여 풀어내는 일은 인생의 항상적인 과제가 된다. 상처의 근원적인 치유와 극복이 어떻게 가능한가 하면, 고통의 근원에 직면하여 그것을 응시하는 가운데 그 원인을 저 깊은 밑바탕으로부터 풀어낼 때 비로소 가능한 것이라 할 수 있다. 우리 고전문학은 그러한 근원적 치유의 힘을 발휘할 수 있는 길을 오랜 세월의 단련을 거치며 다양하게 마련하여 왔거니와, 그러한 치유력의 속성과 의미맥락을 온전히 드러내 밝히는 것은 고전문학 연구의 또 하나의 본질적이고도 근원적인 과제가 된다.¹⁴

고전문학 속의 치유의 문학에는 여러 가지가 있으나 한 사례로 무가(巫歌)를 강조하여 언급하고 싶다. 우주의 근원적 힘과 소통하며 그것을 발현하는 노래로서의 무가는 '치유의 문학'을 존재적 본질로 삼고 있다. 그 치유적 힘은 의례나 춤, 음악에서 나오기도 하지만, 또한 '언어'로부터 나온다. 서사무가를 보면 많은 이야기들이 근원적 고통의 심연을 헤쳐 내어 세상의 빛이 된 인물을 주인공으로 삼는 가운데, 그가 근원적 고통에 직면한 상황에서 그것을 감당하고 극복하여 초월해 가는 과정을 생생하고도 감동적인 형태로 펼쳐내고 있다. 그 언어는 사람들의 몸과 마음에 깊이 스며들어 심신의 상처를 풀어내 준다. 그 언어와 함께 하는 시간은 치유의 시간이면서 자기실현의 시간이 된다고 할 수 있다.¹⁵

어떤가 하면 그것은 단지 혼자만의 자기실현이 아니다. 고전문학에 있어 상처와 고통의 치유는 개인의 행복이라는 틀을 넘어서 모두가 함께 어울려 '큰 하나'로서 존재적 의미를 실현하는 일을 지향하고 있다. 예컨대 무가가 펼쳐지는 굿판은 남녀노소가 함께 모여 신명을 내는 공동체적

---

¹⁴ 문학이 지니는 치유적 힘과 관련한 연구작업으로서 특히 주목할 것은 문학치료학의 관점이라 할 수 있다. 정운채의 주도하에 진행되고 있는 문학치료학은 인간 안에 삶을 움직이는 서사가 작동하고 있다는 인식하에 그 서사를 진단하고 교정함으로써 우리의 정신적 삶을 더욱 건강하게 변화시켜 나가기 위한 다양한 모색을 진행하고 있다. 문학치료학에서는 서사가 삶을 움직인다고 하는 측면에서 '인간이 곧 문학이다'라는 명제를 내걸고 있거니와, 인간과 문학을 최대한 긴밀하게 연계시킨 연구방법론이라 할 수 있다. 문학치료학의 기본 정신과 이론체계에 대해서는 정운채, 『문학치료학의 이론적 기초』, 문학과치료, 2006 참조.
¹⁵ 서사무가가 발현하는 치유적 힘에 대한 구체적인 논의는 신동흔, 「치유의 서사로서의 무속신화」, 『문학치료연구』 제2집, 2005 참조.

나눔의 장이며, 온갖 신들이 사람들과 어울려 함께 즐기는 우주적 소통과 교감의 장이었다. 그러한 대동의 교감 속에 세상살이의 온갖 얽히고 막히고 맺힌 것들은 제풀에 무너져 솜솜이 사그라진다. 그리고 그 순간 세상은 하나의 '낙원'이 되는 것이었다. 고전문학이 현시하는 삶의 철학의 한 정점에 해당하는 지점이다.

2) <바리데기>를 통해 본 문학철학의 면모

앞서 문학철학을 말하면서 그것이 인간과 삶에 대한 근원적 인식에 가닿는 것인 한편 관념이 아닌 예술적 형상으로 육화된 것이라 했다. 이제 고전문학 작품의 사례를 통해 실제 텍스트에서 어떻게 삶의 철학이 문학적으로 구현되는지를 단면적으로 살펴보고자 한다. 그 작품은 서사무가 <바리데기>이다.

한국의 민간신화 가운데도 대표 격에 해당하는 <바리데기>에 삶에 대한 깊은 철학적 성찰이 깃들어 있다는 사실은 이미 널리 알려진 것이라 할 수 있다. 작품 서사의 핵심요소를 이루는 서천서역으로의 구약여행의 과정은 온몸으로 효(孝)를 수행하는 실천행이면서 자기의 발견과 실현의 과정이라고 하는 것이 일반적으로 받아들여지고 있다. 필자 자신 이러한 시각에 공감하면서 <바리데기>와의 만남을 지속해 왔거니와, 민간신화 입문서를 쓰면서 바리데기가 구현하는 신성의 의미맥락을 짚어본 바 있고[16], 김석출본 <바리데기>를 현대어로 옮기고 해설하는 과정에서 바리데기의 서천서역행이 지니는 신화적 성격을 좀 더 자세히 살펴본 바 있다.[17] 그리고 최근에는 한국 민간신화의 신성에 대하여 논하

---

[16] 신동흔, 『살아있는 우리 신화』, 한겨레출판, 2004, 91-110쪽, '길 위의 바리'.
[17] 신동흔 풀어씀, 『야야 내 딸이야 버린 딸 바리데기야』, 나라말, 2008.

면서 인간이 내면에 신성을 간직한 존재라고 하는 우리의 철학적 인간관이 <바리데기> 서사 속에서 잘 구현되고 있음을 강조한 바 있다.[18] 이러한 내용을 다시 되풀이하는 것은 적절치 않을 터인 바, 여기서는 <바리데기>의 서사적 결 속에 어떤 식으로 철학적 사유가 깃들면서 작품을 움직여 의미를 살려내는가 하는 지점을 집중적으로 짚어보고자 한다. 이본 가운데 김석출이 구연한 <베리데기굿>(이하 <바리데기>로 지칭함)을 기본 자료로 삼아 논의를 진행하기로 한다.

<바리데기>의 주인공 바리데기는 불라국 오구대왕의 일곱째 딸로 태어나 세상에 나자마자 아버지 명령에 의해 아무도 없는 깊은 산에 버려진다. 어찌 보면 이는 극단적일 정도의 특수한 상황이라 볼 수 있겠으나, 그 본원적 의미맥락을 살펴보자면 그것은 인간의 숙명적인 존재적 고립과 고독을 상징하는 것이라고 볼 수 있다. 인간은 누구라도 어머니 뱃속에서 나오는 순간 한 명의 독자적 개체가 되기 마련이다. 그 존재를 지키고 움직여 나가는 것은 근본적으로 자기 자신의 몫이라 할 수 있다. 산에 버려져 홀로 자신의 삶을 짊어 나가야 하는 바리데기의 형상은 그와 같은 인간의 본원적 속성을 반영한 것이라 할 수 있다.

바리데기가 던져진 깊은 산속이란 낯선 것들 투성이다. 어떤가 하면, 인간에게 있어 그 자신을 둘러싼 제반 요소가 본래 낯선 타자에 해당하는 것이니 이 또한 본원적 상징이 된다. 관건은 나 자체일 수 없는 그 타자들과 어떤 관계를 맺으면서 제 자신을 움직여 나갈 것인가의 문제이다. 바리데기가 이후 걷게 될 일련의 행보는 그와 같은 철학적 화두의 문학적 표현이라 할 수 있다.

---

[18] 신동흔, 「무속신화를 통해 본 한국적 신 관념의 단면」, 『비교민속학』 제43집, 2010.

바리데기의 산속 행적과 관련하여 한 가지 주목할 것은 '산신령'의 존재이다. 인적이라고는 찾아볼 수 없는 깊은 산중에서 산신령이 바리데기를 거두어서 보살피고 공부를 가르친다. 그 형상을 살펴보면 다음과 같다.

> 그때에 베리데기가 주자 십회를 배워 삼강오륜법을 배울 때에 / 부자유친 글자 글귀는 / 선생님요 부자유친 아닙니까? / 부자유친이란 것은 아버지와 아들과 / 친하다 카는 그것이 아닙니까 / 그래 / 부는 아비고 / 모자는 어미 모자가 아닙니까 / 오야 / 어미 모짠데 우리 아부지는 날 놓던 아부지는 어디 계시며 / 날 탄생하는 우리 어머니는 / 어디 있습니까 / 산신령님이 답하기가 곤란하여 글 배우는 아기들이 그건 알아 무엇하노 / 예 글귀가 그런 글귀가 있으니까 알아야 안 됩니까? / 오야야 알아야 되지마는 부는 아비 부고 모는 어미 모다 그러면 자자는 아들 자자 아니냐 / 여자는 계집 여짜고 / 부모와 거게는 아들 있고 딸이 있는 법인데 / 나는 금세상 아부지는 어디 있고 엄마는 어딨습니까 / 이말 답하기가 곤란하구나 / 야야 니가 그런 것 알아서 / 아무 쓸 데 없고 내 갈치는 글만 꼬박꼬박 배우면 아버지도 나타나고 엄마도 앞으로 있으리라[19]

얼핏 보자면 이치에 닿지 않는 다소 엉뚱한 모습이다. 깊은 산속에서 산신령한테 가르침을 받는다는 설정도 그렇거니와, 배우는 내용이 삼강오륜이라는 것도 무언가 어울리지 않아 보인다. 신화의 원형적인 서사맥락에서 일탈하여 중세적 사고관념의 영향 속에 윤색이 이루어진 형상이라고 말하는 것이 합리적인 설명이 될 것처럼 생각된다.

하지만 표면적 언술 이면의 신화적 맥락을 투시할 때 위의 대목이 지

---

[19] 김태곤 편, 『한국무가집』 4, 집문당, 1980, 133-134쪽.

니는 서사적 의미는 아주 다른 방식으로 이해될 수 있다. 먼저 주목할 것은 '산신령'의 상징이다. 아무도 없는 산속에서 바리데기가 만난 산신령이란 무엇의 표상으로 볼 수 있는가 하면 말 그대로 산의 정령으로, 또는 대자연의 기운으로 이해할 수 있다. 바리데기의 질문에 대답을 주는 저 산신령의 말이란 근원적 고독 속에서 들려온 대자연의 목소리라 볼 수 있다는 것이다. 나아가 그것은 밖으로부터 들려온 소리가 아닌 바리데기 내면에서 울려나온 목소리라고 이해해 볼 수 있다. 근원적 고립과 고독 속에서 바리데기는 지금 다른 누군가가 아닌 자기 자신과 영혼의 대화를 하고 있다는 것이다. "나의 부모가 누구인가" 하는 질문이란 곧 "나는 누구이며, 어디서 왔는가", "나란 어떤 존재인가" 하는 질문이며, "답하기 곤란하다"는 말은 그 해답을 찾기가 어렵다는 뜻이 된다. 그리고 "글만 꼬박꼬박 배우면 아버지도 나타나고 엄마도 앞으로 있으리라"는 산신령의 말은 "나한테도 근원이 있을지니 믿고 기다리면 마침내 그것을 찾을 수 있을 것이다"라고 하는 자각적 신념이라고 할 수 있다. 바리데기는 근원적인 존재적 고독과 절망 속에서 이렇게 치열한 자기탐구를 거치며 자신의 존재를 자각하면서 미래에 대한 신념을 키워나갔던 것이다. 그 신념이란 다분히 윤리적 성격을 내포한 것이었으니 '삼강오륜법'이란 그 표상이 된다. 지금 세상에 고독하게 홀로 내던져져 있지만 부모가 있고 근본이 있어서 자기가 존재하고 있는 것이라고 하는 인식인 바, 그것은 유교적 관념 이전의 시원적인 윤리적 각성에 해당하는 것이었다고 할 수 있다. 뒷날 아버지를 상봉한 바리데기가 약수를 구하기 위해 저승으로 떠나는 것은 바로 이러한 존재적 성찰과 각성의 연장선상에서 이루어지는 윤리적 결단이라고 말할 수 있다.

　잘 알듯이 바리데기는 아버지를 살릴 약수를 구하기 위해 머나먼 서천서역으로 홀로 길을 떠난다. 그 길은 다른 누구도 불가능하며 오로지 바리데기만이 갈 수 있는 길이었다. 어찌 그만 가능한 일이었는가 하면, 그 머나먼 고독과 고통의 길을 짐지고 감당할 준비가 된 유일한 존재가 바리데기였기 때문이다. 자기 자신과 근원적으로 대면하며 움직여온 기나긴 담금질의 역정을 거쳐 왔음으로 하여 바리데기는 안온한 삶을 누려 온 여섯 언니와 달리 낯설고도 먼 서천서역 험난한 길을 능히 감당해낼 수 있었던 것이다.

어떤가 하면 바리데기가 떠난 서천서역 머나먼 길은 그 혼자만의 길이었다고 볼 일이 아니다. 무인지경을 한없이 걸으며 옷이 온통 해졌다고 하지만, 사람이 없다고 해서 아무도 없는 것이 아니다. 흙과 돌이 있고 물이 있으며, 풀과 나무가 있고 꽃이 있다. 수많은 벌레와 새가 있으며 짐승들이 있다. 바리데기는 산중에서 고독의 날을 보내면서 이미 그들과 소통하며 움직여 온 세월을 거쳐 왔으니, 길에서 만나는 것들 모두가 그 여행길의 갸륵한 동반자였다고 할 수 있다. 거기에 또 누가 있는가 하면, 눈물을 흩뿌리며 자기를 보내주고 무사귀환을 빌고 있을 어머니와 아버지가 있다. 또 누가 있는가 하면, 무인지경을 가다 깊은 산중에 들른 팔봉사에서 만난, 바리데기의 무사한 여행길을 빌며 정성껏 불공을 드리고 있었던 스님들이 있다. 바리데기는 그 먼 길을 한 몸으로 움직이고 있되 마음으로는 이들과 더불어서 길을 가고 있는 것이었다. 바리데기는 그렇게 세상을 품에 안은 하나의 우주적 존재로서 생명의 물을 향한 발걸음을 내딛고 있었던 것이라 할 수 있다.

서천서역을 향하여 움직이는 도중에 바리데기가 누구를 만나는가 하면 밭 갈던 할아버지와 빨래하던 할머니를 만난다. 무인지경에서 상봉한 처지이니 꽤나 반갑기도 하련만, 그 할아버지와 할머니는 길을 묻는 바리에게 냉담하기만 하다. 다음과 같은 식이다.

할아버지요 이 백발 노인 할아버지요 서천서역으로 가자면 어느 질로 가야 됩니까? / 저 노인 하신 말씀이 / 야야 야야 내가 밭갈기도 이 너르나 너른 밭을 갈기도 바쁜데 / 나를 언제 서천서역 질까지 갈쳐줄 시간이 어디 있나. / 할아버지요. / 그러면 그 밭을 내가 갈아드리겠습니다[20]

할매요 할매요 / 서천서역 가자면 어디로 갑니까? / 내가 이 빨래 씻기 바쁜데 언제 니 질로 가르쳐 주겠노. / 내 이 빨래 씻기가 바빠 못 갈쳐 준다. / 할머니요 할매요 동지 섣달 설한풍에 이 얼음을 깨서 빨래를 씻는 데 / 할머니가 손시러워 우예 씻겠노 내가 씻가 드리지요.[21]

<바리데기> 텍스트는 흔히 그 할아버지와 할머니가 신령의 현신으로서 바리데기를 시험하기 위해 와있었던 것이라고 전하곤 한다. 위 자료의 구연자인 김석출만 하더라도 저 할미가 '천태산 마구할매'로서 바리데기의 맘을 떠보려고 내려왔다고 말하고 있다. 하지만 필자는 이 대목의 서사적 맥락을 조금 다른 방식으로 읽는다. 자기 안위에 바빠서 타인의 존재에 대해 한없이 무심하고 냉정한 것은 세상 사람들이 보편적으로 드러내 보이는 삶의 모습이라 할 수 있다. 위의 할아버지와 할머니의 형상은 그와 같은 세상 사람들의 삶의 모습을 표상하는 것이라고 이해할 수 있다. 그러한 냉정한 모습을 대하면 사람들은 십중팔구 실망하여 돌아서면서 화를 내기 마련이다. 그리고 그 순간 관계는 단절된다. 저 순간 바리데기가 그렇게 돌아섰다면 관계는 종결되고 노인들은 영원히 무심하고 냉정한 존재로 남았을 것이다. 하지만 바리데기는 그리 하지 않는다. 선뜻 나서서 따뜻한 말을 건네고 그들을 위해 기꺼이 피곤한 몸을

---

[20] 위의 책, 153쪽.
[21] 위의 책, 155쪽.

움직인다. 그렇게 자신을 열고서 타자에게—곧, 세상 또는 우주에—손을 내민다. 그리하여 어찌 되는가 하면 저 냉정하던 할아버지와 할머니는 또한 마음을 열어 바리데기가 내민 손을 마주 잡아주며 그가 가야 할 길을 알려준다. '시험'은 그렇게 성취되거니와, 그것은 노인들의 몫이 아니라 오롯이 바리데기 자신의 몫이었다. 바리데기는 이렇게 스스로의 주인 된 몸짓으로 걸음걸음마다 세상을 바꾸어가고 있는 중이다. 그렇게 제 깊은 내면의 신성을, 자신의 본원적 존재가치를 실현해 나가고 있는 중이다.

이어지는 서사에 대해서는 자세하게 논의하지 않는다. 바리데기는 머나먼 시원의 공간 서천서역에 들어가서 마침내 생명수를 구한다. 그리고 불라국으로 돌아와 죽은 아버지를 살리고 황폐해졌던 세상에 생명의 숨결을 불어넣는다. 마침내 그는 사람의 영혼을 구원하는 오구신으로 좌정하거니와, 그가 신이 되는 것은 그가 이룬 업적에 따른 보상이었다는 식으로 해석할 일이 아니다. 산중에서 본원적인 고독의 날을 감내하고 극복하는 과정을 통하여, 서천서역 머나먼 길을 향해 한 걸음 또 한 걸음을 내딛는 과정을 통해서 신성이 발현된 것이라고 보는 것이 마땅하다. 텍스트는 바리데기가 약수를 얻어 부모를 구한 일을 '하늘의 도움'이라거나 '부처님의 도움'이라는 식으로 서술하곤 하거니와, 그 하늘이나 부처님이란 바리데기 바깥의 높은 어딘가에 있는 무엇일 리 없다. 그것은 일련의 삶의 역정을 통해 바리데기와 하나가 된 그 안의 하늘이고 부처님이라고 할 수 있다. 신성(神聖)이란 무엇인가를 이보다 더 잘 보여주는 서사를 찾아보기 어렵다.

<바리데기>는 신화다. 신화는 주인공과 수용자의 동일시적 일체화를 특징으로 하는 서사양식이다. 바리데기가 자기 존재와의 근원적 만남을 거치면서 이룬 저 신성한 자기실현의 역정은 그 자신의 것이면서 바리데

기를 마음으로 받아들이는 모든 사람들의 것이기도 하다. 사람들은 바리데기와 함께 그 삶의 길을 걸어가면서 마음속 상처를 치유하고 삶에 대한 본원적 위로를 받는다. 몸과 마음을 열어서 넓은 우주의 신성과 자신을 합치시킨다. 그렇게 몸과 마음을 열어낸 사람들은 서로간의 벽을 허물고 뜨겁게 손잡아 하나가 된다. 존재가 찬란하게 의미가 발현되는 그 순간, 세상은 다름 아닌 하나의 낙원(樂園)이 된다. <바리데기>라는 불멸의 고전이 실현하는 원형적인 '삶의 철학'이다.

4. 인간의 가치가 실현되는 문화를 위하여

자본과 욕망의 시대의 대세가 되고 문화산업과 콘텐츠가 화두로 떠오른 상황에서 고전문학 연구의 기본적인 시대적 과제가 무엇인지를 되돌아보았다. 존재와 가치에 대한 근원적 탐구에 매진할 필요가 있음을 강조하면서, 특히 고전문학의 본질적 가치요소를 이루는 삶의 철학을 깊이 있게 짚어낼 수 있어야 한다고 하였다.

근원적 탐구로 돌아가자는 것은 현시대의 사회문화적 상황으로부터 벗어나자는 것이 아니다. 오히려 그것에 적극 대응하여 시대의 과제를 적극 감당하자고 하는 것이다. 자본과 욕망의 패러다임이 삶과 문화를 지배하는 가운데 부지불식간에 억압되며 훼손되어 가고 있는 주체적인 인간적 삶의 가치, 자유로운 정신과 건강한 영혼의 가치를 힘써 찾아내고 풀어내는 일을 시대적·문화적 과제로 삼자는 것이다. '콘텐츠'라는 말을 빌어서 표현하자면, 자본과 기술에 종속되고 물질과 욕망에 복무하는 콘텐츠가 아니라 인간존재의 진정한 가치 실현에 기여하는 콘텐츠의 동력을 찾아내자는 입장이 된다.

하나의 작은 사례를 들어본다. 필자의 '고전문학과콘텐츠' 수업 수강생 가운데 '바리데기 모바일 게임'을 콘텐츠 기획안으로 제시한 학생이 있었다. 구성안을 보니 바리데기가 괴물과의 싸움을 포함한 여러 장애를 물리치면서 저승에 들어가 약수를 구하는 과정이 중심을 이루고 있었다. 게임의 재미요소는 있으나 <바리데기> 본연의 철학은 보기 어려웠다. 필자는 발표자에게 물을 건네며 괴물을 찔러 죽이는 과업 대신 물에 빠진 혼령을 손잡아 건져주는 과업을 적용하면 어떻겠느냐고 했다. 그것이 바리데기의 본질과 맞을 것 같다고 제안한 것이었다. 그 뒤 수정을 거쳐 제출된 기획안에는 '괴물 죽이기' 대신 '불쌍한 어린 영혼 건지기' 과업이 들어 있었고, '나무의 숨결에 맞추어 땔나무 베기' 같은 과업이 추가되어 있었다. 바리데기가 우주와 호흡하는 존재로 살아난 것이었다. 기술적 차원에서 보면 큰 의미가 없는 사소한 변화일지 모르지만, 작품을 소모하는 콘텐츠에서 작품의 철학을 살려내는 콘텐츠 기획으로 질적 변환이 이루어진 것이라고 믿고 있다.

인간적 가치를 담지한 콘텐츠, 삶의 철학을 구현하는 콘텐츠란 어떤 것인가를 보여주는 좀 더 본격적인 사례를 하나 더 들어 본다. '신화의 섬' 제주도와 관련되는 콘텐츠이다.

세계적인 휴양관광지로 명성을 얻고 있는 제주도는 가히 문화콘텐츠의 집합처라 할 만하다. 섬 곳곳에 수많은 박물관과 테마파크, 체험시설 등이 자리 잡고 있다. 그 가운데는 신화를 소재로 한 콘텐츠가 한 축을 이루고 있는 바, 일찍이 <세경본풀이>가 <자청비>라는 뮤지컬로 제작되어 무대에 올려진 바 있고, 2005~2006년에 송당리에서 제주신화축제가 펼쳐졌었으며, 2010년에는 제주시 중앙로에서 거리신화축제가 펼쳐지기도 했다. 하지만 이들은 제주도의 대표 콘텐츠가 될 만한 내용성을 갖추지는 못한 것이었다. 이에 대해 제주도와 문광부에서는 제주도의 신화를 적용한 의욕적인 콘텐츠 개발에 나섰었으니, 2004년에 시작된 '신화역사공원' 테마파크 사업이 그것이다. 장기적인 계획에 사업비가 수천억을 헤아리는 큰 작업이었다. 2005년에 사업 마스터플랜이 마련되어 공개되었거니와, 마스터플랜은 제주신화와 내륙의 신화, 그리고 해외의 주요 신화까지 소재로 포괄하는 가운데 신화박물관과 역사도서관, 신화체험극장 등을 포함하는 화려한 구성을 자랑하고 있다. 테마파크의 중심을 이룰 첨단 놀이기구들은 신화의 스토리를 다각적으로 결합시킨다고 하는 계획이 갖추어져 있다. 외견상 '디즈니랜드'에 비견할 만한 의욕적인 기획이다.

하지만 마스터플랜이 나온 지 여러 해가 지났고 최초 계획상의 완공 시점이 지난 현재까지도 사업이 구체화되고 있다는 소식은 들려오지 않는다. 해외 투자를 유치하는 중이라는 얘기가 가끔씩 들려올 뿐이다. 이대로 간다면 과연 테마파크의 개장이 이루어질 수 있을지 불확실한 상황이다. 어떤가 하면, 투자 유치에 성공하여 테마파크가 개장되었다 하더라도 과연 그것이 성공적인 것이 될지도 의문이다. 혹시 사업적—상업적—으로는 성공을 거두게 될지 모르지만, 그를 통해 제주도의 문화와 신화가 오롯이 살아날 가능성은 거의 없어 보인다. 기본적으로 그 기획이 신화의 정신을 살리는 방향이 아니라 신화를 덧씌우고 소모하는 방식으로 구성돼 있기 때문이다. 아마도 그것은 제주도의 삶의 문화와는 동떨어진 채로 외지의 관광객들이 잠깐 스트레스를 풀고 떠나가는 소비적인 시설이 될 가능성이 크다.

제주도를 살려내고 신화의 진정한 가치를 실현시켜 주는 '진짜 콘텐츠'는 다른 곳에서 나왔다. 어디로부터인가 하면 자본이나 기술이 아닌 기본적인 인간적 자각으로부터. 어떤 자각인가 하면 아름다운 자연의 길을 걸으면서 삶을 돌아보고 자기를 발견하는 가져보자고 하는 것이었다. 일컬어, '제주올레'. 큰 자본도 첨단 기술도 필요 없었다. 사람들이 시간과 열정을 내어 움직이는 것으로 충분했다. 조용하고 호젓한 샛길과 오솔길을 이어서 걷기 좋은 길을 내자 애써 광고하지 않았는데도 사람들이 몰려들기 시작했다. 사람들은 몇 시간씩, 며칠씩 올레길을 걸으면서 자기 자신을 만나고, 타인을 만나며, 우주자연과 만났다. 그렇게 행복하게 '삶의 시간'을 보내는 것이었다. 그 뒤의 일은 길게 설명할 필요가 없을 것이다. 전국 각지에 헤아릴 수 없을 정도의 수많은 '올레길'이 생겨났다. 오늘도 수많은 사람들이 그 길을 걸으면서 자기 자신과 만나고 있다. 제주올레의 사례는 가장 기본적이고도 인간적인 것이 진정한 콘텐츠로서 최대의 가치를 발현한다는 것을 잘 보여주고 있다.

제주올레 기획에서 드러내 내세우지는 않았지만, 필자는 이 놀라운 기획에 신화적 맥락의 삶의 철학이 깃들어 있다고 믿고 있다. 홀로 길을 걸으면서 나 자신과 대면하고 대자연과 만나면서 존재를 발견한다는 것은 원형적인 신화적 화두에 해당하는 것이니, 그것은 앞서 살폈던 바 <바리데기>의 핵심적 의미요소를 이루는 것이었다. 제주올레는 <바리데기>와 아무런 직접적 연관이 없어 보이지만, 실질적으로는 <바리데기>를 표나게 내세운 어떤 기획보다도 그 본질적 가치를 잘 반영한 신화적 콘텐츠였다고 할 수 있다. 어떤가 하면, 그 신화적이고 철학적인 기획은 문학연구자가 아닌 현장 활동가에 의해서 이루어진 것이었다. 연구자들이 문화산업의 패러다임을 따라가기 위해 애쓰는 그 사이에 다른 곳에서 진정한 의미의 문학적 콘텐츠가 산출된 상황이니 우리가 한 바가 무엇인지 돌아보지 않을 수 없다.

진정한 콘텐츠를 위해, 인간의 가치가 실현되는 문화를 위해 우리 연구자들이 할 일은 얼마든지 있다. 예컨대 올레길만 하더라도 <바리데기>의 문학철학이 더욱 짙고 생생하게 살아날 수 있도록 하는 방향으로의 재기획이 가능할 것이다. 어찌 올레길 뿐일까. 기본에 충실한 가운데 정도를 걸어가다 보면 인간의 가치, 삶의 가치를 오롯이 살려내는 또 다른 놀라운 길들이 문득 열리게 될 것이다.

우리의 고전문학과 전통문화가 현대와 미래의 콘텐츠로서 '대박'을 내면 참 좋겠다. 단숨에 수억 수십억을 벌어들이는 그런 대박이 아니라 인간존재의 가치를 일깨우고 참 행복을 실현하도록 하는, 이 세상을 낙원으로 만들어 가는 진짜 대박 말이다.

참고문헌

김덕수, 「문화산업으로서의 문학산업」, 『현대문학이론연구』 25, 2005.
김용범, 「문화콘텐츠 창작소재로서의 고전문학의 가치에 관한 연구」, 『한국언어문화』 제22집, 2002.
구본기·송성욱, 「고전문학과 문화콘텐츠의 연계방안 사례발표」, 『고전문학연구』 제25집, 2004
김윤식·김현, 『한국문학사』, 민음사, 1972.
김헌선, 「구비문학과 철학의 상관성」, 『구비문학연구』 제13집, 2001.
김태곤 편, 『한국무가집』 4, 집문당, 1980.
김흥규, 『한국고전문학과 비평의 성찰』, 고려대학교 출판부, 2002.
박기수, 「신화의 문화콘텐츠화 전환 연구」, 『한국문예비평연구』 제20집, 2006.
박이문, 『문학과 철학』, 민음사, 1995.
박이문, 「문학은 철학적이어야 하는가」, 『철학과 현실』 29, 1996.
송성욱, 「문화산업시대 고전문학 연구의 방향」, 『겨레어문학』 제36집, 2006.
신동흔, 『살아있는 우리 신화』, 한겨레출판, 2004.
신동흔, 「치유의 서사로서의 무속신화」, 『문학치료연구』 제2집, 2005.
신동흔, 「판소리문학의 결말부에 담긴 현실의식 재론」, 『판소리연구』 제19집, 2005.
신동흔, 「민속과 문화원형, 그리고 콘텐츠」, 『한국민속학』 43, 2006.

신동흔, 「무속신화를 통해 본 한국적 신 관념의 단면」, 『비교민속학』 제43집, 2010.

양민정, 「디지털콘텐츠화를 위한 조선시대 애정소설의 구성요소별 유형화와 그 원형적 의미 및 현대적 수용에 관한 연구」, 『외국문학연구』 제27호, 2007.

윤종선, 「문화콘텐츠로서 고전문학의 연구현황과 전망」, 『어문학』 제103집, 2009.

이지양, 「문화콘텐츠의 시각으로 고전텍스트 읽기」, 『고전문학연구』 제30집, 2006.

임재해, 「문학과 철학의 관련양상」, 『한민족어문학』 제11집, 1984

임재해, 「디지털 시대의 고전문학과 구비문학의 재인식」, 『국어국문학』 143, 2006.

정병헌, 「고전산문 연구와 교육의 전망」, 『고전문학과교육』, 18, 2009.

정운채, 『문학치료학의 이론적 기초』, 문학과치료, 2006.

조동일, 『한국문학사상사시론』, 지식산업사, 1978.

조동일, 『한국문학통사』 1-5, 제1판, 1982-1988.

조동일, 「한국문학 속의 철학」, 『철학과 현실』 29, 1996.

조동일, 「구비문학과 구비철학」, 『구비문학연구』 제23집, 2006.

최원오, 「한국 무속신화의 문화콘텐츠 활용 방안 점검」, 『한국문학논총』 제46집, 2007.

황필호, 「철학과 문학의 연관성」, 『철학사상』 8, 1986.

저자 소개

홍순석
단국대학교 국어국문학과를 졸업하고 성균관대학교에서 박사학위를 받았으며, 현 강남대학교 국어국문학과 교수이다. 저서 『한국의 명가 추탄종가』, 『한국의 명가 포은종가』, 『용인의 민간신앙』, 『이천의 옛노래』, 『양사언의 생애와 시』 등이 있으며, 번역서 『허백당집』, 『봉래 시집』, 『읍취헌 유고』, 『부휴자 담론』 등이 있으며, 논문 「경기 용인지역의 묘제 연구」, 「이천시 신둔면 지역 민요의 특징」, 「이천지역 민속문화와 문화환경」, 「용재총화 연구」, 「儺禮・雜戱 關係記事 集覽(1)」 외 다수 있다.

여지선
강남대학교 국어국문과를 졸업하고, 건국대학교 대학원 석사, 박사를 마친 뒤, 서울대학교에서 Post Doc.을 하였다. 현재는 강남대, 안동대 강사이다. 저서 『한국근대문학의 전통론사』, 『문학체험과 감상』, 『성담론과 한국문학』, 『문학, 그림을 품다』 등과 논문 「민재식의 <속죄양>에 나타난 시의 장형화와 비평적 상상력」, 「한국현대시에 나타난 마르크 샤르갈 수용 양상」, 「에르바르트 뭉크를 통한 이승하의 세 가지 시선」, 「한국현대시에 나타난 완당 김정희의 <세한도>」, 「주요한의 일본시 번역과 문화접변현상」, 「아동의 시선과 다성성의 세계」 외 다수가 있다.

하성란
동국대 국문과 졸업(문학박사)하였으며, 현 동국대, 강남대 강사이다. 前 고려대 BK21 한국어문학교육연구단 연구교수를 역임하였다. 현재 한국문학과 화폐 경제에 관심을 갖고 연구를 하고 있다. 「조선 후기 문학의 화폐경제 반영 양상」, 「매점매석의 문학적 형상화 방식과 그 인식」, 「포의교집의 삽입시 연구」 등의 논문을 썼으며 『우리의 옛문화와 소통하기』의 공저가 있다.

오정미
건국대학교 박사를 졸업하였으며, 현재 건국대학교, 국민대학교 강사이다. 주요 논문으로는 「결혼이주여성의 문화적응과 설화의 활용」, 「결혼 이주여성을 위한 문화교육과 문화적응」, 「설화에 대한 다문화적 접근과 문화교육」, 「설화 <아기장수>의 다문화적 접근과 문화교육」, 「설화를 통한 정주자 대상의 문화교육: 설화 <밥 안 먹는 색시>를 대상으로」,「<단군신화>로 새롭게 보는 다문화사회」 등이 있으며, 단행본으로는『다문화사회에서 한국의 옛이야기와 문화교육』이 있다.

김호연
단국대학교 대학원 국어국문학과에서 박사학위를 마쳤다. 단국대학교 동양학연구원 연구교수, 일본 동경대학 외국인연구원, 광주여자대학교 조교수로 거쳐 단국대학교 무용과 연구전담 조교수로 있다. 논저로는『한국근대악극연구』,『한국문학의 새로운 현실인식』,「서양인들이 체험한 한국 음식문화에 대한 시각」,「홑춤 한량무의 형성과 그 변용 양상」 등이 있다.

김기덕
건국대 사학과를 졸업하였으며 건국대 대학원 석, 박사학위를 마쳤다. 현재 건국대 문화콘텐츠학과 교수이다. 논저로는『영상역사학』,『한국전통문화와 문화콘텐츠』,『인문콘텐츠의 사회적 공헌』,「문화콘텐츠의 등장과 인문학의 역할」,「삼원론을 활용한 캐릭터 분석 - 영화 '노인을 위한 나라는 없다'를 중심으로」 외 다수가 있다.

장성욱
한국외국어대학교 불어교육과를 졸업하였으며, 한국 외대 대학원 불문학 박사이다. 프랑스 Nancy II 대학교 불문학 박사, 영문학 박사과정 수료, 불교학 석사, 캐나다 토론토 대학교 객원교수, 현 동의대학교 불어불문학과 교수이다. 논문으로는「문학과 미술」,「글과 그림에 관한 논문」 등이 있으며, 저서로는『시와 그림』,『나쓰메 소세키의 그림 연구』,『헤르만 헤세의 시와 그림』 등 다수가 있다.

신명숙
단국대학교를 졸업하고 현재 한국방송통신대학교 외래강사이다. 2006 문화콘텐츠 현장인력 연수과정 문화콘텐츠 집중과정을 수료하였다. 단국대학교 교양과목 <콘텐츠소스로서의 고전문학> 강의(2008~2009)를 하였으며, 박사논문으로는「여말선초 서사시 연구」(2005)가 있다.

서동수

건국대학교 국어국문학과를 졸업했으며, 동 대학교 대학원에서 석사와 박사학위를 받았다. 건국대학교 강의교수를 지낸 바 있으며, 현재는 상지대학교 국어국문학과 조교수로 있다. 주요 논문으로는 「북한과학환상문학에 나타난 파타포적 상상력과 향유 없는 유토피아」, 「북한과학환상문학에 나타난 과학의 현장성과 소련의 영향」, 「학교라는 시뮬라크르와 폭력의 시스템-영화<돼지의 왕>을 중심으로」, 「김유정문학의 유토피아 공동체와 크로포트킨의 상호부조론」 등이 있으며, 단행본으로는 『한국전쟁기 문학담론과 반공프로젝트』 등이 있다.

신동흔

서울대 국어국문학과 졸업하였으며, 동 대학원 석, 박사를 마쳤다. 현재 건국대 국어국문학과 교수이다. 주요 저서로는 『역사인물 이야기 연구』, 『이야기와 문학적 삶』, 『서사문학과 현실 그리고 꿈』, 『삶을 일깨우는 옛이야기의 힘』, 『왜 주인공은 모두 길을 떠날까』, 『살아있는 우리의 신화』, 『서사문학과 현실 그리고 꿈』 외 다수가 있으며, 주요논문으로는 「설화 속 화수분 화소의 생태론적 고찰 - 한국과 유럽 설화를 대상으로」, 「구술담화의 서사적 지향과 그 역사적 가치」, 「한국전쟁 체험담을 통해 본 역사 속의 남성과 여성」, 「전통 이야기꾼의 유형과 성격 연구」, 「무속신화를 통해본 한국적인 관념의 단면」, 「현대의 여가 생활과 이야기의 자리」 외 다수가 있다.

한국문화와 콘텐츠

1판1쇄 발행 2016년 2월 25일

지 은 이 　홍순석, 여지선, 하성란, 오정미, 김호연,
　　　　　김기덕, 장성욱, 신명숙, 서동수, 신동흔
편　　 집 　강인애
펴 낸 이 　김진수
펴 낸 곳 　**한국문화사**
등　　 록 　1991년 11월 9일 제2-1276호
주　　 소 　서울특별시 성동구 광나루로 130 서울숲 IT캐슬 1310호
전　　 화 　02-464-7708
전　　 송 　02-499-0846
이 메 일 　hkm7708@hanmail.net
홈페이지 　www.hankookmunhwasa.co.kr

책값은 뒤표지에 있습니다.

잘못된 책은 구매처에서 바꾸어 드립니다.
이 책의 내용은 저작권법에 따라 보호받고 있습니다.

ISBN 978-89-6817-336-3　93910

이 도서의 국립중앙도서관 출판예정도서목록(CIP)은 서지정보유통지원시스템
홈페이지(http://seoji.nl.go.kr)와 국가자료공동목록시스템(http://www.nl.go.kr/kolisnet)에서
이용하실 수 있습니다(CIP제어번호: 2016004854).